# 会計領域の拡大と
# 会計概念フレームワーク

河野正男・小口好昭 編著

中央大学経済研究所
研究叢書 47

中 央 大 学 出 版 部

# 序　文

　本叢書『会計領域の拡大と会計概念フレームワーク』は，中央大学経済研究所に組織された共同研究グループである「社会会計部会」が，「会計フレームワークの再検討」という研究課題を掲げて行った3年間にわたる研究の成果をとりまとめたものである。

　社会会計部会は，合崎堅二教授が1978年に中央大学経済研究所に社会会計グループという共同研究プロジェクトを発足させて以来，その会計観に共鳴する学内外の研究者によって組織されている。社会会計グループは，会計学にとっての社会会計の重要性にいち早く注目し，計算経済学を提唱された黒澤清教授の学統を継承する中央大学の合崎堅二，原田富士雄，そして神戸大学の能勢信子の各教授に直接間接にゆかりのある研究者を中心にして組織されている。

　社会会計 (social accounting) という概念は，ケインズ (Keynes, J. Maynard) が開拓したマクロ経済学に基づいて，一国全体における所得循環と富の蓄積を企業会計の方法にならって記述するという新しい学問体系を表すために，イギリスの経済学者ヒックス (Hicks, J. Richard) が1942年に提唱したものである。その後，社会会計は，国際連合を中心にして研究・開発が進められ，わが国では国民経済計算と呼ばれている現在の国民会計システム (A System of National Accounts : SNA) へと発展した。1960年代に，マテシッチ (Mattessich, R.) やユー (Yu, S.C.) によって，企業会計に代表される個別の経済主体を対象とする会計をミクロ会計と呼び，社会会計をマクロ会計と呼ぶ呼称が提唱された。以来，われわれ社会会計グループは，ミクロ会計とマクロ会計はともに会計領域を構成する2大領域であるとの視点に立って，水資源や森林資源の持続的開発や環境に関わる新しい課題に挑戦してきた。

今回,「会計フレームワークの再検討」という研究課題を設定した意図は, 20世紀末から今世紀初頭にかけて生じた, まさに会計革命といえるほどの大きな変革期に直面し, 改めて会計の社会的・文化的な意義を考えてみようとすることにあった。すなわち, 21世紀への世紀の転換期に社会が激動し, 人々の価値観も大きく揺れ動いている。それらを反映して, わが国の企業会計制度も, いわゆる会計ビッグバンを経て多数の会計基準が設定され, 国際会計基準への収斂あるいは統一へと, 戦後の企業会計原則制定以来の大きな変革を迎えている。それに伴って, 会計基準を支える基礎理論研究の重要性に対する関心が再び高まり, 財務会計の概念フレームワークに関する研究が国際的課題になっている。また, 公会計は理論と実践の両面において大きく進歩し, 自治体のマネジメント手法に革新をもたらしつつある。環境問題に対する取り組みでは, ミクロ会計とマクロ会計のいずれの分野でも着実な研究と実践が進んでいる。さらにマクロ会計では, 国際連合を中心にして現行の1993年版SNAの改訂作業が進められ, 15年ぶりの改訂となる2008年版が確定された。

　このような会計領域の拡大と社会的機能の拡大自体は, 会計学の進歩として評価できる。まさに, かつて井尻雄士教授が指摘したような会計の国際化, 技術化, 政治化, 顧客化がますます顕著になり, それとともに会計理論の静態化, 多様化, 未来化, そして複雑化が急速に現実のものとなりつつある。他方, 井尻教授は, このような状況が進むにつれて, 会計学者間の共通の知識体系が急激に崩れ, 会計学が解体する危険すらあるとの危惧を表明されていた。21世紀の転換期における会計の大きな変革は, これが単なる杞憂ではないことを示していると思われる。

　社会会計部会は, 会計を取り巻く状況をこのように捉えて, 井尻教授の言う「会計学の共通の知識体系, あるいは, 会計学者が共有する知識体系とは何か」, さらには, 「会計学にパラダイム転換が生じつつあるのか, もしそうであれば, どのようなパラダイムが生み出されつつあるのか, 新しいパラダイムはどうあるべきか」を考えてみようという意図から, 「会計フレームワークの再検討」というテーマを設定した。ただし, 執筆者全員で一つのパラダイムある

いは概念フレームワークの探求を行うことは目的としなかった。編者の二人のみがその課題に取り組むことにし，他の執筆者は，上記の課題を意識しつつそれぞれの研究テーマを存分に展開することとした。こうすることによって，会計システムが森林会計や環境会計の新しい領域へと発展しつつある様相を示すとともに，個別会計システムを開発するためには，ミクロ会計とマクロ会計，さらにはメソ会計を含む拡張された会計概念フレームワークの研究がいかに必要であり，またいかに有効であるかを理解して頂けると考えたからである。

　本書の構成と各章の概要は以下の通りである。

　第1章「マクロ会計の会計ルール―93 SNA を中心として―」は，国際連合が公表しているマクロ会計の国際標準体系である SNA と企業会計との異同性を検討している。本章は，会計目的や対象領域が異なることによる相違点を除けば，両会計における会計公準および会計ルールには本質的な差異はないことを明らかにし，マクロ会計が会計一族足りうることを指摘する。これによって，会計領域を企業会計あるいはミクロ会計に限定しないわれわれの根拠をまず明らかにしている。SNA は 1953 年に初版が発行され，1968 年および 1993 年に大幅な改訂がおこなわれた。1993 SNA の第3章「フロー，ストックおよび会計ルール」で四重記入，評価，記録時点および集計・純計・連結の4種の基本となる会計ルールが解説されている。本章では，これらの解説を手掛かりとして，会計ルールを中心にして企業会計とマクロ会計の異同性を検討する。具体的な課題としては，四重記入原理と複式簿記原理の関連，時価主義の徹底と企業会計における評価の実状，両会計における発生主義適用上の差異，記録・集計・表示に関わる総計記録の原則と例外としての純計記録の採用，結合を原則とする連結，分類および会計公準について検討する。

　続く2つの章では，再生可能な経済資源であるとともに，治山治水，生物多様性の保護，水資源や沿岸生態系の保全，そして $CO_2$ の吸収源などとして環境保全に重要な役割を果たしている森林資源を持続的に開発するために，会計学がどのような役割を果たせるかを論じている。すなわち，第2章「フランスの林業統計と森林勘定」は，森林勘定には林業統計整備の指針を示す役立ちが

あるので，フランス統計経済研究所（INSEE）や北欧型林産物勘定を念頭におきながら，19世紀以降のフランスの林業統計の整備状況を通史的に検討した。INSEE の『自然遺産勘定』第 4 章「森林勘定」（1986 年）については，すでに古井戸らの研究があるが，国レベルの勘定の基礎となる林業統計については，日本では十分な検討がなされていない。一方，1990 年代以降，既開発国の林業統計は，グローバル化した環境問題への対応を迫られており，EU 諸国やフランスもその例外ではなくなっている。

フランスでは，近代官庁統計が 19 世紀初頭から整備され始めたため，日本の近代化の過程ではほとんど存在しなかった利用形態である軍艦用材や鉱工業燃料材の統計が存在した。その後の展開においては，19 世紀における資源統計とこれに前後する地籍調査，20 世紀以降の生産統計，1960 年頃からの航空写真の利用，1970 年頃からの環境情報の包摂ならびに土地利用被覆統計とのリンケージの強化，1980 年代以降における私有林経営統計（標本調査）の開始，1990 年代以降の全欧的な統計枠組みとの調和などが重要な鍵になっている。

森林勘定の枠組みから現代の林業統計をみると，フランスは，川上統計と川下統計の整合性の欠落という弱点を克服しつつある。この点は，私有林に対するセンサス調査を 1960 年以来行っていながら，2000 年以来林業統計の定見なき縮小が生じている日本とは対照的である。本章では，林業統計がグローバルな公共財であるという認識にたった統計整備が必要であり，そのためにはエネルギー利用を含めた林業統計の充実のためにも，物質保存則にもとづく森林勘定の活用が重要となっていることを指摘した。

続いて第 3 章「森林管理における原価計算の再検討―サプライチェーンの視点から―」では，サプライチェーン・マネジメント（Supply Chain Management：SCM）によって森林資源の持続可能な開発を可能とするために，環境会計としての森林会計を導入することを提案している。日本は森林率で見ると世界でも屈指の森林大国だが，長期的な木材価格の低迷と機械化や経営の集約化が進まないことによる高コスト構造のために林業が衰退し，適切な森林管理が行われ

ずに荒廃した森林が増加している。木材・森林バイオマスの安定的な供給体制を整備するためにも、また、温暖化の抑制や生物多様性の保全などの公益的機能を高度に発揮させるためにも、わが国の林業再生による森林管理の再構築は必須である。

現在、林業の高コスト構造を、林産物のサプライチェーンに関連する産業や企業の協力関係、インフラストラクチャの共有化によって打破しようという試みが行われている。サプライチェーン・マネジメントの一環として環境会計を導入し、森林の機能を高めつつコスト削減を図るためには、まず始めに、造林・育林に要するコストを把握することが不可欠である。そこで本章は、国有林野事業特別会計を対象に、造林事業の原価計算と立木原価の費用計算を取り上げ、そこで行われている植付、下刈、枝打などの作業別の経費の集計を、SCをキーワードに再検討した。そして、林業の高コスト構造を打破するために、林況や地況を踏まえていかに省力化を図ることができるか、その方策を探った。

ミクロ会計としての環境会計は、企業や自治体の環境保全活動とその効果を把握しようとするものであるが、そのためには、環境保全活動の対象となる環境ストックと環境フローおよび両者の間の関係を把握する必要がある。第4章「ストック・フロー統合型環境会計の研究―バイオマスサプライチェーンを測定対象として―」では、環境ストックと環境フローをリンクさせたストック・フロー統合型環境会計モデルを提示すると同時に、同モデルをバイオマス事業の評価ツールとして展開し、ストック・フロー統合型バイオマス環境会計の開発を試みている。ただし、資源を対象とした環境ストックと環境フローの関係は、企業や事業体が所有するものに直接的に影響を及ぼすものだけでなく、原材料の調達先の生物多様性などのように、サプライチェーンを通した間接的なものも重要になってきていることから、ストック・フロー統合型環境会計モデルでは、こうした関係も視野に入れている。また、地球温暖化対策に有効なエネルギー源として注目を集めているバイオマス資源を対象としたストック・フロー統合型バイオマス環境会計では、地域社会でバイオマス事業を持続可能な

形で展開していくためにステークホルダーが必要とする意思決定情報を提供することを目的とし，地域のバイオマスサプライチェーン上のバイオマスストックとバイオマスフローおよびその経済面・環境面・社会面の把握と分析を試みている。

第5章「環境管理会計の現状と課題——マテリアルフローコスト会計を中心に——」では，日本における導入企業数が，2008年に60社を超えるまでになっているマテリアルフローコスト会計（Material Flow Cost Accounting : MFCA）を取り上げている。まず，アメリカにおけるマテリアルフロー指向の環境管理会計を検討し，次に日本においてMFCAがどのように発展してきたのか，その計算構造と導入事例を分析し，最後にMFCAの国際標準化を論じている。環境管理会計の手法として，MFCA，ライフサイクルコスティング，環境配慮型設備投資決定，環境予算マトリックス，環境配慮型原価企画，環境配慮型業績評価など多くの手法が発展してきた。これらの中でもMFCAは，2011年3月にISOファミリーのひとつであるISO 14051として国際規格化するための作業が開始されている。日本におけるMFCAは，経済産業省が中心となって開発してきた。MFCAでは，伝統的な原価計算では把握されていなかった廃棄物原価が算出され，廃棄物を減らすことだけでなく，コスト削減も図られることから多くの企業が注目している。

第6章「自治体環境行政と環境会計」は，自治体環境行政の中核を占める環境基本計画の進行管理と，その改善に資するための環境会計の方向性を明らかにしようとしている。現在，自治体が設定・運用している環境基本計画や環境マネジメントシステムは，事前管理型の手法として位置づけられており，環境マネジメントシステムは，早晩，環境基本計画とその進行管理の仕組みの中に統合されていくと考えられる。これに対して，自治体における環境会計は，会計期間中に行われた自治体および地域における環境関連の諸活動の測定・伝達を行う，事後的な手法である。本章は，有効な環境行政を行っていくためには，事前的手法と事後的手法の統合が必要であることを論じている。

現在，環境基本計画，環境マネジメントシステムおよび環境会計は，別々の

展開をしているために，とくに環境会計の意義を自治体において認識する障害となっている。本章では，現在試みられている自治体の環境会計が，環境基本計画とより密接に連携しその実効性を高めるためには，事前的手法としてのエコバジェットと，事後的手法としてのマクロ環境会計の仕組みを自治体環境会計に取り入れることを提案している。ただし，本章での提案は，多種多様なツールを新たに導入することを意図するものではなく，複数のツールを統合し，より効率的かつ有効な環境マネジメントに資することを意図している。

第7章「環境監査の現状と期待ギャップの問題—ISO14001における環境監査を中心として—」では，会計監査で最近とくに重要視されている「期待ギャップ」問題を環境監査における問題として提起し，より実効性のある環境監査のあり方を探っている。環境監査は，1970年代，米国のスーパーファンド法対応の監査に代表される，いわゆる法規制遵守をチェックする環境遵法性監査から出発している。そこでは，環境法令違反による罰則を回避するために，企業は内部監査として組織自らの利益のために実施していた。現在では，それを含めた環境マネジメントシステム監査へと拡張し，組織内部の環境に対する取り組みの適切性を外部からの監査によって検証している。そこでの環境監査は，これまでのように組織自らの利益のためではなく，外部社会との関係において実施されている点に特徴がある。つまり現在の環境監査は，企業自身の環境リスク低減のためではなく，社会の中の企業というスタンスで，社会のニーズに対応して実施されている監査である。本章は，いわば社会化され，かつ進化しつつある環境監査の動向を踏まえつつ，環境監査における「期待ギャップ」問題を提起している。

さて，わが国の企業会計制度は，金融商品取引法会計，会社法会計，税務会計の3つの制度が密接に結びついて，いわゆるトライアングル体制を構成しているという特徴を持っている。第8章「トライアングル体制の一解釈—ポジションの観点から—」では，3つの会計制度の関係はどのようなものであり，相互にいかなる影響を及ぼしあい，その関係はどのように変化したのかということを「ポジション」という視点を導入して分析している。これは，トライア

ングル体制を簡単な図を用いて表現し，ビジュアルに理解しようという1つの試みである。この分析から，本章では次の点を明らかにしている。まず，金商法会計と会社法会計は，開示面では調整が進み実質的に一致しているが，配当面では会社法は独自の姿勢を貫くという姿勢がみられる。また，「金商法会計・会社法会計」と税務会計は，以前は両者を接近させるよう調整されていたのに対し，近年は基本的に分離傾向にあるが，必要に応じて両者の調整が行われている。

最後に，第9章「会計概念フレームワークの再検討」では，国内外で公表された財務会計の概念フレームワークを手がかりにして，ミクロ会計，マクロ会計およびメソ会計を含む広義の会計概念フレームワークの必要性とその可能性を検討した。本章では，財務会計概念フレームワークにおいて会計情報の質的特性の1つに挙げられている「表現の忠実性」という概念が，広義の会計概念フレームワークの形成に当たっても鍵概念になると判断し，会計測定における「本体」と「写体」との関連でこの概念を検討した。現在の財務会計概念フレームワークでは，「表現の忠実性」を質的特性の1つに挙げながら，表現対象と表現方法についての検討がなされておらず，構造論無き概念フレームワークになっているのではないかと思われる。

会計測定における本体関係を詳細に分析した研究として，フリッシュとオークルストによるエコ・サーク関係の公理化，井尻の多部門会計そしてバルツァーとマテシッチによる認識論的構造主義に基づく本体関係の定式化を取り上げた。また，本体を写体関係で表現するという測定構造を明らかにした科学哲学者ブンゲの理論によって，測定の形式的構造を検討した。さらに，拡張された会計概念に対応する一般的な評価理論がなければならないとの観点から，この課題に関する唯一の研究であるマテシッチによる評価の一般理論形成の研究を取り上げた。財務会計の概念のフレームワーク研究では，「財務諸表における認識と測定」において評価が取り上げられているが，そこでは既存の評価方法を列挙しているにとどまり，それらの方法の基礎をなす理論の探求が不十分であると思われる。マテシッチの評価理論研究は，彼の会計学一般理論の研究

に対する以上に関心が払われてこなかった。概念フレームワークを形成する機運が高まった今こそ，マテシッチの評価理論を再評価すべきであると思う。本章では，フリッシュ・オークルスト理論，井尻の多部門会計理論そしてバルツアー・マテシッチ理論の3様の研究を，ミクロ会計，マクロ会計そしてメソ会計を包含する会計一般の概念フレームワークを形成するための先駆的研究として評価している。これらの成果を，本書で展開されているような新しい会計システムの発展を踏まえて，どのように修正し総合してゆくかが今後の課題である。

社会会計グループが中央大学経済研究所から出版する叢書は，本書で3冊目である。1994年に叢書第28号『環境の変化と会計情報―ミクロ会計とマクロ会計の連環―』を，2002年に叢書第36号『ミクロ環境会計とマクロ環境会計』を上梓した。いずれも，ミクロ会計とマクロ会計に関わる先端分野を切り開く研究成果である。本叢書第47号も，社会会計グループの特色を遺憾なく発揮した内容になっている。執筆者各位に深くお礼を申し上げるとともに，今後も黒澤清と合崎堅二両先達の学統をさらに継承発展させて頂くことをお願いしたい。

このような自由な研究の機会を与えてくれた中央大学および中央大学経済研究所に心からお礼を申し上げたい。とりわけ，経済研究所の音無通宏所長と塩見英治前所長には，辛抱強く本書の刊行を支援していただいたことに対しお礼申し上げたい。最後に，細心の注意を払って本書を刊行してくれた中央大学出版部にも厚くお礼申し上げる。

編著者　河野正男

小口好昭

# 目次

## 序　文

## 第1章　マクロ会計の会計ルール
　　　　──93 SNA を中心として──……………河野正男… 1
　はじめに………………………………………………………… 1
　1. 93 SNA におけるフローとストック ……………………… 2
　2. 93 SNA の会計ルール ……………………………………… 6
　3. 企業会計の会計ルールとの比較 …………………………… 17
　おわりに………………………………………………………… 23

## 第2章　フランスの林業統計と森林勘定 ………古井戸宏通… 25
　はじめに………………………………………………………… 25
　1. 課　　題 ……………………………………………………… 26
　2. フランス統計制度の特徴と地籍調査 ……………………… 34
　3. フランス林業統計の全体像 ………………………………… 41
　4. 川上統計と川下統計の整合性 ……………………………… 54
　おわりに………………………………………………………… 59
　補論　『数字にみる林材』最新版(2008年版)にみる川上〜川下の流れ … 61

## 第3章　森林管理における原価計算の再検討
　　　　──サプライチェーンの視点から──………丸山佳久… 65
　1. サプライチェーンの考え方を用いた林業の再生 ………… 65
　2. 国有林野事業における立木資産の計理 …………………… 70
　3. 造林事業の原価計算と立木原価の費用計算 ……………… 77

4. サプライチェーン・マネジメントから考える原価計算の再検討 …… 92

## 第4章 ストック・フロー統合型環境会計の研究
### ――バイオマスサプライチェーンを測定対象として――
……………………………………………………………八木裕之… 103
はじめに……………………………………………………………… 103
1. ストック・フロー統合型環境会計の基本構造………………… 104
2. バイオマス事業と評価情報……………………………………… 107
3. バイオマス環境会計の展開……………………………………… 110
おわりに……………………………………………………………… 117

## 第5章 環境管理会計の現状と課題
### ――マテリアルフローコスト会計を中心に―― …小川哲彦… 119
はじめに……………………………………………………………… 119
1. マテリアルフローコスト会計…………………………………… 120
2. マテリアルフローコスト会計の導入事例……………………… 128
3. マテリアルフローコスト会計の国際標準化…………………… 131
おわりに……………………………………………………………… 133

## 第6章 自治体環境行政と環境会計 ………………………大森 明… 137
はじめに……………………………………………………………… 137
1. 自治体環境行政の現状…………………………………………… 138
2. 自治体環境マネジメントの現状………………………………… 143
3. 自治体環境行政の二面性と環境会計…………………………… 145
4. 環境基本計画と環境会計………………………………………… 150
5. マクロ環境会計と自治体環境会計……………………………… 155
6. 環境予算手法の活用……………………………………………… 162
おわりに……………………………………………………………… 168

第7章　環境監査の現状と期待ギャップの問題
　　　　──ISO14001における環境監査を中心として──　…上田俊昭… 173
はじめに……………………………………………………………………… 173
1.　環境監査の概念と内部環境監査…………………………………… 176
2.　外部環境監査と「期待ギャップ」の問題………………………… 180
おわりに……………………………………………………………………… 184

第8章　トライアングル体制の一解釈
　　　　──ポジションの観点から──　……………………田村威文… 193
はじめに……………………………………………………………………… 193
1.　企業会計制度の概要………………………………………………… 194
2.　分析手法……………………………………………………………… 196
3.　各会計制度の接近…………………………………………………… 197
4.　企業会計制度の最近の動向………………………………………… 202
5.　各会計制度の関係の最近の動向…………………………………… 203
おわりに……………………………………………………………………… 212

第9章　会計概念フレームワークの再検討　……………小口好昭… 215
1.　会計システムの多様化と概念フレームワークの必要性………… 215
2.　会計概念フレームワーク研究の視点……………………………… 219
3.　表現の忠実性………………………………………………………… 226
4.　フリッシュ・オークルスト理論…………………………………… 233
5.　多部門会計の公理系──井尻のマクロ会計理論………………… 242
6.　本体，写体および表現──バルツアー・マテシッチ理論……… 246
7.　評価の基礎理論──マテシッチの評価理論を中心に…………… 252
8.　3つの会計概念フレームワーク …………………………………… 257

# 第 1 章

## マクロ会計の会計ルール
―― 93 SNA を中心として ――

は じ め に

　マクロ会計 (macro-accounting) は，社会会計 (social accounting) あるいは国民会計 (national accounting) などともいわれる。わが国では，公式には国民経済計算という語が使用されている[1]。

　マクロ会計は，国際連合から公表されている SNA (System of National Accounts の略称) を中心に国際的に発展してきた。SNA は，マクロ会計の主要 5 勘定表中，国民所得勘定のみを取り上げた 1953 年公表の『国民勘定体系と補助表』[2] (以下，53 年 SNA) が嚆矢である。その後，国民所得勘定を中心に，これと他の 4 勘定表すなわち投入産出表（産業連関表），資金循環勘定（資金循環表），国際収支表および国民貸借対照表との有機的結合すなわち統合 (integration) を図った 1968 年公表の『国民勘定体系』[3]（以下，68 年 SNA）が続き，さらに，

---

1) 内閣府社会経済総合研究所から公表されているマクロ会計情報に関する年報は『国民経済計算年報』と呼称されている。
　内閣府社会経済総合研究所国民経済計算部 (2007) 参照。
2) United Nations (1953). 53 SNA に先立つ国際連合の業績に次の文献がある。
　United Nations (1947).
3) United Nations (1968).

1968年以後の経済環境の変化を考慮しての内容の更新，明確化・単純化および他の統計との調和化等を狙いとした『国民勘定体系1993』[4]（以下，93年SNA）が1993年に公表されて今日に至っている。

1993以降の経済情勢の変化を考慮して，93年SNAの改定版（2008 SNA）が2008年3月に公表される予定であったが，本稿執筆時点（2008年5月末）では未だ公表されていない[5]。仮に近々公表されるとしても，この2008 SNAに併せての，わが国の国民経済計算年報の諸基準の改定は2010年以降と考えられている[6]ので，本章では，93年SNAを中心に考察する。

企業会計においては，勘定表（財務表）は複式簿記による記録を基礎とする帳簿データを集計，整理して作成されるのに対して，マクロ会計の勘定表は企業，政府機関，非営利団体および家計等の経済単位の活動記録を統計的手法により把握，集計，整理する形で作成される。このことに伴う両会計間での技術上の違いの他，会計目的の違いによる相違点あるいは企業会計が個々の企業を会計実体としているのに対してマクロ会計が一群の企業，政府機関，非営利団体，家計等を会計実体とするなどの違いから来る相違点があることはいうまでもないが，他方，勘定表に計上すべき情報の評価原則，測定時点，分類方法等，勘定表作成にかかわる会計ルールには類似点も多い。そこで，以下では，93 SNAの会計ルールに焦点を合わせて検討し，それらと企業会計の同種の会計ルールとの異同点を明らかにし，マクロ会計が会計一族足りうることを指摘したい。

## 1. 93 SNAにおけるフローとストック

93 SNAは，68 SNAの改定に着手し，10年以上の見直し作業の後，1993年

---

[4] Commission of the European Communities, International Monetary Fund, Organisation for Economic Co-Operation and Development, United Nations, World Bank (1993).
[5] 2009年に入って2008 SNAは，*System of National Accounts 2008* として国際連合の下記のWebサイトに公表された。
 http://unstats.un.org/unsd/nationalaccount/sna 2008.asp
[6] 櫻本　健（2007），61ページ。

に公表された。その体系の特徴として，93 SNA は序文で，更新 (updating)，明瞭化・単純化 (clarifying and simplifying) および調和化 (harmonizing) をあげている。更新に関しては，68 SNA 公表後の 25 年間における経済の発展，政府の役割の変化，通信・コンピュータなどのビジネスの重要性の高まり，金融市場の複雑化と多様な金融手段の開発ならびに環境と経済の相互作用等の諸要因への対応が挙げられる。明確化・単純化に関しては，ますます複雑化し，かつ変化している経済への SNA の適用可能性を追求する一方，マクロ会計担当者 (economic accountants) の仕事を単純化することを狙ったものである。明確化の視点から，93 SNA が包括的システムであるがゆえに一見複雑に見えることを避けるために，原則を明示するとして，会計ルール（評価，記録時点，集計および純計処理等に関する原則）その他の原則の明示的指摘が注目される。本章では，会計ルール (accounting rules) に着目する。最後に調和化に関しては，SNA と他の統計，特に国際通貨基金 (IMF) および国際労働機関 (ILO) の諸統計との調和化が図られた[7]。

また，序文で，93 SNA が果たす役割として，次の 4 つをあげている[8]。
① 経済の包括的見方の提供
② 国民勘定 (national accounts) のほぼ普遍的な手引きの期待
③ 弾力性が必要であるとの認識
④ 統計における国民勘定の中心的役割の強調

以上のような特徴と役割を担って作成，公表された 93 SNA は，序文および目次を除く本文のみで，A 版 711 頁の大部の冊子であった。68 SNA（本文，A4 版，246 頁）も 53 SNA に比べて大部のものであったが，93 SNA は，68 SNA の 3 倍弱という超大部の冊子で，読み通すことが困難なほどである。

ところで，53 SNA および 68 SNA では会計ルールについて 1 箇所で総括的には取扱われておらず，関連箇所で散在的に説明されていた。93 SNA は大部のものとなったこともあり，第 3 章として「フロー，ストックおよび会計ルー

---

7) Commission of the European Communities et al. (1993), pp. xxxiii–xxxiv.
8) Commission of the European Communities et al. (1993), p. xxxiv.

ル」という1章を設け，基本的ルール（basic rules）が説明されている他，さらに基本的ルールの個別的適用については関連各所で詳述されている。本章では，基本的ルールについて取り上げる。

会計ルールはフローおよびストックを記録する際のルールであることから，第3章では，まずはフローおよびストックの性質について明らかにし，ついで会計ルールが取り上げられている（para. 3.1）[9]。そこで，まずは，フローおよびストックを取り上げ，次節で会計ルールについて触れることにする。

### 1-1　フ　ロ　ー

フローはいうまでもなく経済的フローを意味する。これは，経済価値の創造，変形，交換，移転（transfer）あるいは消滅（extinction）を反映するもので，後述する制度単位の資産および負債の量，構成あるいは価値の変化を含む。そして，フローは，制度単位の資産および負債の変化を示す賃金，税金，利子，資本フローなどのような特殊の性質を持つとされる。フローのこの説明は，それが簿記上の取引[10]と類似の概念であることを思い起こさせる。

フローには2種あるとしている。取引（transaction）と"その他のフロー"である。大半のフローは前者からなる（para. 3.11）。そして，取引について次のように定義している。すなわち「取引は，合意による制度単位間の作用（interaction），あるいは特定の制度単位がしばしば2種の異なる役割を演じるがゆえに取引と同様に扱うことが分析上有意義である制度単位内の行為（action）を意味する経済的フローのことである」（para. 3.12）。

ここにいう制度単位（institutional unit）とは，SNAの体系の基礎的経済単位で，次のように定義されている。すなわち「それは自身の権利により，資産を所有し，負債を負い，ならびに経済活動および他の実体（entities）との取引に

---

9）　93 SNAの本文のparagraph 3.1を意味する。以下，para. x.xxの表示は同様の表記を意味する。
10）　簿記上の取引は，資産，負債，資本，収益および費用の増減をもたらす一切の事象をさす。固定資産の使用による価値の減少，盗難，火災および自然災害による資産の減少も取引とされる。

従事する能力を有する経済実体（economic entity）である。」制度単位の特徴として4つあげられている（para. 4.2）。

a) 自身の権利により，財貨あるいは資産を所有する資格を持つ。それゆえに，他の制度単位との取引により財貨あるいは資産の所有権を交換することができる。

b) 法律に基づく直接的な責任と会計責任の下で，経済的意思決定をし，かつ経済活動に従事することができる。

c) 自己のために負債を負い，その他の債務および将来の約束を引き受け，かつ契約を結ぶことができる。

d) 制度単位のために，貸借対照表を含む一組の完全な勘定表（accounts）が存在するか，あるいは，必要な場合，経済的視点および法的視点の双方から，一組の完全な勘定表を作成することが可能であり，かつそうすることが有意義であると認められる。

このような内容を有する制度単位には二つのタイプがある。一つは個人あるいは家計という形態での人々の集団（groups）である。複数人からなる家計の個々の構成員は制度単位として扱われず，彼らは全体で一つの制度単位としての家計を構成する。もう一つは，所有したり支配したりすることがありうるかもしれないが，個人から独立して法的にあるいは社会的にその存在が認められている法的あるいは社会的実体である（para. 4.3）。制度単位としては，具体的には，家計，法人企業，非営利団体および政府単位等があげられている（para. 4.5）。

一国経済（国民経済）を構成する居住者[11]である制度単位は相互に共通部分を持たないいくつかのグループに集計される。これらのグループは制度部門（institutional sectors）と呼ばれる。93 SNAでは，非金融法人企業部門，金融機関部門，一般政府部門，対家計民間非営利団体部門および家計部門の5部門が設けられる。

---

11) 居住者（resident）は，無期限あるいは長期間（通常1年）にわたって，かなりの規模で，経済活動あるいは取引に従事している制度単位のことをいう（para. 1.28）。

ところで，取引は貨幣的取引と非貨幣的取引に区分される。前者は，財貨・サービスの消費に関する支出，証券の取得，賃金・給料，利子・配当・賃貸料，税金，現金社会扶助給付等からなる (para. 3.17)。後者は，現物取引，現物報酬，現物報酬以外の現物支払（農業における収穫物による地代の支払や絵画・貴重品・土地等による相続税の支払等），現物移転（災害時の国際援助としての薬品，食料，仮設住宅等の提供）等からなる (para. 3.37–42)。

次に"その他のフロー"であるが，このフローは資産および負債の価値の変動を意味する。それらは先に定義された取引によって生じたものではないので，取引とは区別される。資産および負債の価値の変動は2種に区分される。一つは地下資源の発見や減耗，戦争その他の政治的事件や自然災害による破壊等のような要因による資産量の実質的変動である。他の一つは価格水準や構造の変化による資産，負債および正味資産の変動で，これらの変動は保有利得あるいは損失に反映される (para. 3.57)。

以上の説明から，93 SNA の取引概念は簿記上の取引概念より狭いといえよう。後者に対応するのは 93 SNA のフローとみることができる。

### 1–2 ストック

ストックとは，一時点の資産および負債の状況 (position) あるいは保持 (holding) のことである。それは先行する取引あるいはその他のフローの蓄積結果であることからフローに密接に関連している (para. 3.66)。ストックは，大別して，非金融資産，金融資産，負債，正味資産に区分される (para. 13.8–9)。資産の範囲は，経済的に利用され，かつ所有権のあるものに限定される。耐久消費財，人的資本，および保有されていない自然資源等は除外される (para. 3.67)。

## 2. 93 SNA の会計ルール

フローとストックに関する会計ルールとして，先述したように，評価，記録時点，集計，純計処理および連結等について取り上げられている。以下，順に

みていくことにする。

## 2-1 評　　価
### ① 一般ルール

財貨およびその他の資産，サービス，労働あるいは資本の提供は，現金（現通通貨または通貨性預金）と実際に交換されるかあるいは交換されうる価値（value）すなわち現在交換価値（current exchange value）で測定することが基本である（para. 3.70）。

しかしながら，現在交換価値が入手できない場合がある。このような場合には間接的方法による評価を必要とする。すなわち，同一あるいは同種の項目が十分な量かつ同様な状況で現金で取引されている市場から評価の基礎となる価値を入手することが推奨される（para. 3.72）。

また，特定の非貨幣的フロー項目またはストック項目に関して，評価に当たり参照とすべき適切な市場が存在しない場合，次善の策として，より関連性の薄い市場で成立している価格（prices）が利用される場合も考えられる。さらに，財貨・サービスによっては，それらの生産に経常的に要する費用額で評価せざるを得ない。たとえば自ら製造し使用する固定資産がある。この場合，生産者に帰属する営業余剰や混合所得（mixed income）[12]を費用額に含める必要がある。しかしながら，政府単位や対家計民間非営利団体により生産される財貨やサービスについては，これらの単位が本来営利目的での生産を行わないことから，営業余剰は考慮してはならないとされる（para. 3.73）。

しばしば，ストックが，償却費控除後の当期取得価値（current acquisition values）や生産費によって評価される。この場合，償却費（write-down）の計算に当たっては，当該ストックの購入または生産以来のあらゆる変化すなわち固定資本減耗，部分的減耗（partial depletion），枯渇，劣化，予想外の陳腐化，偶発的損失（exceptional losses）およびその他の予想外の事象等が考慮されねばならない

---

[12]　混合所得は家計に所有されている非法人企業について，この企業の所有者およびその家族の労働報酬（雇用者報酬）と営業余剰を合算したものをいう（para. 7.8）。

(para. 3.74)。

　上述したいずれの評価方法も適用できないような場合には，理論的には，フローおよびストックは，期待将来収益の割引現在価値で評価される。しかしながら，この評価方法については理論的視点からは支持されうるが，使用される推計に多くの仮定を含み，推計結果も非常に不確かであると理由で，一般的に推奨されないとしている（para. 3.75）。

　外国通貨に関連するフローおよびストックについても言及されている。これらの項目については，勘定に記録される時点すなわち取引その他のフローが発生する時点か，あるいは貸借対照表に計上される時点における為替レートで自国通貨に換算される。この場合，あらゆるサービス料を除外するために，購入レート（buying rate）と売却レート（selling rate）の中間レート（midpoint rate）が採用される。外国通貨と交換される資産，サービス，労働および資本は，評価の一般ルールに従って，取引に関係する二者間の合意による実際の交換価値で評価される。この場合，交換価値は，上述した取引時点の中間レートで自国通貨に換算される（para. 3.76）。

　最後に，企業の帳簿（business accounts），納税申告書および行政記録がマクロ勘定作成に当たっての主要な資料となるが，それらはSNA体系の評価の条件を必ずしも満たしていないので，調整が必要であることを指摘している（para. 3.77）。

② 生産物に関する特別な評価

　生産物に課せられる税金や関連する補助金あるいは運輸および商業マージンなどにより，生産物は，その生産者と消費者とでは通常異なる価値を認識する。93 SNAにおける評価の基本ルールは，上述されたように取引にかかわる二者間で成立した交換価値による評価である。そこで，93 SNAでは，基本的には，生産物は税金，補助金，運輸および流通マージン込みの購入者価格（purchasers' prices）で評価される（para. 3.81）。他方，生産物の産出（output）の評価が必要な場合がある。この場合には，基礎価格（basic prices）が用いられる。すなわち生産された財貨・サービス1単位について，生産者が購入者から受け

取る価額から，その生産物の生産ないし販売に関連して支払われる税金をマイナスし，受け取られる補助金をプラスしたものである。また，資料不足で，産出を基礎価格で評価できない場合には，生産者価格（producers' prices）で評価することが認められる。この価格は，生産された財貨・サービス1単位について，生産者が，控除可能なVATや類似の控除可能な税金を控除した後に購入者から受け取る金額とされる（para. 3.82）。

さらに，財貨の輸出入は国境価値（border values）で記録される。つまり，輸出については本船渡し価格（f.o.b）で，輸入については輸出国と輸入国の間で発生した運賃や保険料を含む保険料・運賃込み価格（c.i.f）で評価することが求められている（para. 3.85）。

## 2-2 記録時点

① 一般ルール

取引の記録時点として，取引にかかわる連続するさまざまな時点が考えられる。たとえば，商業取引の場合，売買契約の締結，財貨の引渡，支払義務の発生，購入者による代金の支払等の時点である（para. 3.89）。このような連続する時点にかかわる記録時点の基準としては，現金主義（cash basis），支払義務主義（due-for-payment basis）および発生主義（accrual basis）がある。93 SNAでは，a)マクロ経済的分析の要請　b)ミクロ経済的観点および c)一般的に利用可能な情報源などを考慮し，一貫して発生主義による記録が推奨される（para. 3.91）。

現金主義会計では現金支払時点で記録する。政府の歳入・歳出の記録に広く用いられている他，ある種の企業目的にも使用されている。記録時点が明確である反面，その時点は，関連する経済活動および取引から著しく乖離する可能性があるため，93 SNAでは採用されない（para. 3.92）。

支払義務主義では，追加費用や罰金を負担することなく，現金支払が可能な最終日に現金支払を伴うフローを記録することに加えて，現金支払が生じる時点での実際の現金支払を記録する。支払義務が発生する時点と実際に支払が行

われる時点との期間では，金融勘定に受取債権あるいは支払債務を記録することにより橋渡しが行われる。この記録基準は現金主義より包括的な記述を可能にするが，依然として記録（registration）が貨幣フローに限定されるという欠点がある（para. 3.93）。

さて，発生主義会計（accrual accounting）であるが，それは，経済価値が創造，変形，交換，移転あるいは消滅する時点でのフローを記録する。具体的にいうと，所有権の移転を意味するフローは所有権が移転する際に，サービスはそれが提供される際に，産出（output）は生産物（products）が創造される際に，そして中間消費は原材料が費消される際にそれぞれ記録される。発生主義会計の採用の理由として，a)発生主義による記録時点は，93 SNA における経済活動およびその他のフローの定義と完全に一致していること，b)発生主義会計は非貨幣的フローに適用可能であることの2つをあげている（para. 3.94）。

② 発生主義の具体的適用例

　i) 非金融資産の交換と移転

この資産の交換と移転は，その法的所有権が移転した時点で記録される。所有権の移転が明確でない場合は，取引相手の会計帳簿への記入時点か，この時点も利用し得ない場合は物理的占有や管理を開始した時点が適切な指針とされる（para. 3.97）。

　ii) 財貨の輸出入

所有権の移転が生じたときに記録される。所有権の移転日を特定する資料が得られない場合には，財貨は所有権の移転の直前または直後に国境を越えるとする強力な仮定により，国境または税関国境（customs frontier）を通過する財貨の物的移動を反映する税関書類に基づく貿易統計が近似値としてしばしば利用される（para. 3.97）。

　iii) サービス

サービスは提供されたときに記録される。オペレーティング・リース，保険あるいは住宅サービス（持ち家住宅のサービスを含む）のようなサービスは継続的に提供されるという特性を持つが，これらのサービスは契約の全期間あるい

は住宅が使用可能な期間にわたって記録される (para. 3.98)。

　iv) 分配取引

　雇用者報酬，利子，地代，社会保障負担および給付のような分配取引 (distributive transactions) は，関連する請求権 (related claims) が発生した時点で記録される。税金の記録は，支払債務が生じる取引あるいはその他のフローが発生した時点で行われる。具体的には，生産物や輸入品に関する税金の記入は，生産，輸入，あるいは販売が行われた時点で，所得に関する経常的税金は所得が稼得されたときに記録される。配当金は配当の支払が認められたときに記録される (para. 3.99)。

　v) 金融資産の取引

　現金支払を含む金融資産の取引は，所有権移転基準に基づいて記録される。金融請求権または負債，特に売上債権や買入債務のような企業間信用および前渡金等は非金融取引の必然的結果であり，明示的な証拠があるわけではない。このような場合，金融請求権は，その非金融的対応物が発生する際に生じると考えられる (para. 3.100)。金融取引にかかわる双方の当事者が，異なる時点でその取引に関する証拠を取得するために，それぞれの当事者が異なる日でこの取引を記録する可能性があるが，記録の整合性を保つために，取引を両者で同一日に記録することが求められる (para. 3.101)。

③　産出と中間消費の記録時点

　産出 (output) は，発生主義の原則に従って，生産プロセスが進行する期間を通じて記録される。したがって，仕掛作業への投入分は作業の進行に応じて継続的に記録される，そして生産プロセスが終了すると，その時点まで蓄積された仕掛品の全量が引渡ないし販売可能な完成品に実質的になる (para. 3.102)。同様に，財貨・サービスの中間消費はそれらが生産プロセスに投入された時点で記録される (para. 3.103)。

④　在庫変動と固定資本減耗の記録時点

　在庫への追加分は，生産物が購入，生産あるいはその他の形で取得される場合に，記録される。庫出分は生産物が販売，中間消費としての費消あるいはこ

れら以外の形で譲渡されるときに記録される（para. 3.104）。

　固定資本減耗は，当該固定資産が生産目的に使用可能な全期間にわたって発生する費用とされる。会計期間への正確な配分（exact proportioning）は減価償却率に依存する。この償却方法としては通常直線法ないし幾何級数法（定率法）が仮定される（para. 3.105）。

　⑤　複合取引とバランス項目の記録時点

　他の複数の取引の差額として定義される取引は，その構成要素となる基本的フローの記録時点に従う。たとえば，間接的に測定される金融仲介サービス（FISIM）[13]は，財産所得が金融仲介機関の投資した資金に依拠して稼得され，一方この機関の支払利子が発生する時点に応じて記録される。同様の原則は，貯蓄のようなバランス項目にも適用される（para. 3.106）。

　⑥　その他のフローの記録時点

　フローの説明の箇所で紹介したその他の資産量の変動は，通常，厳密に1時点あるいは短期間内に生じる離散型事象（discrete events）であるとし，関連する名目保有利得あるいは保有損失（nominal holding gains or losses）が，以下の2時点間で推定される（para. 3.108）。

時点1
　　i　期首
　　ii　他の単位からの所有権の取得（購入または現物取引により）の時点　または
　　iii　資産の生産の時点

時点2
　　i　期末
　　ii　資産の所有権の放棄（販売または現物取引により）の時点　または
　　iii　生産プロセスでの資産の費消の時点

　⑦　会計期間

---

[13]　FISIM（Financial Intermediation Services Indirectly Measured）は，金融仲介機関による受取財産所得総額マイナス支払利子総額である（para. 6.125）。

会計期間の長さは原理的には任意に選択しうる。期間が短すぎる場合は統計データが偶発的要素により影響を受け，他方，長すぎる場合は経済における変化を適切に描写できない，というそれぞれ欠点がある。大抵の場合，企業会計および政府会計は1年であるとことを指摘し，SNAにおけるフルセットの勘定表（accounts tables）の作成については，暦年か4半期が最も適しているとする（para. 3.113）。

## 2-3 集 計

SNAの範囲内にある膨大な数の取引，その他のフローおよび資産[14]は，分析上，処理可能な有用なグループに整理する必要がある。これらのグループは複数の分類（classifications）の組み合わせにより構成される。少なくとも，誰（who）と何（what）について答えられるような組み合わせが必要である。つまり，「誰」に当たる制度部門や産業[15]の分類と「何」に当たる取引，その他のフローおよび資産の分類が組み合わされる必要がある。さらにはフローおよびストックは源泉（resources）と使途（uses）ならびに資産と負債等に区分されねばならないし，一層の詳細な分類も必要とされるかもしれない（para. 3.114）。概念的には，これらの分類に基づいて，関連するすべての要素（elements）の価値が合計され，この合計が集計額（value for each aggregate）とされる（para. 3.116）。このように集計（aggregation）の基礎には分類がある。残念ながら，「会計ルール」の章では分類についての体系的な記述はない。93 SNAの大部の冊

---

14) マクロ会計では，負債は金融資産と表裏一体と考えられており，金融資産の評価および分類に触れることは，同時に負債に触れることを意味する。
15) 93 SNAは，本文の冒頭で指摘したように，国民所得勘定，投入産出表，資金循環勘定，国際収支表および国民貸借表の5種の勘定表の統合体系である。海外との取引を総括的に表示する国際収支表を除くと，国民所得勘定，資金循環勘定および国民貸借対照表は制度単位および制度部門を中心に勘定表が構成されているのに対して，投入産出表は一国経済の生産活動に焦点が合わされ，諸産業間の取引の表示に焦点を合わしている。ここに云う産業は同種あるいは類似の活動に従事している事業所のグループからなる（para. 5.40）。制度単位は一つの事業所からなることもあり，また複数の事業所からなることもある（para. 5.41）。

子の該当箇所に散在的に記述されている内容を，巻末の付録Ⅴ「分類と勘定」で取り上げているので，その箇所を見ることにする。

付録Ⅴ「分類と勘定」は分類と勘定の2節から構成されている。第1節の「分類」は，次の10項からなる[16]。

　　A　制度部門の分類
　　B　取引およびその他のフローの分類
　　C　バランス項目の分類
　　D　資産の分類
　　E　取引およびその他のフローの補完的分類の要素
　　F　国際標準産業分類
　　G　主要生産物分類
　　H　個人消費の目的別分類
　　I　政府の機能分類
　　J　対家計民間非営利団体の目的分類
　　K　生産者支出の目的分類

これらの10項目のうち，Cは93 SNAにおいて設定される各種勘定表のバランス項目を意味するものであり，またE以下の項目は，概してストックおよびフローの主要勘定表の項目（概念）の内訳項目の分類になるので，ここでは説明を省略し，A，BおよびDについて簡単に紹介することにする。

　A　制度部門の分類

制度部門は，93 SNAでは，非金融法人企業部門，金融機関部門，一般政府部門，対家計民間非営利団体部門および家計部門の5部門に分類される。そして，これらの5部門について，部門により，中分類部門および小分類部門が示される。たとえば，金融機関部門では，中央銀行，その他の預金取扱機関，保険会社および年金基金を除く金融機関，金融補助機関，ならびに保険会社および年金基金が中分類部門とされる。小分類部門は省略する。一般政府部門で

---

16) Commission of the European Communities et al. (1993), pp. 545–600.

は，中分類部門はおかれず，中央政府，州政府，地方政府および社会保障基金からなる小分類部門が設けられ，さらに社会保障基金部門を再分類した内訳部門が示される。家計部門には，雇主，自己勘定の就業者，雇用者，財産所得および移転所得の受領者の中分類部門が設けられ，さらに最後の中分類部門は3種の内訳部門に分けられる。非金融法人企業部門は3種の内訳部門すなわち公的非金融法人企業，自国民間非金融法人企業および外国支配非金融法人企業の3部門のみが示されている。そして対家計民間非営利団体部門はいかなる再分類も行われない。最後に非居住者全体を取りまとめて海外部門が設けられている[17]。

B 取引およびその他のフローの分類

フローは，まず，財貨・サービス（生産物）の取引，分配取引，金融手段の取引およびその他の蓄積項目の4種の大分類項目に分類され，これらが中分類項目，小分類項目，さらには項目によっては，小分類項目の内訳項目等に分類される。以下，紙幅の関係で，主として中分類項目について紹介する。

財貨・サービス（生産物）の取引は，産出，中間消費，最終消費支出，現実最終消費支出[18]，総資本形成（小分類項目；総固定資本形成，在庫品増加，貴重品の取得マイナス処分），財貨・サービスの輸出，財貨・サービスの輸入等からなる。

分配取引は，雇用者報酬，生産および輸入品に課せられる税，補助金，財産所得，所得・富等に課される経常税，社会負担および社会給付，その他の経常移転，年金基金に関する家計純持分の変動のための調整，資本移転等からなる。

金融手段の取引は，貨幣用金およびSDR，通貨および預金（小分類項目；通貨，通貨性預金，その他の預金），株式以外の証券（小分類項目；短期，長期），貸付（小分類項目；短期，長期），株式およびその他の持分，保険準備金，その他

---

17) Commission of the European Communities et al. (1993), p. 585.
18) 居住者たる家計が取得したすべての個別的消費財・サービスの価額の合計である。これは，家計の最終消費支出，対家計非営利団体から現物社会移転として取得したもの，および一般政府から現物社会移転として取得したものからなる（para. 9.96）。

の受取債権または支払債務（小分類項目；売上債権・買入債務，その他）等からなる。

その他の蓄積項目は，固定資本減耗，非生産非金融資産の取得マイナス処分，非生産資産の経済的出現，非育成生物資源の自然成長，非生産資産の経済的消滅，災害等による壊滅的損失，補償されない没収，非金融資産におけるその他の量的変化，金融資産および負債におけるその他の量的変化，名目保有利得または損失，分類および構成の変化（小分類項目；部門分類および構成の変更，資産および負債の分類変更）等からなる[19]。

### D 資産の分類

資産は，非金融資産と金融資産に大別される。まず非金融資産であるが，これは，生産資産（produced assets）と非生産資産（non-produced assets）に再分類される。そして生産資産は，固定資産（小分類項目；有形固定資産，無形固定資産），在庫品，貴重品に，非生産資産は，有形非生産資産（小分類項目；土地，地下資源，非育成生物資源，地下の水資源）および無形非生産資産（小分類項目；特許実体，賃貸借権およびその他の譲渡可能な契約，買入暖簾，その他の無形非生産資産）に再分類される。他方，金融資産は，上述された「取引およびその他のフローの分類」の"金融手段の取引"で紹介したものと同じ分類がされる[20]。

## 2-4 純計処理

制度単位や制度部門における勘定表の源泉および使途の両側面で同一種の取引（たとえば，利子の受払い）があったり，資産および負債の両側面で同一種の金融手段を持つことがある。93 SNAの体系では，すべての基礎項目（elementary items）が勘定表の両側面に表れる同一種項目を純計処理（netting）することなくその全価値（full values）で記録する，すなわち総計記録（gross recording）することが原則的処理として勧められている（para. 117-8）。

しかしながら，体系内では，さまざまな取引カテゴリーで純計処理（netting）

---

19) Commission of the European Communities et al. (1993), pp. 586-588.
20) Commission of the European Communities et al. (1993), pp. 588-589.

がインプリシットに行われている。顕著な例は，在庫変動（changes in inventories）である。日々の取引に基づく追加分や出庫分を追跡するのではなく，期首と期末の在庫分の差額を資本形成として把握する。また，金融勘定およびその他の資産量変動勘定でも，若干の例外を除いて，資産や負債の記録が純計で記録される。体系内で，純計が明示的に示されるのは，勘定のバランス項目等少数の例外を除くと，固定資本減耗控除後の純固定資本形成のケースだけである（para. 3.119）。

### 2–5　連　　結

連結（consolidation）は，フローとストックの特殊な純計処理であり，他の純計処理と区別される。代表的なケースは，同一制度部門あるいはその内訳部門に属する2取引者間で発生する取引または債権・債務関係の消去（elimination）である。しかしながら，体系では，原則，連結のルールは適用されない。換言すると，非連結ルールが採用されているといえよう（para. 3.121）。

## 3. 企業会計の会計ルールとの比較

第2節で紹介したマクロ会計のルールと企業会計のそれとの比較をする前に，会計一族としてのマクロ会計の理解に欠かせない議論をしておきたい。複式記入原理と会計公準である。

### 3–1　複式記入原理

93 SNA では，取引の勘定への記録は，複式記入原理（principle of double entry）によるとされている。すなわち，各取引は，一度は源泉（resource）あるいは負債の変動として，一度は使途（use）あるいは資産の変動として2回記録される。そして源泉あるいは負債の変動として記録された金額の合計と使途あるいは資産の変動として記録された金額の合計は一致しなければならない（para. 2.57）。取引は，二つの制度単位間で行われる。このため，各取引者である制度単位や制度部門がそれぞれ複式記入を行うので，SNA の体系では，4重

記入されることになる。そこで，4重記入原理（principle of quadruple）ともいわれる（para. 2.60）。

マクロ会計における複式記入原理は，企業会計における複式簿記の原理との相似性が高い。マクロ会計は統計的手法で勘定表が作成されるので，企業会計におけるように個々の取引を勘定に複式記入することはない。しかしながら，個々の制度単位の勘定への複式記入を前提として，この勘定から作成される財務表を，マクロ会計の要請に沿う勘定表に組み替え，それを連結することによって制度部門や一国経済全体の勘定表が得られるとの考えの下で，制度部門や一国経済全体の勘定表が統計的手法で作成される。さらにいうと，フローの勘定表である国民所得勘定とストックの勘定表である国民貸借対照表は蓄積勘定により結合されている。それゆえ，マクロ会計は，複式簿記の原理を前提に，複式記入原理ならびに4重記入原理が成り立っているといえる。

### 3-2 会 計 公 準

企業会計の基礎的前提あるいは会計公準として企業実体，会計期間および貨幣評価の3種の公準がある[21]。

企業実体の公準は，企業とそれへの出資者との会計を分離し企業独自の会計を維持することを意味する。この実体を会計実体ともいう。マクロ会計では，会計実体という概念は明確ではないが，勘定をおくことができる基礎的単位として第2節で，非金融法人企業，金融機関，一般政府，対家計民間非営利団体および家計等の制度単位を紹介した。また，同種の制度単位のグループである制度部門についても触れた。これら制度単位や制度部門が会計実体に相当する。

会計期間の公準は，企業活動は永続的に継続するとの前提の下に一定の期間を限って会計計算を行うことを意味する。第2節(2)記録時点の⑦会計期間で紹介したように，93 SNAでは，経済活動を期間を限って測定する考え方が表

---

21) マクロ会計における会計公準の議論は以前に下記の拙稿において行っている。河野正男（1971），76-78ページ。

明されている。一国経済全体の活動はそれの構成要素たる個別企業の活動より永続性は高く，その活動の測定は一定期間を定めて行わざるを得ないことは自明のこといえる。

　貨幣評価の公準は，企業の会計計算あるいは資本・利益計算は貨幣評価可能なもののみを対象とする，換言すると貨幣評価できないものは会計計算から除外することを意味する。

　前節の(1)評価①一般ルールの説明の冒頭で「現在交換価値で測定することが基本」と記述していることから 93 SNA でもこの公準に依拠していることは明らかである。

　以上，マクロ会計においても企業会計の 3 公準と同様の公準が前提とされていると見ることができる。


### 3-3　会計ルールの比較

　前節で取り上げた評価，記録時点，集計（分類），純計処理および連結にかかわる会計ルールについて取り上げ，企業会計とマクロ会計の異同点を整理する。

　① 評　　価

　93 SNA では，市場を前提とした現在交換価値（current exchange value）あるいは市場価値（market value）による評価を原則とする。原則の適用が困難なケースについての補足説明がある。たとえば，市場価値を利用し得ないような生産物についての類似生産物の市場価値の利用や自己生産・自己使用の固定資産や一般政府および対家計民間非営利団体の生産物等のように市場を経由しないで最終使用者に提供される生産物についての生産費による評価等である。自己生産・自己使用の固定資産については企業会計でも同様の評価を行っており，また一般政府等の生産物の評価も企業会計の視点から考えても納得しうるものである。したがってフローの評価については両会計において大きな違いはないといってよい。

　企業会計と異なるところは，ストックの評価である。93 SNA では，ストッ

クについても評価時点の市場価値による評価が求められる。つまりマクロ会計は時価主義会計である。この結果，保有利得あるいは損失（再評価益あるいは評価損）の計上が求められる。固定資産の市場価値による評価は，固定資本減耗の市場価値による計上につながる。ただし，バックログの計算は行われない。理由は，固定資本減耗の計算は，使用による固定資産の減耗分のカレントコストによる取替え分の計算を意味するからである[22]。

企業会計では，昨今，ストックの時価評価が重視されている。周知のように，有価証券の一部については時価評価が実施されている[23]。しかしながら固定資産については減損の計上という下方の時価評価を除いて，土地をはじめ機械設備は取得原価によって評価されている。この意味ではマクロ会計に比較して時価主義が徹底していないといえる。

② 記録時点

93 SNA では，発生主義による記録を原則としている。発生主義に基づく記録すなわち会計情報が経済状況の把握に適しているという理由によるものである。この原則の一貫した適用は，マクロ会計では取引は関連する二つの制度単位の勘定表へ同時に記録する必要があること，すなわち4重記入の原理からも納得できる。

企業会計では，費用は発生主義で，収益は実現主義で計上することを原則としている。費用と収益の計上基準が異なるのは，未実現利益の計上は財務安全性を損なうことから禁止されていることによる。マクロ会計では，個々の制度単位の財務安全性への配慮よりは，同種の制度単位のグループである制度部門や一国経済全体の経済活動を的確に把握することに重点がある。両会計における記録時点のこの違いは会計目的の違いに帰することができる。近年，企業会計においても，実現可能性の高い金融資産の時価評価による損益の計上が実施

---

[22] United Nations (1968), p.122 (para.7.23).
[23] 有価証券は保有目的等により売買目的有価証券，満期保有目的有価証券，子会社株式および関連会社株式，ならびにその他の有価証券に分類される。これらのうち，会計期間末に，売買目的有価証券とその他の有価証券は時価あるいは適正な価格で評価することが求められている（金融商品に関する会計基準，Ⅳ, 2）。

されるなど，実現概念の拡張がみられる[24]。このことに着目すると，記録時点いついては一歩マクロ会計に近づいたといえよう[25]。他方，マクロ会計では，貸倒引当金や退職給付債務等は計上されない。貸倒れが生じた時点ならびに退職給付債務の支払時点で取引が認識され，記録される。現実の資金の流れに関心が寄せられていることによる。

③ 純計処理

93 SNA では総計記録（gross recording）を原則とすることが推奨されている。例外がないわけではない。純保険料や生命保険準備金および年金基金に関する家計の純持分等一部の項目は純額で示される。この他，在庫変動，金融勘定およびその他の資産量変動勘定等もそれらの追加分や減少分を総額で計上するのではなく，純額で計上することが行われている（para. 119）。企業会計でも総額主義が原則である。このように，原則的には，93 SNA と企業会計の双方で総計主義（総額主義）が取られているが，93 SNA ひいてはマクロ会計では，一部の項目は慣行的に，一部の項目は例外的に純計主義（純額主義）が取られているといえる。

68 SNA で，純計処理について次のような記述がある。金融資産関連の取引の記録に当たって使用されるべき最低限の純計処理のレベルとして，各種の金融資産および取引者について該当する金融資産の取得額（購入額）と処分額（販売額）を純計処理すること，および各種の負債および取引者について負債の発生額（発行額）と償還額を純計処理することが推奨される。そしてこれを原則として実践上必要に応じて純計処理のレベルを変化させうると指摘している[26]。この記述は，総計記録の原則の下で，実務を考慮し，最低限の純計処理を容認し，かつ実務上さらなる純計処理の余地もありうることを指摘したものとみられる。

---

24) 広瀬義州（2006），26-27 ページ，219-220 ページ。
25) 浜田浩児・岩名郁郎・山田尚史・大広泰三・小清水世津子（2003），No. 129, 13-14 ページ。
26) United Nations (1968), p. 136 (para. 7.104)。

④ 連　　結

　マクロ会計では，理論的には，制度単位の勘定表を連結し制度部門の勘定表が作成され，さらにいくつかの制度部門の勘定表を連結して一国経済の勘定表が作成される。実践上は，この理論的連結手続きにおける制度部門の勘定表の作成からスタートする。国民所得勘定のようなフロー系統の勘定表では，最終生産物と所得のフローに焦点を合わせているので，制度部門間の債権債務の取引は純計処理により消去され，海外に対する純債権債務のみが表示される。しかしながら，制度部門および一国経済全体の貸借対照表や資金循環勘定の作成に当たっては，金融資産および負債のストックとその変動の表示に焦点を合わせているので，同種の金融資産・負債あるいは債権債務は純計処理されないで，合算して表示される。企業会計における親会社と子会社の連結においては，親会社と子会社間で発生した債権債務は相殺されるが，親会社と子会社以外の会社との間で発生した同種の債権債務，たとえば貸付金と借入金は相殺されないで，合算計上される。マクロ会計の勘定作成に当たり，連結財務諸表のみを原資料として使用している場合には，マクロ会計と企業会計の連結手続きは変わらないといえるが，親会社および子会社をそれぞれ個別の制度単位として考え，原資料を収集し，連結手続きを進めると，この場合には，親子間の債権債務が制度部門の貸借対照表や一国経済全体の貸借対照表に加算されることになる。

⑤ 分　　類

　勘定表に表示される項目の分類は，勘定表が提供する会計情報の利用目的に依存する。マクロ会計と企業会計ではそれぞれ提供される会計情報の利用目的が異なるのでフローおよびストックの分類および配列はかなり異なる。特にフローの分類の相違は顕著である。ストックの分類すなわち貸借対照表項目の分類については，双方の会計で類似性も見出される。大分類については，企業会計は流動固定分類を原則とするのに対して，マクロ会計，具体的には93 SNAでは，非金融資産と金融資産という分類がとられ，この大分類は両会計で異なるが，それぞれの内訳項目を見ると，若干マクロ会計固有の項目もみられる

が，多くの項目については企業の貸借対照表に計上されているものと同種のもので，さほど違和感はないといえる。

## おわりに

中央大学経済研究所における共同研究グループ"社会会計部会"は，2002年10月に，3年間の研究成果を『ミクロ環境会計とマクロ環境会計』として刊行した。筆者もこの部会に参画し，「ミクロ環境会計とマクロ環境会計のリンクに関する一考察」を寄稿した。その第1節「企業会計と社会会計のリンクの系譜」で，企業会計とマクロ会計（社会会計）のリンクの議論は2種に大別されることを説いた。すなわち，一つは会計制度の視点からの議論であり，他の一つは，企業会計とマクロ会計の独自性を尊重した上で両会計を包摂する一般会計理論の構築を試みる議論である。前者の議論としてシュルーターの会計インスティチュート説とブレイの経済会計説が，後者の議論としてマテシッチやユーの議論があることを紹介し，拙稿では前者の議論の概要を紹介した[27]。

本稿は，93 SNAに焦点を合わせてマクロ会計の会計ルールについて検討し，企業会計のそれとの比較を試みたもので，議論の内容は会計制度の視点からの議論に属し，2002年の拙稿における研究を継いだものである。結論的にいえば，マクロ会計とミクロ会計の会計ルールは，評価，記録時点，純計処理，連結および分類等の各分野において，それぞれの対象領域および会計目的等が異なることから生じる相違点を除けば，違和感を持つような大きな相違点はないと結論付けることができる。かくして，会計ルールの視点からも，改めてマクロ会計は会計一族たりうることを指摘したい。

### 参考文献

河野正男（1971）「国民企業会計と国民経済会計」合崎堅二・能勢信子編著『企業会計と社会会計』森山書店。

河野正男（2002）「ミクロ環境会計とマクロ環境会計のリンクに関する一考察」小口好昭編著『ミクロ環境会計とマクロ環境会計』中央大学出版部。

---

27) 河野正男（2002），257-264ページ。

櫻本　健（2007）「93 SNA Rev. 1 に向けたわが国の課題—国際的議論の進展と我が国の対応—」『季刊　国民経済計算』，No. 134（平成 19 年度第 2 号）。

内閣府経済社会総合研究所国民経済計算部（2007）『国民経済計算年報　平成 19 年版　2007』メディアランド。

浜田浩児・岩名郁郎・山田尚史・大広泰三・小清水世津子（2003）「企業会計の SNA への反映について」『季刊　国民経済計算』No. 129（平成 15 年度第 1 号）。

広瀬義州（2006）『財務会計　第 6 版』中央経済社。

United Nations (1947), *Measurement of National Income and the Construction of Social Accounts.*

United Nations (1953), *A System of National Accounts and Supporting Tables.*

United Nations (1968), *System of National Accounts.*

Commission of the European Communities, International Monetary Fund, Organisation for Economic Co-Operation and Development, United Nations, World Bank (1993), *System of National Accounts 1993.*（経済企画庁経済研究所国民所得部訳『1993 年改訂国民経済計算の体系（上巻，下巻，索引）』1995 年）

第 2 章

フランスの林業統計と森林勘定

はじめに

　1990年代以降，環境問題のグローバル化が進んでいる。欧州林政に関してみると，リオの環境サミットを契機に，先進国における生態系保護政策が不十分であるとの批判が途上国から相次ぎ，加えて国際自然保護団体が，「森林保護」の観点から欧州林政の「採点表」を公表して欧州各国の林政を批判する事態となり，欧州側は何らかの対応を迫られた。これに対して，EUは，生態系保護施策として「Natura 2000」を創設し，これに類する従前の施策とは異なり，その地域指定面積に事実上強制的な国別割り当てを設けた[1]。また，林政担当相をメンバーとする欧州森林保護閣僚会議は，「ウィーン決議」（2003年）において，生態系としては二次的自然の多い欧州において森林は人間の「生命・財産保護」の役割を果たすべく管理されている，と主張した。

　フランスの林政当局が，フランスの森林が持続的に管理されていることを国際的に主張するための統計的ハンドブックを仏英2カ国語で，1995年以降5

---

[1] 原生的自然環境に乏しい欧州において，Natura 2000 は 2 つの側面をもつ。1 つは，種・生息域を保護するという点であり，もう 1 つは，この保護を，二次的な自然，たとえば伝統的な方法で管理された放牧地に特有な種について行うという点である。このような放牧地において仮に樹木の下種が生じると，より原生的な植生に変化していくことになるが，保護すべき生態系が変化するためその樹木は除去される。

年おきに出版するようになった[2]のは,環境問題のグローバル化の流れと決して無縁ではなかろう。こうしたハンドブックは,通常の官庁統計とは別途編纂されているものの,森林・林業・林産業をめぐる官庁統計(以下,「林業統計」と記す)に依拠していることは言うまでもなく,つまるところ林業統計がグローバル化への対応を迫られているのである。

今日,フランスの森林面積は国土の3割弱にすぎず,日本(3分の2)に比べると僅かである。しかし国民一人当たり森林面積をみると,欧米諸国のなかでも日本に最も近い国の1つであり,なおかつ私有林所有の零細性に関しては欧州のなかでも最も日本に近い国の1つであるといって良いだろう。グローバル化への対応も日仏に共通する課題であるはずである。これらはフランス林業統計のなりたちを日本において研究する意義を示している。

林業統計と森林勘定は緊密な関係にある。統計調査があってこそ勘定は作成可能であるし,勘定体系は関連諸統計の重複・欠落を示し整合性を確認する。筆者は,かつてフランスの森林勘定の構造を分析したが,フランスの林業統計について十分な検討を行うことはできず,北欧型勘定との比較や「遺産」概念の抽象的考察にとどまった[3]。

本章では,フランス林業統計の成立と発展を概観した上で,21世紀におけるフランス森林勘定・林業統計の意義と限界を考察することとしたい。

1. 課　　　題

まず,日本の林業統計整備史研究と対比した後,森林勘定と林業統計という本章の中心的課題について述べていきたい。安藤[4]に代表される日本の林業統

---

2) Ministère de l'Agriculture et de la Pêche : *Les indicateurs de Gestion Durable des Forêts Françaises, Édition 1995*, 49 pp., 1995, *idem. Édition 2000*, 129 pp., 2001, *idem. Édition 2005*, 148 pp, 2006. それぞれに英語版がある。
3) 拙稿「環境資源勘定およびその利用」,小池・藤崎編『森林資源勘定―北欧の経験,アジアの試み―』,アジア経済出版会,45-98ページ,1997年。
4) 安藤嘉友「林業統計発達史(1)」『林業経済』229,1-11ページ,同「林業統計発達史(2)」『林業経済』230,15-27ページ,1967年。

計発展史研究は，鋭敏な考察に満ちていながら，あくまで日本で実施された近代官庁統計調査の分析にとどまっている。ここでは日本との対比を通じ，フランス官庁林業統計分析に特有の課題を抽出する。

### 1-1　日本の林業統計整備史研究との対比

林業統計がフランスで本格的に整備されるようになったのは 19 世紀初頭であり，日本の官庁林業統計に 1 世紀近く先んじている。この違いにより，林業統計整備開始期における林野・木材利用の態様が異なっていたことを以下にみることとする。

ビュトゥーは 19 世紀以降のフランスの木材利用の量的変遷[5]を図式的に示している（図 2-1）。図 2-1 に拠り 19 世紀の百年間に注目すると，1)燃材利用の割合が多大なシェアを維持していたこと，2)燃材の内訳をみたときに，工業用燃材から家計用燃材にシフトしていく大勢にはありながら，19 世紀前半までは工業用燃材の割合がかなり高かったこと，の 2 点がみて取れる。さらに，一般用材についてはこの図では総量しかわからないが，後述するようにその内容は変化している。

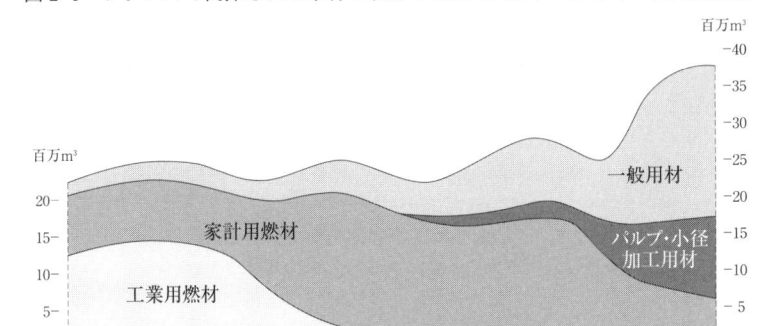

図 2-1　フランスで伐採された木材の利用：1800~1980 年にかけての図式的変遷

---

5)　Buttoud, Gérard（1981）森林政策における経済的要因の歴史的分析，『第 17 回 IUFRO 論文集』，782-785 ページ。図 2-1 は，仏語版の原図をもとに筆者が邦訳したものである。

フランスの林業統計整備開始期である19世紀初頭に絞って，木材利用の特徴を3点あげておこう。

第一に，英仏間のトラファルガーの戦い（1805年）が木造軍艦による戦闘であったことに象徴されるように，船舶用材が国家の軍事的要請の所産として図2-1の「一般用材」に含まれていた。大型木造船は，通直な材と曲がり材とを巧みに組み合わせることによって初めて建造が可能なのであって，このために特に重視されたのは，通直材と曲がり材を同時に供給できる80～200年生のナラ材であった[6]。イギリスではすでに16世紀後半にナラ林が造成された（ウィンザーの森）し，17世紀後半に宰相コルベールが造成したトロンセの森（王有林）も同様である。18世紀後半には，舟運の発達したライン川上流部に木材貿易会社が進出したことが知られており，欧州における国家間の覇権争いが，ナラ材をはじめとする木材調達をめぐる争いとして現出したことが窺われる。

---

6) 川崎寿彦（『森と人間—2000年—』日本林業技術協会，80-83ページ，1987年）によると，ナラ材の他にブナ材やモミ材も必要で，ナラ材と組み合わせて造船に用いられたが，量的にまた構造材として最も重要だったのはナラ材であった。日本では，フランスからの技術移転もあって「幕末から重視されつづけてきた海軍用材」が，1883年に「木造軍艦から鉄製への決定的転換がはじまり，急速に後景におしやられ」た（萩野敏雄『日本近代林政の基礎構造』日本林業調査会，171-190ページ，1984年。フランス人技術者の貢献については，C. ポラック『絹と光』アシェット婦人画報社，第7章など，2002年）。北海道にはナラの良材が大量に賦存したが，20世紀初頭に「道産のナラ材が欧州市場に認識され，はじめは枕木用材とごまかされて安く外商の買付けに応じたが，その実は高級な时材向であるということに気がつき，……輸出を振興し」た。その質は当時ヨーロッパ最高級のスロベニア産のオーク材に比肩するものであり，第一次大戦後までに「石狩，天塩の両上川郡あたりの道第一流ナラ材は……一応伐り尽くされたように思う」（林常夫『北海林話』北海興林株式会社，50-51ページ，1954年）というように，道産ナラ資源は軍艦製造には向けられなかったようである。なお，陸続きの国境紛争の存在する欧州においては，木材の軍事利用というのみならず，森林そのものも軍事上重要であった。フランスの場合，普仏戦争以降，地政的理由から，東部国境地帯の森林について，軍事上の重要性が認識されるようになる。Rocher, G., traduit par Vogel, Ch. (1888): *Traité d'Économie Politique Rurale. Agriculture － Économie Forestière*, Librairie Guillaumin et Cie, p. 822（第3巻第3章§193）に拠ると，同地域の林道や橋の建設，立木の伐採はすべて陸軍当局の許可が必要であった。ロッシャーの原著は1854年刊なので，普仏戦争以降のフランスに関するこの記述は訳者ヴォージェルによる補筆であると考えられる。

第二に，先述したように，鉱工業燃料としての木炭が重要であった。16世紀にドイツ諸邦において相次いで制定された林野利用規制立法，ならびにルイ14世の林野王令（1669年）は，同時期の金属精錬業や製塩業の隆盛と軌を一にしていた。ワットが蒸気機関を改良したのは1769年であるが，産業革命とともに石炭燃料への転換が急速に進んだイギリスと比べ，フランスでは，少なくとも19世紀中葉までは鉱工業のための主要なエネルギー源は木炭燃料（および水車動力）であった[7]。

　第三に，欧州全体の特徴といえるかもしれないが，都市部の住宅建築用材の需要は日本に比べきわめて少なかったと考えられる。イギリスでは1666年のロンドン大火以降，都市での建材が木材からレンガに代替されていったといわれる。したがって，「一般用材」に占める住宅建築用材の割合は低かった[8]と推定される。

　19世紀初頭以降のフランスにおいては，以上のような木材需要を背景として林業統計が整備されてゆくことになる。20世紀にかけてのその後の展開を

---

7） 当時の「鉱山局統計」を吟味し，小規模木炭製鉄の意義を高く評価したものに中島俊克（1980）「十九世紀前半のフランスにおける小規模製鉄工場へのパドル炉の普及—『鉱山局統計』（一八三三〜一八四六年）の検討を中心として—」（『社會經濟史學』46(3)），322–350ページ，がある。ちなみに，日本でも近世以降「たたら」などの木炭製鉄が盛行したが，官庁統計により砂鉄原料の鉄類製造量の推計が可能になったのは1885年以降である。俵國一（2007）『復刻解説版　古来の砂鉄精錬法—たたら吹製鉄法—』慶友社，東京，43–47ページ，を参照のこと。とはいえ輸入技術による「釜石高炉銑の生産が中国地方たたら銑の生産を追いこす」のは1894年のことであり，たたら製鉄が完全に消滅するのは第一次大戦以降の戦後不況期であるから，官庁統計がたたら製鉄生産活動を記録して以来40年近く生産が存続したことになる。奥村正二（1973）『小判・生糸・和鉄—続江戸時代技術史—』（岩波新書）岩波書店，126–210ページ。

8） ただし，少なくともフランスの場合，農村部の住民にとっては，住宅補修用材が生活のために必要不可欠であり続けたことは見逃せない。家計用燃材についても同様である。パリのような都市部ですら，少なくとも19世紀中葉までは家計用燃料は薪炭材に多くを依存しており，古くは16世紀のモルヴァンからパリへの流送に遡る。農村部を中心とした燃材の自家消費は今日でも量的に無視できないが，これに関する公的推計がなされたのは，筆者の知る限り，木質エネルギー利用への関心が全欧的に高まった1994年以降のことである（「3–4」を参照）。

みると，全国的な森林面積の推計に始まり，国有林および市町村有林を中心とした森林資源の推計，生産統計の整備へと進展する。私有林の所有・経営調査が行われるのは1970年代を待つこととなる。

所有的にみると国有林の把握から私有林の把握へ，内容的にみると森林面積の把握から立木資源の把握，さらに私有林を含めた所有経営構造の把握へと進むこの展開順序に限ってみれば，日本の林業統計について安藤の指摘した19世紀末以降の展開に類似している。しかし，結論を先取りしていえば，フランス林業統計は，森林面積や立木資源の把握が常に先行し，私有林の所有経営構造の把握は日本の林業センサスに比べ貧弱なものとなった。

こうした相違を生じた理由としては，先述のフランスに特徴的な木材利用構造に加え，土地制度的要因を挙げねばならない。すなわちフランスでは，1)「区分け取り」などによって一旦共同体有林とされた林地が原則的に市町村有林となり，かつすべての市町村有林が森林法典により私有分割を禁止され国家の後見監督下に置かれたことにより，国有林に加えて市町村有林の把握も早期に展開したこと，2)私有林の面積比率が7割を超えていたため（日本は5割程度），地籍情報の利用可能性が統計の精粗を，当時もその後も左右し続けたこと，の2点をさしあたり指摘しておきたい。

### 1-2 フランス林業統計の発展と森林資源勘定

19世紀以降のフランス林業統計の展開を敷衍しておくと，19世紀における資源統計と，これと前後する地籍調査，20世紀以降の生産統計，1960年頃からの航空写真の利用，1970年頃からの環境情報の包摂，ならびに土地利用被覆統計とのリンケージの強化，1980年代以降における私有林経営統計（林業センサス）の開始，さらに1990年代以降に進展をみた欧州連合統計局EUROSTATなどの全欧的な統計枠組みとの調和，などをあげることができよう[9]。

---

9) 日本については安藤（1967）「前掲論文」，フランスについては拙稿（2009）「フランス林業統計の歴史と現状」，農林統計協会『2005年農林業センサスにみる日本の森林・林業』所収，を参照のこと。

さまざまな林業統計の詳細は次節以降に述べるが，その前に統計整備の枠組みとしての森林勘定をみておこう。

経済統計一般において，統計整備が，時代や地域における国家の政策目的を反映してアドホックになされたことへの反省が，第二次大戦末の国民勘定体系草案（R. ストーン）に結実したとすれば，森林資源の循環的利用のフローや環境資源ストックとしての森林に着目した網羅的で整合的な林業統計システムは，1970年前後の北欧において登場した「自然資源勘定」をその嚆矢としたといえよう。その後国際機関や多くの先進諸国・自然資源保有国などが，自然資源勘定・環境統計・環境指標の整備に目を向けるようになった動向は，日本では小池[10]がいち早くとらえたところであり，フランスにおける『自然遺産勘定』Les Comptes du Patrimoine Naturel（以下単にCPN）策定のための省際委員会の動向も紹介している。『CPN』は省際委員会の検討を経て，1986年，国立統計経済研究所INSEEによって上梓された。森林勘定・環境勘定に関するこうした取組みは，その後，持続可能な発展を支援する統計体系を標榜する欧州連合統計局や国連統計部のガイドブックとして結実する[11]。

日本でも組織的研究が進められ[12]，その一端は拙稿（1997）[13]に集約されている。単純化すると，林産物の加工・流通フロー過程に比重を置いたマテリアル・バランス表の作成を志向した北欧諸国とは異なり，フランスのCPN，とくにその第4章「森林勘定」は，森林資源ストックの状態とその変化を重視する内容となった。森林資源の専門調査機関として第二次大戦後設置された全国

---

[10] 小池浩一郎（1986）『森林・林業の評価手法』（「林政総研レポート」30），62ページ。

[11] 山本伸幸「自然資源勘定」，環境経済・政策学会編『環境経済・政策学の基礎知識』有斐閣，2006年所収，150–151ページ。拙ウェブサイト http://www.geocities.com/furu5362/era.htm も参照されたい。なお，フランスにおいて環境統計はその後も，生産システム，国民経済計算などとともに，分野横断的テーマとして統計行政内部で認識されているようである。この点は，INSEEの普及誌である *Courrier des Statistiques* 誌120号（2007年7月）が環境統計特集に当てられていることにも窺われる。

[12] 経済企画庁経済研究所編『SNAサテライト勘定に関する特別研究会報告』1995年3月，491ページなど。

[13] 拙稿（1997）「前掲論文」。

森林資源調査局 l'Inventaire Forestier National（以下 IFN）によって CPN 第4章が編纂されたことからすれば，当然の結果である。

本来，CPN の全体構想は，ストック勘定・フロー勘定・「場」としての自然環境を表章するための土地勘定，および自然資源に働きかけると同時に環境変化の影響をうける経済活動の勘定，さらに生活と環境との相互作用を表章する社会文化勘定のそれぞれが，理想的には土地勘定をベースとして相互にリンクする壮大な体系となっている。したがってその目的は，警告的な環境指標の作成と同時に，諸統計のミッシングリンクの発見をも志向していたといえよう。「自然遺産」という領域は，諸省庁の統計にまたがるため，これらの整合性をとるために INSEE が主導して先述の省際委員会を設置する必要があった。CPN 第4章においても，林業統計の理想的な全体構想が描かれた（図2-2）。しかしながら，この全体構想においてすら，製材加工部門をはじめとする木質系資源を原料とする加工産業に関する事業所統計や，最終消費の統計[14]はほとんど視野に入っていない。

しかも，図2-2 の全体構造の内部においても，先述のように，執筆を担当した IFN は，森林資源をいわば棚卸調査する機関であるから，具体的な推計においてはストック勘定を中心に記述が進められた点に限界があった。林業統計内部のリンケージにおける最大の課題は，ストック統計とフロー統計の非整合性，すなわち森林資源ストックの変分と伐採フローとの不一致であり，この点を鋭く指摘したのが，シノッティの1995年論文（以下，単に Cinotti (1995)）[15]であった。

CPN 第4章が，IFN のみによって執筆された背景の1つには，フランス社

---

14) 最終消費についての統計は INSEE によって3つの基準により分類されている。第一に，財の耐久性による分類，第二に，機能（使途）による分類，第三に，生産物による分類である。川上統計との接合のためには第三の分類が重要だが，林業統計にかかわる分類は粗く，紙製品，紙加工品，プラスチック加工品，機械的木工品，寝具を除く家具類，印刷，出版，の7項目に縮約されている。

15) Cinotti (1995) : Production et Récolte de Bois en France : Proposition de balance nationale de la ressource forestière., r.f.f. XLVII(6), pp. 675–688.

図 2-2 CPN 第 4 章の構造

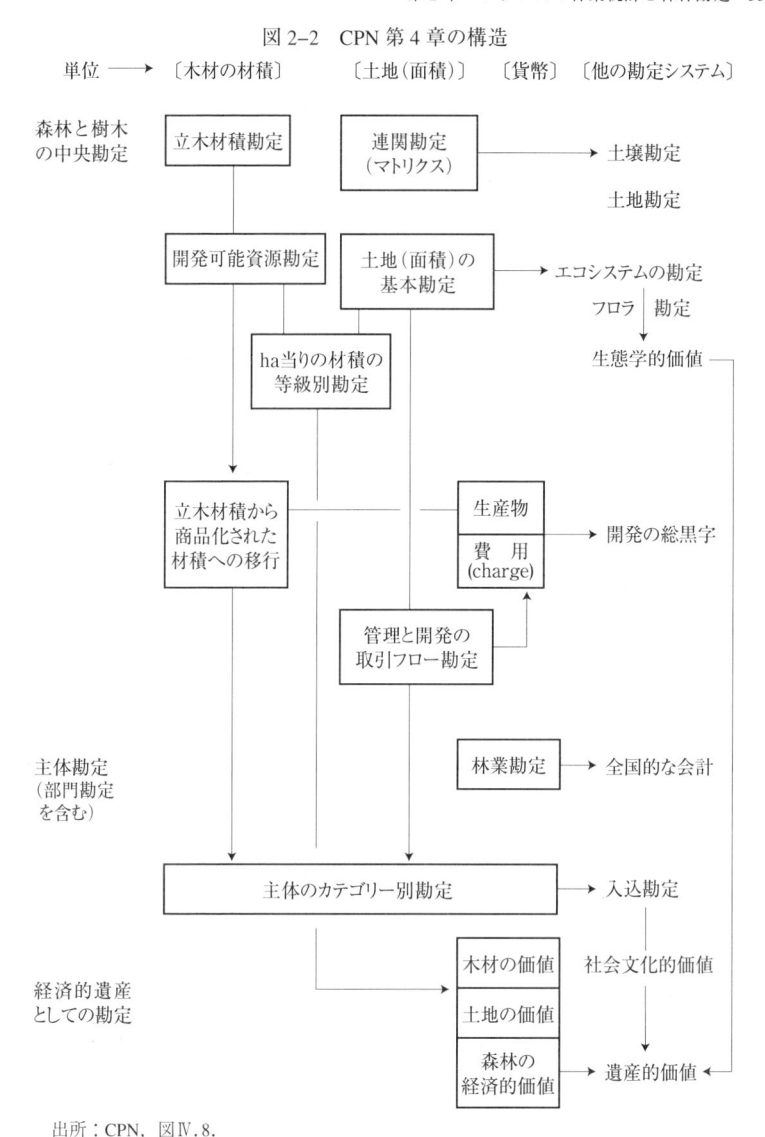

単位 ⟶ 〔木材の材積〕　〔土地(面積)〕　〔貨幣〕　〔他の勘定システム〕

森林と樹木の中央勘定:
- 立木材積勘定
- 連関勘定（マトリクス）→ 土壌勘定、土地勘定
- 開発可能資源勘定
- 土地(面積)の基本勘定 → エコシステムの勘定、フロラ勘定 → 生態学的価値
- ha当りの材積の等級別勘定
- 立木材積から商品化された材積への移行
- 生産物／費用(charge) → 開発の総黒字
- 管理と開発の取引フロー勘定

主体勘定（部門勘定を含む）:
- 林業勘定 → 全国的な会計
- 主体のカテゴリー別勘定 → 入込勘定、社会文化的価値

経済的遺産としての勘定:
- 木材の価値
- 土地の価値
- 森林の経済的価値 → 遺産的価値

出所：CPN, 図Ⅳ.8.

会全体の「遺産」依存度の高さをあげうるかも知れない。社会党政権時代に設けられた祝日「遺産の日」には，各地の観光案内所で「遺産リスト」が用意され，多くの博物館などの公施設法人はもとより，私有化された「遺産」や歴史的建造物を利用した軍事施設までもが，低料金ないし条件つきで一般公開され

る。この試みは，政権交代を経た現在にも引き継がれ[16]人口に膾炙している。多くの町で，中世から現代までの建物が同居し，しばしば数百年来の歴史的建造物が修復・改造されつつ，現代においても住居やオフィスとして使用されていることは周知であろう。単なる保存ではなく，利用しながら維持し，後世に伝えるというこの考え方は，自然遺産においては「保全 conservation」概念に相当する。コンセルヴァシオンの語は，すでにルイ14世の林野王令にみられる。

しかしながら，保全のためには，ストックとしての森林資源のみならず，林業経営体などの経済主体による管理活動フローが重要である。Cinotti（1995）の指摘以降，林業統計全般について歴史的・包括的に言及した論文が現れ，フランスにおける研究蓄積は着実に増大している。以下，次節「2」において，フランス統計制度全般の特徴，土地レジスターとしての地籍（地籍簿・地積図）に言及した後に，「3」節においては，面積推計（IFN統計を含む），土地統計，私有林統計，素材生産統計の順に述べ，フランス林業統計の全体像ならびに，そのなかにおけるフロー統計の位置づけを，森林勘定体系と照合させることにより明らかにしたい。なお，本稿の掉尾に記す諸事情により，本稿が資料紹介的・序論的な性格を多分にもつものであることをお断りしておきたい。

## 2. フランス統計制度の特徴と地籍調査

### 2-1 フランス統計制度の特徴

周知のとおり，フランスにおいては17世紀に絶対王制が成立し，18世紀末の市民革命を経て，その後めまぐるしい政体の変化を辿りつつ，ナポレオン民法典に代表される個人の権利の尊重や均分相続などの基本的な制度・思想が今日に至るまで継承されている。啓蒙思想が育んだ「個」の確立が一方でありながら，中央集権的な官僚機構と常備軍は維持・強化されている[17]ようにみえ

---

16) 歴史的記念建造物法（1913年12月31日）以来の関連諸法制の法典化が実施された（遺産法典 Code du Patrimoine の制定）のはシラク政権下の法律第1343号（2004年12月9日）によってである。

る。この二面性はフランスの統計制度全般の性格にとっても無縁ではなかろう。

まず、絶対王制期から19世紀にかけての統計制度一般について、もとより多くを語ることはできないが、上杉の素描[18]により、またフォーレの労作[19]を参照しつつごく簡単にまとめておきたい。

財政・徴兵上の理由から国家が、また人民から各種の手数料を取り立てる目的から教会が、それぞれ統計調査を行う歴史は、古代にその淵源を発し中世にその萌芽をみるが、組織的な統計機構は欠如し、調査も不定期にしか行われない。その後の絶対王制は、常備軍、貨幣経済への移行、領土併合と対外的な国家権力の強化をその特徴とし、重商主義的な政策が基調となる。ここに至り、

---

17) 市民革命や社会主義革命を経ても、官僚機構と常備軍が維持され発展した歴史を踏まえ、今後の展望を説いたものに柄谷行人（2006）『世界共和国へ』、岩波新書、228ページがある。

18) 上杉正一郎（1951）『マルクス主義と統計』（青木文庫）青木書店、16-20ページ。一部は Wagner からの再引用である。

19) Fernand FAURE (1918): The Development and Progress of Statistics in France, pp. 217-329, in *John KOREN (ed.): The History of Statistics. Their Development and Progress in Many Countries, The Macmillan Company of New York, 1918*. 本書は、アメリカ統計協会75周年刊行物であり、各国の統計専門家に寄稿を依頼したと思われる。フランスを代表して執筆したフォーレはパリ大学法学部教授であり統計審議会 Conseil Supérieur de Statistique のメンバーでもあった。膨大な紙数を費やしたフランスの章は、古代・中世にまで遡って官庁統計の発達史を叙述しており、「統計」史についてのこのスタイルは、松川が、帝国主義段階から第一次大戦前までの時期を「社会統計学の発展・確立期」と規定しフランスにおいても Wagner などの影響がみられると指摘したことと符合している（松川七郎（1961）「統計学史研究における5つの時期—政治算術・国状学の評価を中心にして—」『経済研究［一橋大］』12(2), pp. 133-153）。フォーレの記述においては、19世紀のある種のフランス統計は、政府から県知事に依頼され、県は実質的にサンプリングを行って調査対象を絞り込んだという指摘もみられるが、サンプリングの手法については「偶然による」とのみ述べて等閑視し、統計専門家が地方に派遣されたかどうかといった人的要素による統計の信頼性を重視している。なお、ドイツ国状学とフランス統計学との関係について上藤は「フランスにおいて『統計』および『統計学』が最初にもたらされた経緯は必ずしも明確ではない」としている（上藤一郎（2009）「統計学と国家科学」、杉森滉一ほか編（2009）『社会の変化と統計情報』、北海道大学出版会、所収、197-220ページ）。こうした最新研究については他日を期したい。

軍事制度と租税制度の重要性が飛躍的に増大し，国家状態に関する組織的な大量観察が開始される。フランスにおいても 16～17 世紀にかけてコルベールなどの重商主義的な宰相によって財政・貿易統計調査が推進された。フランス革命期の記述についてはフォーレが多くを費やしている。憲法議会は国の資源状態と人口数の把握の必要性を認め，人口については悉皆調査を行うこととし，その目的は 1791 年 7 月 19～22 日の法律によれば，課税目的に加えて社会保障のためであるとされた。かつて重商主義に反対し国勢調査の実施により農民の窮状を把握することを唱えたヴォーバンの思想を反映していたとフォーレは分析する。革命期は基本的に移行期であり，この法律はフォーレの執筆時点に至るまで「廃止されなかった」が「実効性をもたなかった」という。結局，革命期については 1791 年に住民台帳が完全に教会の手を離れ世俗化されたことが目を惹く程度である。

　ナポレオンが，内務省に統計局 Bureau de Statistique を創設したのは 19 世紀初めのことであるが，その後の反動期には全欧的に官庁統計が抑圧され「ブルボン王朝治下では，商業統計や軍事統計が公にされはしたが，しかし統計局はついに復活しなかった」（上杉）。七月革命の後，ティエールが商務省に統計局を復活させる。この統計局は中央統計局的位置づけを与えられ，同局により総合的な統計書 Documents Statistiques sur la France が最初に公刊されたのは 1852 年である。同書は，総合統計書というにはほど遠かったものの，国土・人口・財政・農業・工業・貿易・消費・価格を含んでいた。1878 年以降，その内容は拡充され，『フランス統計年報』として引き継がれることになる。ティエールの統計局は，後述する INSEE の直接の前身とはいえないものの，淵源であることは間違いない。

　引き続きフォーレにより省庁別統計機関の創設事情を若干みると，司法省の年次統計書は 1827 年に始まり，1844 年には公共事業省内に統計部局が設置され 1863 年には鉄道統計専門の部局も設置される。

　林野行政は財務省に属していた。財務統計は王政復古期に確立する。その後少なくとも，林野行政が農務省に移管する 1877 年まで財務統計が充実してい

たのは林業統計にとっても重要なことかもしれない。農務省は，後述するように19世紀に何度か統計調査を行っていたが，省内に統計部局 Bureau des Subsistances et de la Statistique agricole を創設したのは，林野行政を包摂した直後の1881年11月14日のデクレによってであり，この部局は1901年4月25日の法律によって決定的に拡充・強化され Office de renseignements agricoles となった。その任務には情報・研究・普及が含まれていた[20]。

今日の国立統計経済研究所 INSEE の前身が形成されたのは，1930年代のことである[21]。すなわち，1) 1933年に設置され，1936年からは経済省の下に置かれることになったフランス一般統計局 SGF，2) 1937年に設置された経済調査局，3) 1938年に設置された現代経済動向研究所および軍人徴用局をもとに1940年に設置された人口統計局であり，これら三機関を統合した国家統計局（1941-45）が，財務省の管轄下に置かれることとなった。これに経済省の経済研究・出版局を統合して1946年に創設されたのが INSEE である。日本同様，省庁別統計に多くを依拠しているいわゆる「分査的」統計制度を採るイギリスを除けば，欧州諸国の多くは，強力な中央統計局をもつ「集査的」統計制度を採っている。フランスの中央統計局に相当する機関は INSEE であり，マルシャ

---

20) 上杉とフォーレにより19世紀までのフランス統計制度を概観してきたが，本項「3-1」の冒頭に述べた「個」の確立と中央集権的な官僚制度と常備軍の拡充という一見相反する傾向に関しては，上杉もフォーレも言及していない。この問題を論じるには別稿を要する。考察の手がかりとしておそらく重要なのは土地関連統計調査の実態，とりわけ地籍調査の進展であって，これについては「3-2」で触れる。また，本稿では触れないが，1860年代以降，林野行政においてアルプスやピレネーなどで進められた山地復旧事業は，経済政策的にはもちろんのこと，「公益宣言」による収用手続きを含む法的な意味でも，フランスで19世紀後半から本格化した公共事業的性格を十全にもっていた。先述の公共事業省統計の整備とも関連して，フランス資本主義国家体制が，土地所有に対して干渉を強めていった過程としてとらえることが可能ではなかろうか。土地統計調査の性格もこうした過程と軌を一にして，絶対王制からの所有権保護という革命期の思想から，19世紀中葉を画期として，公益目的のための所有規制へとシフトしたとさしあたり考えておきたい。

21) INSEE，総務庁統計局訳「フランスの官庁統計システム」，総務庁統計局統計基準部国際統計課（1996）『諸外国における統計の制度と運営（その19）』所収，132-182ページ。

ルによれば「折衷的」性格をもつ[22]。経済成長期の 1960 年代に入り，INSEE の任務に国民経済計算が加わると同時に，省庁統計部門も再編整備されていく。産業省には 1948 年に設置された中央産業統計局 BCS I をその起源とする中央産業情報統計局 SCS II（1970～），農務省には 1961 年に設置された中央統計調査・研究課を起源とする中央統計調査・研究局 SCEES（1964～），建設省には住宅統計局，文部省には中央統計・現代動向局がそれぞれ設置されている。このうち林業統計にとって重要なのは SCEES，および SCS II を起源とする SESS I[23] であり，SCEES のかかわる統計調査については後述する。

フランス統計制度を特徴づける中央集権性に変化が現れたのは 1970 年代初頭のことであり，INSEE および各省庁統計機関の地方分散が図られる。行政機構全体の地方分散は，ミッテラン政権の登場を待つことになる。

遡って 1950 年代初頭に「法的義務，調製及び統計上の機密に関する 1951 年 6 月 7 日法」（以下「統計法」と呼ぶ）が制定され，同法の枠組みのなかで義務的調査に対する回答不履行問題への対策が図られるようになった[24]。同法は，後述する私有林調査の根拠にもなっている。

---

22) マルシャル，大橋隆憲訳（1959）『経済学と統計技術』，ミネルヴァ書房，386 ページ。
23) *Le bois en chiffres*（数字にみる林材）と題する統計出版物を隔年刊行している。2008 年 8 月 18 日現在 web 上で 2000 年，2002 年，2004 年，2006 年，2008 年の各版が入手可能であるが，内容的には川下統計が中心である。2006 年以降ページ数が減少したかにみえるが，少なくとも 2008 年については製紙業と家具産業についてそれぞれ *L'industrie papetière en chiffres*, *Le meuble en chiffres* が公刊されており，別建てにしたことによるページ減であると考えられる。なお，SESSI による川下統計と SCEES による川上統計を総合した一般向けの統計書 mémento（パルプ業界の出資による非営利社団 AFOCEL—2007 年 6 月より FCBA—が web 上で毎年公開）が一般には便利なハンドブックとして利用されている。
24) たとえば統計法の修正により第 6 条に「強制的な統計調査によって取得した情報は，いかなる状況においても内国歳入調査又は経済的抑圧のために使用されてはならない」との文言が規定されている（INSEE，総務庁訳「前掲」，158 ページ）。しかし，「統計調査の調整，申告義務，さらには罰則に関しては，その基本的枠組みは……本質的な変更は加えられることなく今日に至っている」（西村善博（2007）「フランスにおける統計基本法規の展開」（『統計』11 月号），16-20 ページ）。

## 2-2 土地レジスターとしての地籍

フランスにおける地籍調査の前史は,旧体制末期のいわゆる「封建反動」期に改訂整備された「土地台帳」「租税台帳」である[25]。革命後の1790年代初頭にその原則が法定され,1807年9月15日の予算法律に基づき全国調査が開始された。ナポレオン1世が目指した「土地所有権の確定による公平な課税と種々の所有権移転への対応」は難航し,当初は単なる測量の進展に終わったため,人びとや県議会は1830年代中葉からその全面的改訂を要求し,とくに1866年3月の上院においては全市町村にわたる全面改訂請願が4件取り上げられたとの記録がある[26]。また歴史的事情により,コルシカ,ニース公領,オート・サヴォア,サヴォアなどでは地籍調査が後れ,最も後れたサヴォア県における調査の完了は1945年であった。

にもかかわらず,1830年以降,航空写真の利用が始まる1960年頃まで,「土地利用,農地利用,林地利用に関するあらゆる統計業務は,約1世紀半にわたり,この地籍ベースによって支えられてきた」[27]。19世紀中葉の農業統計の発展に関する田崎(1982:148-149)の指摘[28]によれば,1852年農業統計に比して1862年農業統計においては,「農民が地租増徴と農業統計調査に関しての誤解をとき,かくしだてや過小申告が少なくなった」点が,農業統計の質的向上の

---

25) H. セー,宮崎洋訳(1971)『フランスの社会構造—18世紀における—』法政大学出版局,222ページ。
26) *Journal des Gardes. Législation, jurisprudence, doctrine concernant les attributions des gardes forestiers* (1865): p. 115.
27) Cinotti, B.(1996): Evolution des surfaces boisées en France : Proposition de reconstitution depuis le début du XIX$^{ème}$ siècle, *r.f.f,* vol. XLVII(6), pp. 547–562. なお,これとは別に,税務当局により1961年に非建築税の課税評価のため航空写真が利用されている(DOSIERE, R. et HOORENS, D. (2001): *La commune et ses finances. Guide pratique*, Imprimerie Nationale, pp. 158–159)。
28) 田崎慎吾(1982)「19世紀中葉におけるフランス農業の地域性—1862年農業統計分析—」(『農業経済研究』54(3)),147-156ページ。なお,フランス農業統計の濫觴ともいえる19世紀初頭の状況については,Jean-Claude Perrot and Stuart Joseph Woolf (1984) *State and Statistics in France, 1789–1815*, Harwood Academic Publishers, pp. 147–155 (Woolf稿)に言及がみられる。同書はフランス統計史全般にわたる豊富な知見を提供しているが,この検討は他日を期したい。

一因であった。この記述は，統計業務が地籍ベースを利用しながら，得られたデータを課税目的で使用することは決してなく，かつそのことが農民に理解されていったことを意味しよう。

　林業統計を支えた林地地籍そのものの精度は，私有林所有者に対する政策的インセンティヴ付与の度合いに左右された[29]と考えられる。主要な画期を付言しておくと，第一次大戦以降における農業会議所による林業技術の普及指導の進展，林地譲渡税の減額に関する 1930 年 4 月 16 日のセロ法（租税一般法第 703 条），造林地の所有者に土地税の 30 年間免除を与える 1934 年 7 月 20 日のデクレロワ（租税一般法第 1395 条），国家森林基金 FFN の創設（1946 年），林地相続税の減額に関するモニション修正（1959 年 12 月 28 日）が挙げられる[30]。

　分野横断的な政策課題が山積し，コンピュータ技術の発達した今日において，統計調査におけるレジスターの必要性・重要性については多くの議論があり，たとえば森[31]が諸外国の状況を整理しているものの，人口センサスなどのミクロデータが中心である。INSEE の報告をみても，フランスの農業人口・農業労働に関する調査が，税務当局から提供された「農家の課税対象所得調査」によって直接的に補完される例が挙げられているのみである[32]。しかし，農

---

29)　通常，所有者が課税負担を減らすために面積が過小となる傾向にある点は日本の「縄延び」と同様でこれについてのマクロな数字については後述するが，造林面積に応じて支払われる補助金などのインセンティヴが働いた場合，あらためて測量が行われ，上記の過小性が修正される可能性がある。ただその場合でも，新たに測量されたより大きな面積値が税務当局に引き渡され地籍簿に反映されるか否かについて明確に言及した論考は，筆者の知る限り存在しない。

30)　沼田善夫（1988）「フランスの森林・林業助成施策」『新潟大学農学部演習林報告』21），67-74 ページ。

31)　森博美（2005）「諸外国におけるミクロデータ関連法規の整備状況とデータ提供の現状」『日本統計研究所・オケージョナル・ペーパー』No 13），61 ページ。

32)　INSEE，総務庁統計局訳「前掲論文」，p. 145。もちろん人口データは農山村地域の分析にとって重要である。INSEE のデータの活用例を挙げておこう。農村から都市への人口流出についてシャリエは「……到着地の方へではなく，出発点である農村地帯に目を向けることにする。このばあい，フランスで最も容易な方法は，I・N・S・E・E にある選挙人名簿を整理してみることである。この名簿をみると，市町村別および出生の時期別に分けた選挙人（あるいは，少なくとも手形支払い場所の指定変更の記入を忘れなかった善意の選挙人）の最も新しい住所がわかるのである。これ

林業などの土地産業や土地利用統計・環境統計にとって重要なレジスターである地籍簿[33]は，航空写真の利用できなかった1960年頃までは小土地所有者の把握にとって不可欠な存在であり，その後は航空写真や衛星データと組み合わせる形で活用されることになる。この点は，後述することとしたい。

## 3．フランス林業統計の全体像

すでに拙稿[34]において概略を述べたが，敷衍しつつ詳細な検討を加えたい。

### 3-1 森林面積・蓄積の推計と IFN

中世において，修道院が森林を開拓して建設されたことはよく知られているが，イルミノン修道院の所領明細帳に記載されている森林面積[35]などによって，ごく部分的・散発的に当時の森林状況の一端を窺い得るのみである。

　欧州で領主権力の財源としての林野の重要性が急増したのは16世紀前後のことであり，フランスでも1566年にシャルル9世が全王室林の測量 arpentage を実施する決定を下したとの記録がある[36]。1669年林野王令[37]の約1世紀後，大革命の前後数年にわたりフランスを旅行した英国人農業経済学者A. ヤングの『フランス紀行』において，カッシーニの地図に基づき森林面積を国土の7分の1とした[38]のが初の根拠ある推計として知られる。

---

　によって，――ときには年齢別に分けて――人口流出の激しさと，それがとる主要な方向をきめることが可能となる」(Charrier, J.-B., 有本・田辺訳 (1966)『都市と農村』（文庫クセジュ）白水社，89ページ）としている。
33)　小池浩一郎（1992）「環境統計の現状―森林についての資源・環境勘定体系を中心に」(『造園雑誌』55(4))，336-339ページ。
34)　拙稿（2009）「前掲論文」。
35)　FAURE : *op. cit.*, p. 226. 「所領明細帳」polyptique については，堀越宏一 (1997)『中世ヨーロッパの農村世界』(世界史リブレット24) 山川出版社，22-26ページを参照。
36)　Devèze, M. : *Histoire des Forêts*, PUF, p. 51, 1965.
37)　林野王令の詳細については拙稿（2007）「フランス林政における『水と森林』の史的展開序説」『水資源・環境研究』，73-86ページを参照のこと。
38)　Young, A., traduction, introduction et notes de Henri Sée : *Voyages en France 1787 1788 1789, Tome II : Observations générales sur l'agriculture, l'industrie et le commerce*. Ar-

ヤングはまた，4年間の旅行において各地の木材価格や代表的樹種・平均的伐期を観察し，併せて文献を渉猟した結果から，次のように考えた。すなわち，「農業協会」のような（政治力や価格交渉力をもつ）全国組織の欠如により，上昇傾向にありながらなおイギリスに比べ低い材価が私有林所有者の造林インセンティヴを失わせており，材価の上昇が続けば造林が進展し，木材の欠乏は解消するはずであると。H. セーは，同書仏訳版の訳注においてヤングを批判し，フランスの経済学者・農学者・行政官の多くが，高い材価において濫伐が進むことを懸念していた，と反論している。

木材価格が高騰した場合，森林伐採活動が活発となるか否か，また伐採跡地への造林が行われるか否かという，今日まで世界中で引き継がれているこの論争そのものに立ち入る余地はないが，まさにこうした論争的問題を，森林資源・木材収穫の持続可能性という観点からモニターする役割が，価格統計や伐採統計など林業における産業的統計，および開墾統計などの「土地」統計に求められていながら，少なくともこの時代にはそのような統計がきわめて貧困か，皆無に近かったことは確かであろう。

ヤングはまた文献により，軍艦用材に必要な用材量を，ナラ，その他の広葉樹，トウヒの樹種別に，116 カノンの軍艦と 74 カノンの軍艦のそれぞれについて示している[39]。軍艦用材の賦存量については 19 世紀初頭に海軍が林野当局に委託した調査結果が 20 世紀に入り発掘されるが，この経緯については後述する。

森林面積以外についてのヤングの観察に立ち入り過ぎた。フランスにおける林業統計に関する先行研究のほとんどが，ヤングを引用する際，もっぱらカッシーニ図による面積推計に注目している。実際，森林被覆と主要道路およびコミューン名のみが記された，つまりコミューン界の示されていない地図から測

---

mand Colin, 1976, pp. 848–853. なお，『フランス紀行』は宮崎洋により邦訳されているが，第 1 巻のみであり，上記該当部分は含まれていない。またカッシーニ図の抜粋は Brenac が紹介している（Brenac, L., (1984) Connaissances Statistiques des Forêts Françaises avant l'Inventaire Forestier National, *r.f.f.* 36(1), p. 80.）。

39) Young, *op. cit.*, pp. 1202–1208.

積用機器を用いずに国土の7分の1が森林であるとしたヤングの手腕は瞠目に値する。

その後,およそ20世紀前半までのフランス林業統計については,シノッティの助力の下にOberlé (2000)[40]が集大成しており,その概略はすでに別稿[41]において触れたので屋上屋を架すことは避けたいが,林業統計研究史上特筆すべきなのは1914年のコアンシー論文[42]である。この論文の特徴を一言でいうと,19世紀の森林面積に関する根拠史料の特定と新史料の発見である。すなわち,ユッフェルら林学研究者による既往研究が,その出典を明示していなかった(あるいは原典の所在を確認できずにいた)のに対し,財務省会計史料をもとに出典を確認すると同時に,海軍史料のなかから,軍艦用材の選木鑿印(刻印)[43]状況を林野行政に海軍側が照会して入手した調査回答文書を発掘したことである。コアンシーがユッフェルを補完したことにより19世紀初頭の,私有林を含むフランス森林面積が遡って明確になった。ここにおいて19世紀の森林面積は決定づけられたかにみえたが,しかしながら私有林についての林野行政当局の把握そのものが不十分であったがゆえに,また零細農家林家所有林をも地籍簿の活用により把握していた農務省の『農業統計』の存在を看過していたがゆえに,当時としても不十分な推計であったと,シノッティの1996年論文[44]によって批判されることとなる。

全国レベルの森林資源調査(以下,一般用語としては英語綴の略称を用いNFIと称す)[45]の進展に戻ろう。NFIは,統計的サンプリング調査により,森林資源

---

40) Y. Oberlé (2000) Les statistiques forestières. Catalogue des sources de données anciennes, *Les Dossiers Forestiers (ONF)*, no 7, 57 pp.
41) 拙稿(2009)「前掲論文」。
42) Coincy, H. de (1914) Les Statistiques Forestières au commencement du XIX$^e$ siècle, *r.f.f.* 53$^e$ année, pp. 281–288, 313–320.
43) 原語はmartelage。この語については拙稿(2007)「前掲論文」。
44) Cinotti (1996), *op. cit.*
45) 欧州諸国を中心とした全国森林調査の国際比較については,古井戸宏通・家原敏郎(2006)「主要国における林業が資源・環境に与える影響の定量化手法—森林資源調査と部門／商品表の融合に向けて—」(『水資源・環境研究の現在』8月),成文堂,571–591ページを参照のこと。

の全国的集計量と，おおまかな地域別特徴を一時点において把握するストック統計の作成業務であり，いわばヤング推計の近代技術版であると同時に，＜林地面積＞統計から＜林地面積＋立木蓄積＞統計への拡充・発展でもあった。日本の公式データとして用いられてきた「森林簿」の積み上げによる資源集計値とは全く意味が異なり，統計的な精度が明確であることに注意が必要である。NFI は北欧で 1920 年代以降発達し，フランスでは Daubree の『フランスの森林統計とアトラス』(1912) がその前史とされる。ドブレー調査は，森林統計単独の調査としては初めて，地籍情報を援用した点においてきわだっている。すなわち，この調査以前の森林統計が，国家森林管理体制の下に置かれるすべての国有林およびほとんどの市町村有林については比較的精度が高かったものの私有林については低かったという反省に立ち，ドブレー調査は「国家森林管理体制の下に置かれない森林に関する統計情報」に関する 1904 年 5 月 21 日の通達第 666 号により，「直接税の監督において得られる諸文書の助けを得て」，つまり地籍情報を援用して実施されることとなった[46]のである。その後 1958 年，ドゴール将軍の命により，全国森林資源の恒常的調査機関の創設が定められた（今日の森林法典第 521 条）。これが『CPN』第 4 章の執筆を担当した IFN の起源である。

　IFN は，組織としては，1994 年に行政的性格の公施設法人となってパリ郊外に移転したものの，全国に支局をもつ公的機関として活動を続け，今日では web 上で調査結果を公表している。技術的には，後述する TERUTI 同様，1960 年前後から航空写真を活用し推計精度を向上させている。しかしながら，全国森林調査のサンプリングポイントでの測定情報を，個別経営の活動とリンクさせていないし，所有に関係なく同じ精度の調査・集計を行っている。集計の範域も，行政区画ではなく生態的まとまりである「森林地域」という独特の区分を採用する。IFN による調査のこうした構造により，調査結果は，林業経営主体や林業生産活動と切り離されている。純粋な資源把握という目的に限って

---

46) Brenac, L. (1984), *op. cit.*, p. 82. 実際には，地籍情報の更新や林野吏員の教育のための予算が不十分という「苦い経験」を蒙った（Brenac, L., *op. cit.*, p. 85）。

も，群状森林区 massif forestier に含まれない農家林やポプラ並木などは IFN の調査対象外であるという問題が残されている[47]。

### 3-2　土地利用・被覆統計 TERUTI[48]

TERUTI は，フランスの土地利用統計である。最初の農地利用統計は 1946 年に遡り，地籍図を利用した「土地照査 contrôle de surface」として始まった。1962 年に航空写真が導入されたが，調査そのものを支援するというよりも，「地籍図をより活用するためのツール」にとどまった。地籍上の林地 bois は，1)広葉樹高林，2)針葉樹高林，3)混交高林，4)中林，5)低林，6)その他の森林，7)ポプラ樹林，8)ヤナギ樹林の 8 種類に区分されていたが，科学的定義が不十分であり，図面の縮尺も 500 分の 1 から 1 万分の 1 まで場所によってまちまちで，かつ部分的に古いデータを含むという問題を有していた。地域的集計の範域も「課税地域 régions fiscales」と称するものであって，「森林地域」「農業地域」のいずれとも異なっていた[49]。TERUTI の基本的な構造である航空写真による調査と土地上の諸点ごとの実地調査 sondage の「独創的な」結合が確立したのは 1969 年であり，全県に普及した。1982 年からは，義務的サンプリングポイントの全国配置という「切り札」が追加されたおかげで，調査システムが安定し，また分析可能な領域が農地のみならず国土全域に拡大した。1990 年代に入り恒久サンプルが更新され，結果的に農地が代表点として過多となり林地は過小推計となった。TERUTI の土地分類のうち林地に関するものをみておくと，code physique と称する分類番号のうち 18（広葉樹），19（針葉樹），20（疎林），21（半疎林），22（木立 bosquet），23（散在樹木），24～26（ポプラ関連），69（農廃地 friches）[50]，70（荒蕪地 landes，灌木地 maquis, garrigues），72（生垣）の 12

---

47)　SCEES (1987) : La propriété forestière privée. Collections de statistique agricole, *ÉTUDE* no 268, p. 89.
48)　SCEES (2007) : L'utilisation du territoire en 2005 et en 2006. Teruti-Lucas, *Agreste Chiffres et Données*, no 192, 56 pp.
49)　Brenac, L. (1984), *op. cit.*, p. 85.
50)　TERUTI における農廃地の定義をみると，輪作における休閑地・放牧地を含まない

項目が存在した。ここで,「木立」については樹種分類がなく,針葉樹造林のために伐採された広葉樹跡地は「半疎林」に分類された[51]。CPN 第4章の「林地を中心とした土地利用転換」のデータソースは基本的にこの TERUTI であった。ちなみに日本でこの種の表を作成するためには,各省庁の転用許可関連の行政記録を関係者間で突合する作業が必要となる[52]。

その後 2005 年が,2つの意味で転機となる。1つはデジタル測量や GPS 技術がサンプリング手法を再検討する契機となったためであり,もう1つは欧州レベルの土地利用・被覆統計調査 Lucas との整合性をとる必要が生じたためである。ここに至って 2005～2006 年にかけて最新の調査が行われ,TERUTI-Lucas と称し SCEES により公刊されている。ここでの土地分類は欧州基準で表章され,巻末に旧分類との対照表が添えられているにすぎない。

また,土地所有者に関する情報は,調査員による現地調査項目に入っておらず,あくまで土地被覆と土地利用に関するサンプル調査となっている。すなわち,IFN 統計と共通することであるが,土地照査の時代から一貫して,この統計は自然人や法人に対する調査票を用いない客観的な調査のみに基づいたものであった。裏を返せば,サンプルごとの精度が土地所有に関係しないことになる。

ところで,TERUTI や IFN のサンプルポイントにおいて所有者を調査すれば私有林の所有構造や管理活動の実態が(理想的には)土地利用や森林資源の情報とリンクした形で多少なりとも明らかになるはずである。この考え方による私有林調査は 1970 年代後半に着手された ESSES を待たねばならなかった。私有林統計に関する諸問題については項を改めて述べる。

### 3-3 所有の細分化と私有林統計

---

ことと,その周囲が完全に耕作に適した農地で囲まれていることが条件として記載されている。すべて非農地で囲まれている場合は"荒蕪地 landes"に分類される。
51) この点は,農業年次統計と同じ扱いであった。SCEES (1987), *op. cit.*, p. 89.
52) 古井戸・家原「前掲論文」表7参照。

フランスの私有林は，フランス森林面積の7割強，立木蓄積の7割弱を占め，資源的に重要な存在である。地域的にみると，西南部のランド地方のカイガンマツの大造林地帯の私有林率が高いのに対し，東部では低い[53]。
1998年末において法人を含む私有林所有者数は，地籍ベースで350万（うち1 ha未満が240万）であり[54]，後述する私有林調査やIFNの調査結果による実測ベースの私有林面積は1,100万haであることが知られている。すなわち1所有者当たりの森林面積は3ha程度にすぎない。ちなみに日本の森林所有も零細であることは同様だが，私有林面積が森林面積に占めるシェアは半数強であり，フランスより20％ポイントほど少なくなっている。

このように，フランスにおいて量的に重要な私有林についての調査は立ち後れ，日本の林業センサスに相当する統計調査が行われたのは1970年代後半以降である。

私有林調査の立ち後れた原因としてまず考えられるのは，所有の細分化によ

---

[53] 拙稿（2003）「重要な役割果たす農業会議所の林業普及(3)」『現代林業』450, pp. 40-43, により，国公有林卓越地帯である東部の一例をみると，「ロレーヌ州ヴォージュ県は，……三重県ほどの面積（59万ha）にわずか38万人が住み，仏国96県を人口密度の順に並べると中ほどに位置する。主要産業は，繊維工業，林産加工業，ミネラルウォーター製造業などである。森林率は47％と，仏国平均28％を大きく上回る森林県であるが，私有林の少ないのがロレーヌ州全体の特徴であり，ヴォージュ県でも私有林面積は10万haにすぎない。この10万haに対して5万人もの森林所有者がいるから平均所有面積は2haであり，仏国平均の3haさえも下回る零細性がみてとれる。／県下には約5千人の農業者がおり，このうち森林を所有する農業者は約3千人である。森林所有者の側からすると農業との兼業は6％にすぎず，大部分は非農業との兼業であって不在村所有者が3～4割を占めるが，農業者の側からすると5人に3人は森林を所有している計算になり，つまるところ『農』からみると『林』は無視できない存在であるといえる。戦後1950～75年にかけて，過疎化と農業の衰退に伴い農地の過半が補助造林等によりモミ・トウヒを中心とした林地に転換した。市町村によっては農地の8割が林地化したところもある」という状況にあり，今日，非農家零細林家が多い点に注意が必要である（同県の農林間の関係についての記述は，2001年10月，ヴォージュ県農業会議所 E. Meurin氏へのヒアリングによる）が，少なくとも19世紀において零細森林所有者の多くは農家であり，それゆえ年次農業統計が重要であったと考えられる。

[54] SCEES (1999): Structure de la propriété forestière privée en 1999, *Agreste Chiffres et Données* no 144, 2002, pp. 8-9.

る調査費用の増嵩であろう。そこで，私有林統計について述べる前に，フランスの土地所有一般，とりわけ農地所有の零細性・分散錯圃性について一瞥しておきたい。その起源については，「土地分散が1789年のフランス革命に端を発したとの説と，これが『フランス国土はこの国土に定住する人民と同等にその全領域に亘り自由たるべし』との1791年10月6日の宣言に発源した土地均等分有の原則と土地自由処分の原則との一対の因子に胚胎した」との通説に加え，すでに「18世紀初頭以来，農民が土地所有者となっており，農地分散のもたらした諸種の影響が当面の問題として注目されていた」[55]との指摘もある。

　19世紀の林野当局による調査については地籍簿が十分利用できず，それゆえ1878年のマシュー統計も，ドブレーによる1912年の調査も，私有林に関しては必ずしも十分な調査とならなかったという通説に対して，先にも触れたように，シノッティの1996年論文は，1836〜1840，1852，1862，1882，1892の各年[56]，および以降毎年刊行される年次農業統計（SAA）における「土地の利用」項目が，地籍簿に依拠し，農村部における私有林所有について多くの情報を提供していたにもかかわらず，林学研究者の論考において見逃されていた点に注意を喚起した。

　第二次大戦後，とくに国家森林基金（FFN）が創設された1947年以降，FFNによる造林助成が本格化し，市町村有林とともに私有林が助成対象となった。このうち非耕地に対する植林事業実績は，森林面積の増加や林種転換を検証する有力なデータとなっているものの，1948〜97年の50年間の基金助成造林面

---

55) M.J.ピオジェイ（原著1857)，農林省農地部訳『フランスに於ける土地分散』，農地改革執務参考資料，1958年8月，98ページ。なお，同訳書においてピオジェイは，分割相続による農地分散を擁護し，小農は農工兼業によって景気変動の影響を緩和することができると主張している。また「最近の土地調査結果」の結果として，国土総面積5,230万haのうち可耕地は2,560万ha，「山林」は770万ha，「荒野，放牧場，灌木荒地，泥炭地，沼地，岩石地，山間不耕地，荒蕪地」は720万haであるとしている。おそらく19世紀中葉の地籍調査または年次農業統計調査の結果であろう。
56) 田崎はこれらに加え，1866年の「農業アンケート（証言録）」の存在を指摘している（田崎慎二「前掲論文」，147-148ページ）。

積は累計で215万ha弱であり，仮にこれらすべてが私有林に向けられていたとしても，全私有林面積の2割程度にすぎない計算になる。先述のように，こうした造林事業の実施が地籍の精度を改善した可能性はあるものの，そのシェアの低さからいっても，助成を受ける所有者の特性というバイアスを考えても，造林助成事業に関する行政記録のみによって全私有林の実態を把握しえないことは明らかである。

私有林全体を対象とする最初の調査は，1976～1983年にかけて実施された林業経済構造調査ESSESであり，これによって初めてフランス私有林の全貌が明らかになったといえる。その後，ESSESは1999年に第2回調査が実施され，この2つが今日に至るまでフランス私有林統計の主要な基礎となっている。

最初のESSESは，1983年のTERUTI調査結果をもとに所有者をサンプリングしたものである。TERUTIは樹林地を1,510万ha，そのうち「森林」を1,470万haと推計したが，「森林」のうち1,040万haが国家森林管理体制に属さない森林（僅かな例外[57]を除き，ほぼ私有林と同義）であり，さらにこの1,040万haのうちの970万haが調査対象として措定された。調査対象にならなかった約70万haの内訳は，所有者が不明であった45万haおよび国外所有者の14万haである。結果の概略を述べると，この970万haに対して所有者（自然人および法人）数は370万に上り，調査対象者の平均所有規模は2.6haである。4ha未満の所有者が，面積の4分の1，所有者数の9割を占め，100ha以上の所有者が面積ではやはり4分の1を占めるが，所有者数では1%未満となる。私有林の8割強は家族グループを含む自然人である。農家 les agriculteurs が私有林の23%を所有している。私有林面積の65%で直近の5年以内に何らかの施業

---

[57] 1913年7月2日のオーディフレ法（現：森林法典L224-6条）に基づき，林業公社に経営管理を委託している非市町村有林は，「国家森林管理体制」に属する森林として分類される。2001年現在，オーディフレ法を適用されている森林面積は12,000haである。ミネラルウォーター企業Vittelの子会社Agrivair社の社有林はこの一例である。拙稿（2004）「フランスにおける水源保全のための森林管理―Agrivair社有林（Vittel市）の事例―」（『東北森林科学会講演要旨集』9），69ページ参照。

が行われており，所有者の 41% は同時期に木材の販売を行っており，所有者の 52% は木材の自家消費を行っている[58]。ESSES 報告書の末尾には，IFN, TERUTI, SAA（年次農業統計），地籍および ESSES のデータソースの比較検討がある。一部はすでに紹介したが，地籍上の所有者と ESSES での所有者との関係をみると，所有規模別所有者数の調査結果において，両者はほぼ同じ割合となっていることが示されている。

2 回目の ESSES は，同報告[59]の序文および補注によると，1999 年 9 月から 2000 年 3 月末にかけて実施された。第 1 回調査から 20 年を経て，フランスの私有林においては，1) 放棄農地における森林の自然的拡大[60]，2) 相続等による分散錯圃性[61]のさらなる増大，の 2 点が生じており，第 2 回調査は，レジオン単位で所有者の法的性格・所有構造を比較できるような精度を目指したものである。所有者のサンプリングに，税務総局から地籍簿の提供をうけた[62]のは第 1 回調査同様である。第 1 回調査との大きな相違は，第 2 回調査が，1

---

58) SCEES (1987), op. cit., p. 2. 木材の自家消費の内訳をみると，法人所有の場合は林産企業による自社加工，自然人所有の場合は燃材が多いことがみてとれる。ただし，消費目的別の所有者の面積割合がわかるのみで，消費量まではわからない。この調査については，以下の論文が詳細な分析を与えている。所有規模・地理的分布・施業等の活動をクロスさせた集計など，日本での林業センサス分析による担い手論に類した分析結果も提示されており興味深いが，この論文の紹介は別の機会に譲りたい。Normandin, D. (1987) : La Gestion des Patrimoines Forestiers Privés Structures et Activités. Essai de typologie sur 46 départements français, *r.f.f.* 36(5), pp. 393–408.
59) SCEES (2002) : *op. cit.*. なお，この第 2 回調査結果を利用した文献として，Anon. (2001) : Le Morcellement de la Propriété Forestière : Quelles Sollutions, *Le Courrier Territoires et Espaces Ruraux*, 109, pp. 17–20 がある。
60) 第 1 回 ESSES に至る 1920 年〜1985 年の期間については，1,000 万 ha から 1,400 万 ha に増加したフランスの森林面積のうち，荒蕪地や牧草地への林地の自然な拡大 (colonisation spontanée) による増加が約半分を占めるという具体的な指摘がある。BUTTOUD, G. (1986) : Les politiques de reboisement des montagnes en France aux XIX[e] et XX[e] siècles : implications techniques, économiques et sociales, *La Forêt Privée*, 171, pp. 39–46. なお，ヴォージュ県の事例については註 53 を参照のこと。
61) 物理的に連続した同一所有者による個々の林分と，同一人が所有するすべての森林とが別々に調査・集計されているため，分散錯圃性 morcellement が容易に分析可能となっている。
62) 1998 年 12 月 31 日のアレテに基づく。

ha 未満の所有者を調査対象に含んでいない[63]ことである。所有者の母集団は350万で，このうちサンプルから除かれる1ha未満の所有者数は240万（地籍ベースで75万ha），1ha以上の所有者数は110万（地籍ベースで830万ha）であったことが明記されている。

110万の1ha以上所有者のなかから層化サンプリングにより抽出された7千の所有者（面積にして40万ha）が調査対象である。調査結果については，1ha未満の除外により第1回調査と単純には比較できないが，同報告書が結論として列挙しているところをみると，1)所有者の意思による私有林面積の顕著かつ着実な増大，2)所有者の職能意識の増大，とくに獣害被害への認識のたかまり，3)燃材の自家消費に関して，類似調査を補完する結果を得たこと，4)私有林所有者団体が，フランスの森林認証制度の中核となっている現状において，この調査は所有者が持続的管理の重要性を認識するために役立つこと[64]，の4点である。

第2回ESSESについて，もう1つ指摘しておきたいのは，IFNデータによるレジオン別私有林総面積が示されており[65]，ESSESの採用する＜TERUTI＋地籍簿＞方式によるレジオン別私有林総面積と比べると，レジオンごとには若干ばらつきがあるものの，フランス全体でみるとほぼ同じ面積（約1,100万ha）となることが示されている点である。とりわけ，先述のように地籍ベースでは1ha以上所有者の「所有面積」合計が830万haであるのに対し，第2回ESSES

---

63) 第2回のESSESには，第1回のESSESにおいても，0.5ha未満が調査対象から除外されていたと解釈できる記述がある。確かに第1回ESSESに用いられたTERUTIのサンプルポイントの大半を占める「林地 bois et forêts」は，TERUTIの定義により，「ポプラ林を除く0.5ha以上の林区」である。しかし第1回ESSESはTERUTIの定義する「木立 bosquets」(0.05〜0.5 ha)などのサンプルポイントをも用いているので，0.5ha未満を除外したというのは誇張であろう。

64) 実際，2002年に私有林所有者団体自身によってまとめられた『私有林白書』は，この種の出版物としては最初のものであり，冒頭の現状分析のなかでごく一部ではあるがESSESを引用している。FNSPFS (2002) Livre blanc de la forêt privée française, 96 pp.

65) SCEES (2002) op. cit., pp. 8-9. なお，年次農業統計における森林面積も，IFNデータに基づいている。

の結果推計された1ha以上所有者の面積合計は990万haであり，これに1ha未満の地籍データを加えた総合計が，上記IFNデータと整合的であるということである。つまり，1ha以上所有者について，地籍上の面積830万haが実際の面積990万haに対して16%過小であることが示唆されており，これはとりもなおさずフランスにおける「縄延び」の実態を示すものとして興味深い。

**3-4 事業所統計方式の素材生産部門への適用（EAB EF）**

これまで，森林資源および私有林所有者の活動についての統計をみてきた。これらはいわば林産物流通における「川上」amontの統計である。本項では，素材生産部門の活動に関する統計，つまり「川下」avalの入口についてみておきたい。

まずフランスの事業所統計全般についてみておこう。事業所の活動に関する質問票調査は，INSEE自身によって，流通・サービス業に関する年次企業調査（EAE）が行われているほかは，経済関係省庁（農務，産業，建設，公共土木など）の統計部門によって行われている[66]。

EAB EFとは，森林伐採部門年次調査（Enquête annuelle de branche exploitation forestière）の略称[67]であり，SCEESおよび農務省のレジオン出先機関によって行

---

66) INSEE，総務庁訳「前掲論文」，145-146ページ。
67) フランスの経済統計の部門分類には活動セクターLes secteurs d'activitésと活動ブランチLes branches d'activitésの2種類があり，ともに商品分類とは区別される概念である。周知のように，「商品」と異なり「活動」は，投入される商品・生産過程・産出される商品の組み合わせによって分類され，これを通常，商品分類に対して部門分類と称する。少なくともフランスにおいてはこの部門（＝活動）分類がさらに「セクター」・「ブランチ」の2種類の用語によって識別される。INSEEの解説に依拠して略述すると「セクター」は，財・サービスを生産する制度単位が通常複数の活動を同時に行うなかで，主要な活動と副次的な活動があり，ここから主要な活動のすべてを抽出したものであり，フランス活動一覧表NAFでは700種類に分類される。活動の「ブランチ」は，類似ないし同一の活動を行うローカルレベルでの経済活動単位を一括したものであり，事業所entreprisesは主要な活動ブランチと，関連する副次的な活動ブランチを行う。それゆえ活動ブランチ分類によって，事業所はさまざまな経済活動に「切り分け」られる（http://www.insee.fr/fr/themes/comptes-nationaux/default.asp?page=base_2000/documentation/methodologie/resume_nb3.htm による。

われる悉皆調査で，自家消費分を除けば，素材生産業調査と考えて良い。

この調査については，Cinotti（1995）がIFN調査との突合を試み，問題点を指摘している。IFN調査が所有者の情報とリンクしていない一方で，EAB EFの県別データは，素材生産事業体の存在する県ごとに集計され，森林の存在する場所とはリンクしないという指摘は，資源調査と事業体調査のリンケージ全般にいえる問題点であり，今日でも，世界的に，木材のトレーサビリティーにおける障害の1つとなっていよう。

EAB EFが素材生産業調査であることからして，この統計調査そのものへの批判とはいえないものの，Cinotti（1995）の指摘でさらに重要なのは，燃材の自家消費が量的に無視できないということである。IFNが1994年に行った燃材に関する特別調査は，商品化の有無にかかわらず「燃材」のために伐採された皮付き材積の総計を1.5千万$m^3$と推計した。シノッティによれば，この推計の仮定を吟味すると，1.0～2.0千万$m^3$の間であるという。さらにこの最大2.0千万$m^3$という燃材消費量に対し，SCEESによる経済調査の結果は270万$m^3$にすぎないと指摘する。SCEESが一般向けに発行している林業統計書の2006年版[68]に収載されているエネルギー経済調査研究センターの調査結果からは，1990年代以降のフランス燃材利用は，廃材利用も含め，850～970万toe（石油等量トン）で推移していることがわかる。燃材1ステール＝石油0.147 toe＝丸太（皮なし）0.67 $m^3$という同書所収の換算率を用いると，丸太換算で4千万$m^3$前後という非常に大きな値になり，シノッティの推計をも上回るようにみえる。燃材を除く商品化された木材伐採量が，1990年代を通じて3.0～3.5千万$m^3$で推移していることを考えると，輸入された木質生産物の廃材などが

---

2008年9月16日取得）という。この区別は難解だが，マクロないし抽象的な制度単位とローカルレベルの事業所への着眼に由来することは確かであろう。EAB EFは素材生産業という活動ブランチを（仮に部分的にでも）実行しているローカルレベルの事業所に対して悉皆調査を行っていると解釈できよう。ここでは単に「森林伐採部門」の訳語を当てた。国民経済計算の専門家の批判を仰ぎたい。

68) SCEES (2006)：*La forêt et les industries du bois 2006 (données disponibles au 1$^{er}$ septembre 2005)*, pp. 148–149.

含まれている可能性もあろう。木質エネルギー利用の重要性がグローバルな規模で増大している今日，燃材の生産と消費に関する統計の精度は向上の余地がある。「課題」の節で触れた北欧型の森林資源勘定（資源—使用表，マスバランス）の作成は，こうした統計の精度向上に資するものである。

なお，農家による林業活動に関する統計調査は，1977年に行われている[69]。また，製材業やパルプ産業などの「川下」統計については，SESSIによる統計表[70]が公表されている。

## 4. 川上統計と川下統計の整合性

CPN第4章（「森林勘定」）が，まがりなりにも林業統計内部のミッシングリンクの発見を構想していた点は先述したが，実際には，その後この点について既往統計の整合性を批判的に論じたものはCinotti（1995）以外に見あたらない。ナンシー林業学校ENGREF-Nancyのペイロン教授（林業経済学研究室）が，森林勘定についての経済学的接近を行ったが，その内容は，ミクロ環境経済学的な森林の環境機能評価であった[71]。北欧流の資源—使用表[72]はいまだに公表されていない。国民経済計算や会計学について独特の発展を遂げてきたフランスにおいて，林業統計に関しては，会計の手法を用いた整合的な統計整備という発想が実務に活かされていないのは一見して奇異である。CPNの示した構想が，今日の林業統計において結果的にどの程度実現されたかをみたものが，図2-3である。

以下，図2-3を，上から下に，同じ高さであれば左から右に，みていくこ

---

69) SCEES (1980) : Enquête sur les activités sylvicoles des exploitations agricoles en 1977, *Étude no* 181, 69 pp.
70) 注23参照。SESSIの統計表『数字にみる林材』の最新版については補論で紹介する。
71) Peyron, J.-L. et Odile Colnard (2001) : *Contribution au rapport de la Commission des Comptes et de l'Economie de l'Environnement sur la forêt. Chapitre 〉〉 Vers des comptes de la forêt ? 〉〉*, mimeo., 26 pp.
72) 日本については，古井戸・家原「前掲論文」に1990年データによる，小池浩一郎の方法に準じた推計が収載されている。

## 図2-3 「森林勘定」構想と現在の林業統計

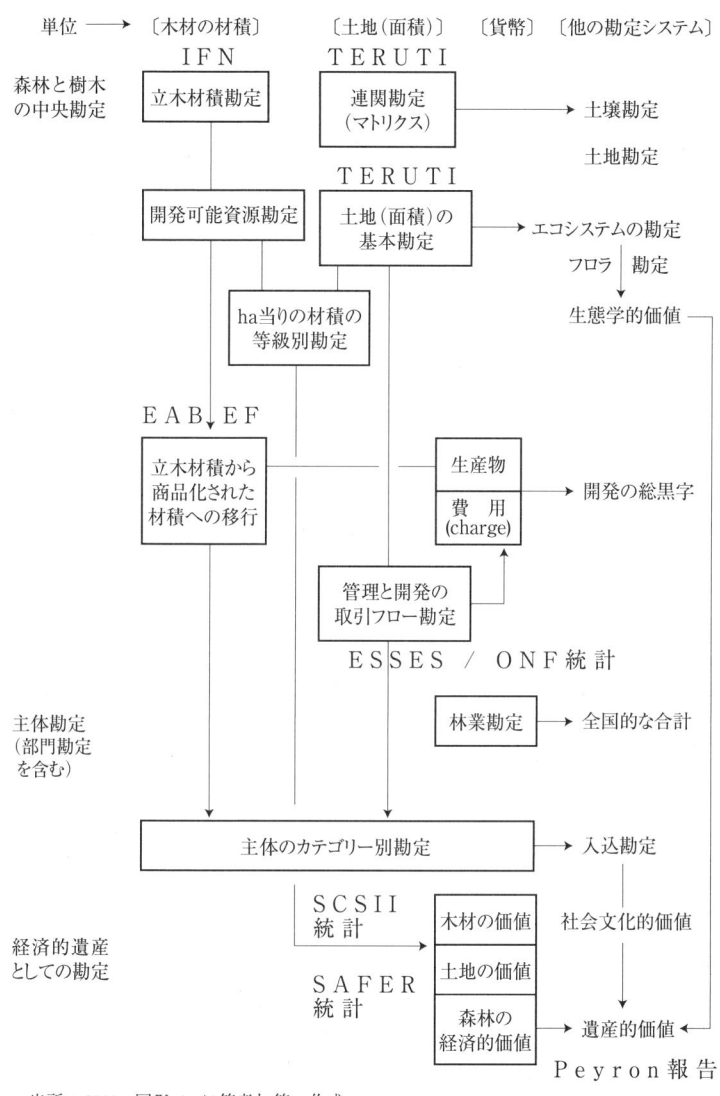

```
単位 →    〔木材の材積〕      〔土地（面積）〕   〔貨幣〕   〔他の勘定システム〕
              IFN            TERUTI
森林と樹木   ┌─────┐        ┌─────┐
の中央勘定  │立木材積勘定│       │ 連関勘定  │ → 土壌勘定
           └─────┘        │（マトリクス）│
                ↓          └─────┘    土地勘定
                           TERUTI
           ┌─────┐        ┌─────┐
           │開発可能資源勘定│    │土地（面積）の│ → エコシステムの勘定
           └─────┘        │ 基本勘定  │        フロラ │ 勘定
                ↓          └─────┘         生態学的価値
           ┌─────┐
           │ha当りの材積の│
           │ 等級別勘定 │
           └─────┘
              EAB↓EF
           ┌─────┐       ┌──┐
           │立木材積から │──│生産物│
           │商品化された ├──│費 用│ → 開発の総黒字
           │材積への移行 │   │(charge)│
           └─────┘       └──┘
                          ↑
                     ┌─────┐
                     │ 管理と開発の│
                     │取引フロー勘定│
                     └─────┘
                      ESSES / ONF統計

主体勘定                    ┌─────┐
(部門勘定                   │ 林業勘定 │ → 全国的な合計
を含む)                     └─────┘
           ┌──────────┐
           │   主体のカテゴリー別勘定   │ → 入込勘定
           └──────────┘
              SCSII        ┌─────┐
              統 計         │ 木材の価値 │   社会文化的価値
                           ├─────┤
経済的遺産   SAFER          │ 土地の価値 │
としての勘定  統 計          ├─────┤
                           │  森林の  │ → 遺産的価値 ←
                           │ 経済的価値 │
                           └─────┘
                                Peyron報告
```

出所：CPN, 図Ⅳ.8. に筆者加筆・作成。

とにする。この順序は，ほぼ，森林→林業→林産業，川上→川下という順序に対応する。

### 4-1　森林と樹木の中央勘定

　立木材積（蓄積）勘定は，すでに述べたように第二次大戦後恒常的調査機関 IFN の創設によって充実しており，それゆえ IFN が CPN 第4章を執筆したといえる。フランスは平地林が多く植生も日本に比べ単純であることが，調査費用を低くしていることを付言したい。

　連関勘定（マトリクス）と土地（面積）の基本勘定は，先述の TERUTI により実現し，CPN 公刊以降は恒久サンプリングポイントの全国配置による精度の向上と欧州標準との調和が図られている。ただし，私有林面積の把握については，先述のように，困難さがつきまとっていた。大革命期の混乱に乗じて森林の開墾が著しく進み，20世紀の100年をかけて回復したことが知られているように，明治期以来森林面積が統計上ほぼ一定であった日本とは異なるダイナミズムがある。加えて，平地林が多いことから，まとまった林地（massif forestier）以外の樹林が，農民や農村景観にとっては歴史的に重要な存在である。にもかかわらず，小農的森林所有については，その数の膨大さゆえに，地籍簿の利用が可能であっても調査費用の制限により（ESSES によってすら）そのすべてを活用できない，という欠点がいまなお残されている。

　立木材積（蓄積）から商品化された材積への移行は，素材生産によってなされるので，素材生産部門に対する事業所調査 EAB EF 統計の領域である。素材生産によって立木が丸太になったという物的側面に注目すると，「森林と樹木の中央勘定」のデータソースとなり，森林管理の一貫として素材生産活動を行ったという側面に注目すると「主体勘定」のデータソースとなる。EAB EF は，森林資源が国民経済に投入されていく入口をみる重要な統計だが，この素材生産活動による生産量と，IFN による森林蓄積の変化量とが一致しない原因を Cinotti（2005）は追究し，統計システムの改善を提案している。社会経済的条件により，森林の成長量に比べ，伐採量が著しく低い事情は，日本とかなり似ている。川上・川下・農家林の統計調査が別の機関によって実施されている点も日本とほぼ同様である。

### 4-2 主体勘定

管理と開発の取引フロー勘定は,経営主体別の統計を必要とする。フランスでは,国有林・市町村有林については産業的性格の公施設法人である林業公社 ONF の業務統計[73],私有林については先述の ESSES が重要なデータソースとなっている。 ESSES は,悉皆調査ではないが,唯一日本の林業センサスに相当するものであって,私有林に関する経営活動実態を把握しようとするものであった。第 1 回 ESSES の調査結果を分析したノルマンダン[74]が,「1:大面積広葉樹平地林を所有する富裕な不在村大都市居住者,2 a:大面積高蓄積針葉樹林所有者(小規模所有者のグループをも含む),2 b:林家による大面積針葉樹林所有,3:山地林における被用者・労働者居住者による零細針葉樹林所有,4:非農家農村居住者による零細錯圃的かつアクセス困難な森林所有,5:農業者の所有する低林および疎開した高林で零細錯圃的な広葉樹林,6:不在村都市居住者の所有する零細錯圃的所有林」の 6~7 種類に類型区分したフランス私有林の多様性は,IFN が生態的区分に基づいて調査しているデータのみからは知ることのできない,経済学的にみてきわめて重要な情報である。1999 年の第 2 回 ESSES が,たまたま調査の途上において同年 12 月の大風害に遭遇し,地域的なバイアスをもつ結果となってしまったことと,調査の直後に,第 1 回 ESSES を詳細かつ明晰に分析したノルマンダン教授が他界した不幸により,フランス私有林についての経営・経済学的分析は第 2 回 ESSES を十分活かす形では進められていないきらいがある。所有構造や育林活動については二度の ESSES 以外に統計が存在しないのが実状である。

なお「林業勘定」とあるのは,国民経済計算における林業・林産業部門の扱いを意味すると考えられるが,ここでは立ち入らない[75]。

---

73) 国有林を所有・経営し,かつ市町村有林のすべてを受託経営する林業公社(Office National des Forêts, ONF)は,年次報告書のなかで,財務諸表を公表してきた。構造的・通時的な分析,あるいは日本の国有林会計との比較を行うことで,興味深い知見がえられよう。フランス公企業会計学の専門知識を必要とする分野である。
74) Normandin (1987):*op. cit.*
75) SNA および SEEA における森林資産の扱いについては,拙稿「SNA と環境勘定に

**4-3 経済的遺産としての勘定**

木材の価値については，木質系商品の市場での取引から逆算されると考えれば，川下の事業所統計 SCSII（製材・パネル類・紙パルプなど）がデータソースとなる。「2-1」で概観したように SCSII は，日本において川下統計が経産省の所管であるのと同様，産業省の所管となっており，長い歴史をもちながら CPN 第 4 章においてはほとんど触れられていない。なお，川下統計を中心に FCBA が作成している一般向け二次統計集 memento をみると，産業分類別の被雇用者数や貿易収支が重視されていることがわかる。

土地の価値については，本稿では触れなかったが，1960 年の農業基本法によって創設された公的機関である SAFER が，その任務である農林地売買の斡旋業務を通じて，林地価格に関する業務統計を作成しており，利用可能である。

森林の経済的価値，社会文化的価値，生態学的価値を総合した「遺産的価値」については，先述のペイロンらによる報告がみられるにすぎない。

**4-4 小　括**

森林面積については，所有別の数字や他用途との相互転用を含め，フランスは精度の高いデータをもつに至っている。立木蓄積についても IFN による精度の高い調査が実現している。土地とストックに関する統計の充実がフランス林業統計の特質であるといえる。

これに対し，「生産量＋輸入量－輸出量≡みかけの消費量」という考え方から，ストック統計のみならず生産の統計が重要である点を指摘した先駆的論考には Brunet (1957)[76]があり，1954 年時点の「林業バランス」を推計している。このバランス表は，FAO 林産物年報の報告様式を超えるものではなく，加工

---

　　おける森林・林業」，小口好昭編著（2002）『ミクロ環境会計とマクロ環境会計』，中央大学出版部，203–224 ページを参照のこと。

76)　Brunet, R.-L. (1957) : Les Statistiques Françaises de Production Forestière, *r.f.f.* 1957-no 7, pp. 583–593.

部門を考慮した木質資源のフローを表章してはいない。とはいえ Brunet は第二次大戦後の復興需要に対する国内供給力を知ることの重要性を述べている。Brunet 論文発表の翌年に IFN が設立されたが，これまで再三述べたようにストック統計の調査機関となった。Brunet の指摘は，マテリアル・バランスの考え方に基づく北欧型森林資源勘定（資源—使用表およびマスバランス）において実現され，構想としてのみ CPN 第 4 章に若干包摂されたことになる。

## おわりに

21 世紀において，グローバルな意味で森林政策にとって重要なのは，生物多様性を維持しつつ，循環型資源でありカーボンニュートラルな資源である木材を積極的に利用してゆくことである。この 2 つの目的は必ずしも両立しない。フランスの統計システムは，IFN による川上統計により，生物多様性の維持に関しては比較的充実した情報を提供する可能性がある。しかし木材利用に関しては，資源循環の状況が統計的に十分表章されていないし，利用の持続性を考えた場合，単に資源循環のバランスが描かれるのみならず，これとリンクする林業部門の活動が効果的に把握されなければならないのは当然であろう。この意味で，フランス林業においてきわめて重要な地位を占める私有林についての情報，ならびに川下統計の充実が望まれてきた。これに対し，近年 IFN が，木質エネルギーとしての森林資源推計をもその対象として調査研究を進めている実態をみると，いわゆる「環境のグルネル」政策の潮流にも乗って，フランス林業統計は着実にその弱点を補いつつあるといえる[77]。

日本では，フランスとは逆に，川上統計を作成するための森林資源調査が 1960 年前後に林野庁により実施されて以来中断し，20 世紀末になってようや

---

77) IFN による調査研究を紹介した L'IF シリーズには，生物多様性（第 3 号，2004 年 2 月），森林資源の利用可能性（第 6 号，2004 年 12 月），木質エネルギー（第 9 号，2005 年 9 月），といったテーマが並んでおり，IFN が単なる資源調査機関の枠を超えた研究を進めていることが窺える。L'IF シリーズは，IFN のウェブサイトでダウンロードが可能である。http://www.ifn.fr/spip/rubrique.php3?id_rubrique=33（2008 年 8 月 18 日参照）を見よ。

くやはり林野庁の業務として——農林水産省統計部の統計調査としてではなく——再開されたところである[78]。事業所ベースの川下統計についてはとくに日仏間で差異はみられない。この両者を結ぶ川上資源の管理・利用活動についてみると，ESSESに相当し，なおかつサンプリングではなく悉皆調査である「林業センサス」が日本では農林水産統計部により実施されておりフランスよりも充実している。しかしながらセンサスなどがカバーしてきた育林部門や素材生産部門の統計は，「活動フロー水準を基準とした統計調査リソースの再配分」ともいうべき吉川委員会に代表される統計行政の方針と，省庁一律的な総人件費抑制政策，ならびに分査的省庁統計部局の省庁内における政治力の弱さ，等の不幸な相乗効果によって政治過程的に縮減の危機にある[79]のであって，このことはもともと日本の弱点であった川上資源ストック統計に対する無理解の継承，ならびに川上統計と川下統計の接合部分にあたる育林・素材生産統計の破壊を意味し，日本の森林の持続可能性の表章に対する痛撃となるおそれがある。このような状況において，木質エネルギー利用のための統計調査などが新たに行われる可能性はきわめて低いといわざるをえない。

　このように，日仏両国では，それぞれ別の意味で，森林の利用・管理の持続性についての情報が，公的統計部門によって十分得られていない。かつては，軍需用材や戦災復興用材などの国家による調達のための情報収集を，国民国家が推進した。フランスにおいては資源情報調査専門機関IFNによる調査システムの確立として具現化し，日本においては資源情報が不備なまま敗戦後，林業センサスが実施され生産構造についての情報が得られた。しかるに21世紀の統計調査は，途上国を含む世界の人びとに対して自国林業の経済的・生態的・社会的持続可能性を示すための統計調査でなければならないことは，自然資源勘定や環境勘定の正当な位置づけのために，強調されてよいだろう[80]。

---

78) 吉田茂二郎（2008）「現行の全国森林資源モニタリング調査と戦後のわが国の森林資源調査について」（『日本森林学会誌』90(4)），283–290ページ。
79) 山本伸幸（2009）「統計制度改革と林野統計」，餅田治之・志賀和人編著『日本林業の構造変化とセンサス体系の再編—2005年林業センサス分析—』農林統計協会，35–45ページ。

換言すれば，統計が「公共財」であるというとき，それは，グローバルな公共財でもあるのである。林業統計分野において，川上統計と川下統計の整合性はこうした観点からますます重要度を増している。そのための統計調査リソースをみると，フランスは弱点を抱えていることを自覚し補強しつつこれまで力点を置いてきた資源情報システムは健在である。これに対し，日本は定見なき縮小という危機に陥っているといえよう。

短期的な政治状況に左右されず，グローバルな公共財である林業統計の網羅的・整合的な整備指針をたてる上で，森林勘定の活用がますます重要になっている。

補論　『数字にみる林材』最新版(2008 年版)にみる川上～川下の流れ

フランスにおいては川下統計に弱点があり，北欧流の部門―商品表が作成されていない点を再三述べたが，川下統計を所管する通産省統計局 SESSI による『数字にみる木材 Le bois en chiffres』の 2008 年版に，川上における木材バ

---

80)　日本のローカルな NPO による「森の健康診断」は，きわめて興味深い（蔵治光一郎・洲崎燈子・丹羽健司【編】『森の健康診断―100 円グッズで始める市民と研究者の愉快な森林調査―』，築地書舘，2006 年）。集権的な官製定量化とでも呼ぶべき政府統計が，たとえばドイツ林政においては「法正林」を規範とし林分を将来にわたって「計算する森林官 calculating forester」の存在理由と権威につながっていたというような Porter の所論からすれば，矢作川流域という一地域における蔵治らの試みは，単に日本政府による森林資源統計調査の不備を補完するものではなく，具体的な計測活動を通じて「森の健康」を定義する権利を地域住民が獲得する過程として評価しうるのではないか。少なくともそのような展望をもちうるといえよう（Theodore M. Porter (1994): Chance Subdued by Science, *Poetics Today* 15(3), pp. 467–478）。関連して，日本の森林認証制度における FSC と SGEC の異同を考えると，FSC は「法正林」のかわりに「生態」「社会」「経済」のすべてにおける合格点（グローバルな NPO のイニシアティブに基づく，日本の専門家による現地調査など），SGEC は森林法に基づく森林計画制度における持続性の認定（行政記録の活用），をそれぞれ主要な基準として採用しているものの，集権的に一定の規範を設けて「持続性」を判断する点において大差が無いといえよう。認証制度は，環境ラベリング一般との類似性として，消費者の購買行動への影響をその目的とする以上，「持続性」規範の集権的定義の内容変更や内容確認ではありえても，集権性そのものの変更ではありえない。ネットワーク型のローカル認証を，これに対置することが可能かも知れない。市民社会論と生産構造論の関係は，今後の課題である。

図 2–4　フランスの林業バランス

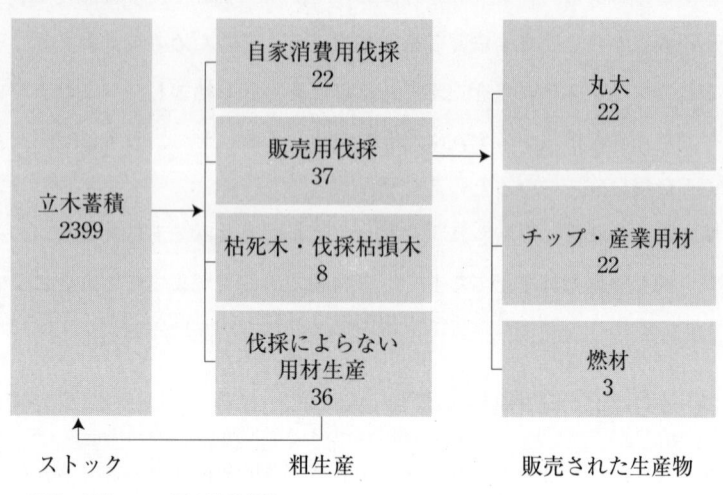

単位：100万m³

```
立木蓄積          自家消費用伐採        丸太
2399              22                  22

                  販売用伐採
                  37                  チップ・産業用材
                                      22
                  枯死木・伐採枯損木
                  8
                                      燃材
                  伐採によらない          3
                  用材生産
                  36
```

ストック　　　　　粗生産　　　　　　販売された生産物

出所：同書 p. 4 の図を筆者邦訳。

ランス（物量単位）と，川下における生産額の流れ図（価額単位）が併記されており興味深いので補足的に紹介したい。川上と川下の接点となる素材生産・育林部門の統計が ESSES 以外存在しないこと，川下の流れ図が価額単位でしか表章されていないことに限界があるものの，既存の統計調査の範囲で可能な限り木材産業の川上から川下までを表章する試みが，定期的に公刊される統計書のなかで行われていることは評価したい。

　ごく簡単にこの図の見方を説明すると，図 2–4 の左側が川上の山側であり，図を右に進むにつれて川下に近づく。図 2–5 も同様である。図 2–4 の右側には，丸太，チップ・産業用材，燃材の 3 つが，それぞれ 22 万 m³，12 万 m³，3 万 m³ 販売されていることがわかる。これに対応するのが図 2–5 の左側で，価額では，丸太が 78％，産業用材が 15％，燃材が 7％ を占める。これが一次加工を経由して二次加工に至る。二次加工は，ほぼ最終需用に対応するが，北欧型の部門＝商品表では，これが産業部門と制度部門をミックスした消費相手別に，物量単位で，マトリクスとして表章される。つまり二次加工生産物についても，売り手と買い手をクロスした行列が「最終需用」として描かれることに

図 2-5　フランスの木材業界

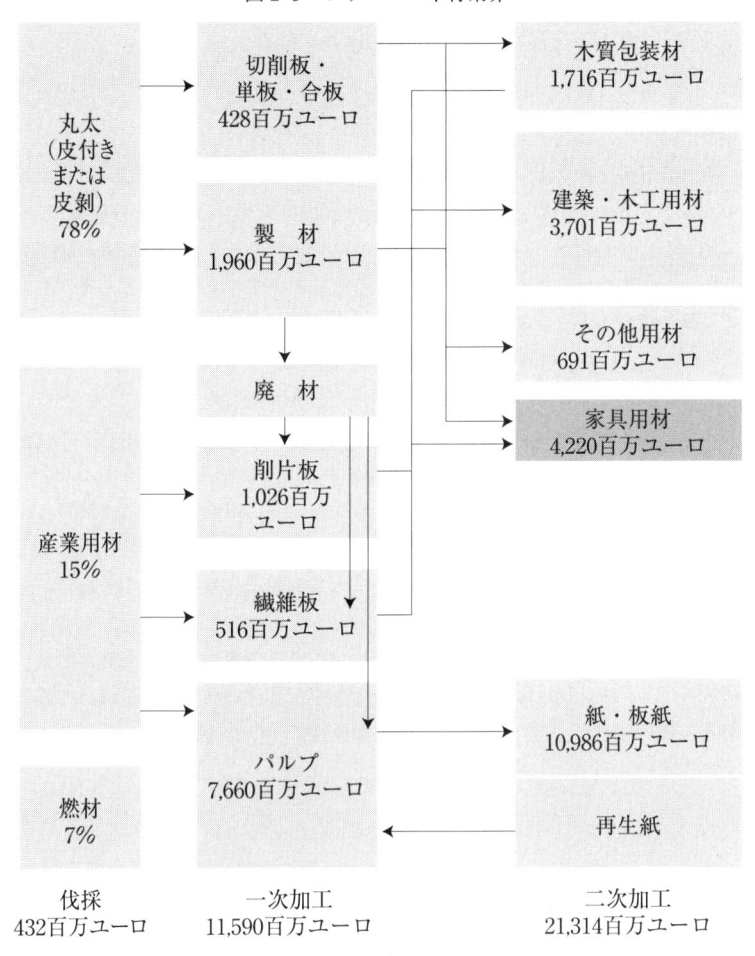

```
丸太                 切削板・              木質包装材
(皮付き     →       単板・合板    →      1,716百万ユーロ
または              428百万ユーロ
皮剝)
78%                                       建築・木工用材
                    製　材        →      3,701百万ユーロ
            →      1,960百万ユーロ
                         ↓                その他用材
                    廃　材         →     691百万ユーロ

                    削片板                家具用材
            →      1,026百万        →    4,220百万ユーロ
                    ユーロ

                    繊維板
            →      516百万ユーロ

産業用材                                   紙・板紙
15%                                       10,986百万ユーロ
                    パルプ        →
            →      7,660百万ユーロ
                                          再生紙
                                    ←
燃材
7%

伐採                一次加工              二次加工
432百万ユーロ       11,590百万ユーロ      21,314百万ユーロ
```

出所：同書 p.3 の図を引用者邦訳。

より北欧型部門─商品表は完結する。

　図2-5が価額単位となっていることにより，北欧型の部門＝商品表に比べて，図2-4で供給された木材の量が，図2-5において使い切られているかどうかを確認することができない。輸出入を含めないとこの確認ができないが，価額ベースにおいてすら，輸入材を原料とした生産割合が不明である。

　このように，勘定的思考を物量単位において援用した部門─商品表の優れた

点は，物質バランスを明らかにすることで統計の誤差脱漏を明らかにできる点にある，ということを最後に確認しておきたい．

**謝辞**

　森林資源勘定の調査のため筆者がパリの農務省を訪問した際，B. シノッティ氏にいただいた Cinotti（1995）の後半部分を，沼田善夫氏（故人．当時新潟大学教授）に翻訳していただき，沼田氏の作成されたグローサリーを参考に筆者が前半部分を粗訳した．本章は，この未公表草稿に負うところが大である．一方，その後シノッティ氏の指導の下フランス林業統計史をまとめたオベルレ氏の論考を検討するうちに，Cinotti（1995）の議論はフランス林業統計史からすればほんの一部にすぎないことと，統計史そのものの重要性に気づいた．メールでの質問に対し，多くの文献および情報源をご教示下さると同時に鍵になる重要文献多数をお贈り下さった農務省文書課の C. ピュジャン氏（Mme Christine PUGIN）に深甚の謝意を表したい．ピュジャン氏のご厚意なしには小論はありえなかった．沼田善夫氏のご伴侶である沼田笑子氏の変わらぬご厚誼にも感謝したい．山田満氏（高崎商科大学）からは，粗稿に対し，先行研究や基本的考え方について大変有益なご教示多数をいただいた．なお，ありうべき誤りが筆者の責に帰すことはもちろんである．

　本章の執筆および資料収集に当たって，日本学術振興会科学研究費補助金（基盤研究（C））「19世紀以降の日欧米における林学・林政の展開過程―山地林管理を中心として―(研究代表者：古井戸宏通)」の支援を受けた．

第 3 章

## 森林管理における原価計算の再検討
——サプライチェーンの視点から——

### 1. サプライチェーンの考え方を用いた林業の再生

　日本は2005年時点で2,487万haの森林面積を有し，国土面積にたいする森林面積（森林率）で見ると約68％になり，世界でも屈指の森林大国である。日本は森林面積こそ減少していないものの，1964年の林産物貿易の自由化にともなう長期的な木材価格の低迷，機械化や経営の集約化が進まないことによる高コスト構造のために林業が衰退している。主伐ができるまで成長しても伐採および更新が行われないばかりか，間伐や枝打すら行われずに荒廃した森林が増加している。林業の衰退は，森林管理を担う中山間地域における人口流失と高齢化を招き，それらが森林の荒廃に拍車をかけるという悪循環に陥っている。

　森林には，温暖化の抑制，土砂災害や洪水・渇水の防止，生物多様性の保全など，数多くの多面的な公益的機能が存在する。林野庁による2001年の経済評価によると，日本の森林は水源涵養として29,842,414百万円（年間），土砂災害防止・土壌保全として36,698,574百万円（年間）などのサービスを提供していると推計される[1]。林業の衰退がもたらす森林の荒廃は，経済的・社会的影響にとどまらず，地球環境全般に深刻な影響をおよぼしている。

人類が森林に寄せるニーズは,森林の多面的な機能として,公益的機能と,木材生産をはじめとする物質生産機能とに分類・整理できる。これらの機能は,森林を立木の集合体として捉えるのではなく,1つの森林生態系として維持することによって,はじめて高度に発揮させることができる。森林生態系の健全性や活力の維持によって,人類の多様なニーズへの永続的な対応を図るという考え方は,持続可能な森林管理(sustainable forest management)といわれる[2]。

近年の天然資源の逼迫と資源価格の高騰を踏まえ,再生可能な資源としての木材・森林バイオマスの安定的な供給体制を整備するためにも,また,地球温暖化が課題となっている今日,$CO_2$吸収・固定による地球温暖化の抑制を高度に発揮させるためにも,林業の再生と中山間地域の活性化による森林の管理体制の再構築は急務である。

林業の高コスト構造を,関連する産業や企業の協力関係,インフラストラクチャの共有化によって打破しようという試みがはじまってきている。たとえば,兵庫県における木材トレーサビリティの実証実験は,需要をトリガーとして木材を流通させること(デマンド・プル)で流通在庫を排除し,低コストを実現しようとしている[3]。木材トレーサビリティにおいて,森林管理を担う林業と関連産業および企業を結び付ける概念として用いられているのは,サプライチェーン(SC ; Supply Chain)である。

───────

1) 経済評価の対象となった公益的機能は,現在までの先行研究からメカニズムの解明が比較的進んでいるものだけで,森林の多様で多面的な機能のごく一部にすぎない。公益的機能の環境面のうち,水源涵養,土砂災害防止・土壌保全の他,生物多様性保全(鳥獣保護のみ),地球環境保全について,代替法による貨幣評価が行われている。(三菱総合研究所(2001),39-56ページ。)
2) たとえば,日本が加盟するモントリオール・プロセスは,7の基準および67の指標から持続可能な森林管理が備えるべき要件を整理している。基準1:生物多様性の保全(9指標),基準2:森林生態系の生産力の維持(5指標),基準3:森林生態系の健全性と活力の維持(3指標),基準4:土壌および水資源の保全(8指標),基準5:地球的炭素循環への寄与(3指標),基準6:社会の要請への対応(19指標),基準7:法的・制度的・経済的枠組み(20指標)。
3) 株式会社 DCMC は東京大学,兵庫県協同組合しそうの森の木,兵庫県丹波市,丹波市森林組合と協力し,電子タグを用いた木材トレーサビリティの実証実験をしている。

製造業がサプライチェーン・マネジメント（SCM；Supply Chain Management）を重視するようになっているように，林業の再生と中山間地域の活性化には，関連する産業や企業との SC を確立して，SCM をキーワードに森林の管理体制の再構築を図ることが必要になっている。筆者は，SCM の一環としての環境会計を導入することによって，持続可能な森林管理を推進しつつコストの削減を図ることができると考える[4]。

環境会計では，原価計算システムが環境負荷の低減とコストの削減を図るための裏付けとなる。森林管理においても，造林・保育および伐採・搬出という林業の各プロセスで，原価計算システムが必要となる。だが，日本の林業家は，王子製紙や住友林業など，ごく一部を除き零細であるし，ほとんどは原価計算システムを導入していない。

そこで，本章は，国有林野事業特別会計（以下，国有林野会計と省略する）における造林事業の原価計算，立木原価の費用計算を取り上げ，SCM をキーワードに再検討し，林業の高コスト構造の打破を図る方法を探ることとする。

「環境会計は……事業活動における環境保全のためのコストとその活動により得られた効果を認識し，可能な限り定量的（貨幣単位又は物量単位）に測定し伝達する仕組み」[5]である。環境省がガイドラインを公表した 1995 年以降，製造業を中心に，数多くの企業で導入が進んでいる。環境会計を用いることによって，森林の公益的機能は「見える」ようになる。林業家は，造林・保育および伐採・搬出を細分化した作業工程のどこで，どのくらいの作業を行い，いくらコストをかければ，計画的かつ持続的な木材生産とともに，公益的機能の高度発揮を図ることができるのかがわかるようになる。

また，SC は Porter（1985）によるバリュー・チェーンをもとにした概念で，製品やサービス，情報を提供するための，最終消費者から，原材料の採取という最初のサプライヤーにまで遡るプロセスの連鎖のことで，これらのプロセスに関係するあらゆる活動が含まれる[6]。ここには，プロセスだけではく，それ

---

[4] 丸山（2006 b），44–53 ページ，（2007），23–32 ページ，（2009），98–113 ページ。
[5] 環境省（2005），2 ページ。

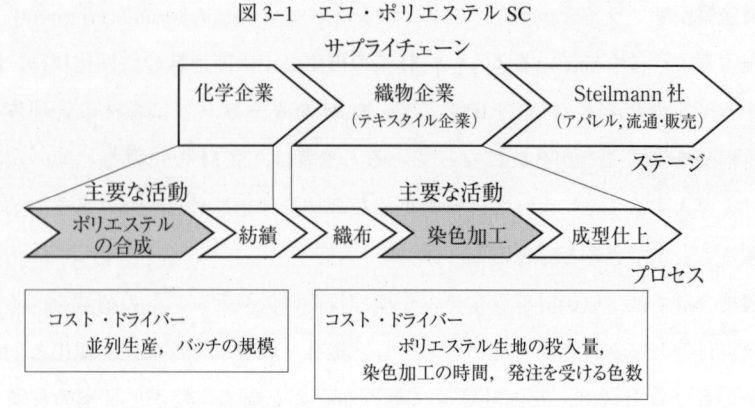

図3-1 エコ・ポリエステルSC

サプライチェーン

化学企業 → 織物企業（テキスタイル企業） → Steilmann社（アパレル,流通・販売）

ステージ

主要な活動：ポリエステルの合成 → 紡績 → 織布 → 主要な活動：染色加工 → 成型仕上

プロセス

コスト・ドライバー
並列生産，バッチの規模

コスト・ドライバー
ポリエステル生地の投入量，染色加工の時間，発注を受ける色数

出典：Seuring (2003), p. 248.

らをサポートする機能もある。マテリアルと付随する情報が，SCに沿って，上・下流の双方向に流れていくことになる。また，持続可能な競争戦略の優位を獲得するために，SCにおける一連の活動を統合していくことがSCMである[7]。SCMによって，環境負荷の低減と関連するコストの削減や，環境配慮に優れた新たな製品の開発を意図して，従来のSCを見直したり，新たなSCを構築し運用したりできる。

SCMの一環としての環境会計としては，たとえば，Seuring (2003) はドイツのKlaus Steilmann GmbH & Co. KGをケーススタディに，環境サプライチェーン・コスティングというモデルを説明する[8]。Steilmann社は洋服のデザインと販売を主な業務とし，洋服の生地や裏地としてポリエステルを用いている。1990年代の中頃，化学企業からエコ・ポリエステル（eco-polyester）の使用を提案されたのを受け[9]，環境負荷の低減と関連するコストの削減のため

---

6) SCの定義はHandfield (1999) をもとにしている。SCには，「原材料の段階から最終消費者に至るモノの流れ・変換と，これに付随する情報の流れとに関係するあらゆる活動が含まれる。マテリアルや情報が，SCに沿って，上・下流の双方向に流れることになる。」(Handfield (1999), p. 2.)

7) SCMの定義はHandfield (1999) をもとにしている。SCMは「持続可能な競争優位を獲得するために，SCの連携関係の改善を通じて，川上から川下にかけての一連の活動を統合していくこと」である。(Handfield (1999), p. 2.)

8) Seuring (2002), pp. 118-123, Seuring (2003), pp. 240-251.

にサプライヤーに協力を呼びかけ，図3-1に見るような環境サプライチェーン・コスティングを実施した[10]。

　環境サプライチェーン・コスティングは，環境問題の背後に隠れているコスト削減の機会を見つけ出すために，活動基準原価計算（ABC ; Activity Based Costing）による原価計算システムを用いている。ABCはプロセスや機能といった活動ごとにコストを集計し，これらの集計値を活動の消費に応じて，直接に製造に携わったプロセスや，製品・サービスに配賦するという管理会計の手法である[11]。ABCの導入によって，企業はコスト配賦を精緻化できるだけではなく，コスト配賦と，プロセス分析（どこで価値が付加され，どこで価値が破壊されたのか）とを結び付けて，コスト削減とプロセス改善の機会を発見できるようになる。ここで，コスト・ドライバーという概念は，多様な活動を必要としている比較的少数の原因変数（活動の根源を意味する要因）として用いられている。

　ABCによるプロセス分析によって，ポリエステルSCで環境負荷が重大なのは，ポリエステルの合成における化学物質の使用，染色加工における洗浄や加工の水利用ということが明らかになった。エコ・ポリエステルの利用によって，ポリエステル合成プロセスで重金属を含む排水の減少，それにともなう罰金の節約ができるようになる。

　また，個別企業にとって外生的なコスト・ドライバーも，SCを通じて考えれば内生変数といえるものがあり，共同調査によって不可避的に発生してきたコストを削減できる新たな機会が明らかになった。たとえば，化学企業は従来品も並行生産しているため，バッチの切り替えで対応しているが，エコ・ポリエステルの需要はまだ少ないため，バッチの規模は小さく切り替えの頻度は高

---

9)　エコ・ポリエステルの合成は，従来の三酸化アンチモンの代わりに酸化チタンによる新たな触媒を用いるので，重金属の使用が減り，SCの川下のプロセスでも，重金属の流出が大幅に減る。(Seuring (2003), p. 246.)
10)　複数のプロセスを同一の企業が担当している場合，これらをSeuring (2003) はステージと呼んでいる。(Seuring (2003), pp. 240-241, 246-247.)
11)　Schaltegger (1996), p. 51, Schaltegger (2000), p. 130.

い。切り替えに当たっては，生産設備の洗浄作業も必要になる。織物企業がまとめ発注（Bundling orders）をすることで，化学企業はポリエステルの合成における1回当たりのバッチの規模を大きくして，コスト削減を図ることができた。

環境サプライチェーン・コスティングはポリエステルSCの事例だが，林業は，主伐・間伐による伐採は製材業や製紙業とSCで結び付いている。また，林地残材や未利用間伐材の利活用を図ることで，岡山県真庭市のエネルギーパークのように[12]，中山間地域における新たなSCを構築することもできる。環境サプライチェーン・コスティングの考え方は，林業と関連産業および企業においても適用できると思われるが，そのためには，造林・育林および伐採・搬出におけるコストを集計する原価計算システムが不可欠である。

## 2. 国有林野事業における立木資産の計理

持続可能な森林管理の考え方によれば，土地（林地）と上物（立木）は森林生態系の構成要素として一体として維持すべきストックとなるが，国有林野事業，王子製紙などの林業家は土地と立木を分けて計理している。たとえば，国有林野事業は，貸借対照表の資産勘定において，取得原価で，林地を「土地勘定」，立木を「立木竹勘定」に集計している。王子製紙は，土地を「林地勘定」，立木を「植林立木勘定」[13]に集計している。

---

[12] 岡山県真庭市のエネルギーパークを，筆者は2009年3月26日に実地調査した。真庭市産業観光部 バイオマス政策課 吉田昇参事と森田学主事から，新エネルギー・産業技術総合開発機構（NEDO ; New Energy and Industrial Technology Development Organization）の事業にともなう木質バイオマスエネルギー流通フローについて説明を受けた。また，中電技術コンサルタント株式会社 臨海・都市部 都市建設グループ 山名良明グループマネージャー(部長)と循環システムグループ 池上慎司 グループマネージャー(課長)の案内のもと，銘建工業株式会社のペレット製造施設，製材廃材・林地残材および未利用間伐材を用いたボイラー施設（小林製材株式会社とランデス株式会社），ペレットボイラー施設（西山農園）を視察した。

[13] 王子製紙は，日本国内の社有林について，租税特別措置法第52条（植林費の損金算入の特例）にもとづき，初年度の植林にかかった経費の損金算入の上限35%分を除いた分（65%分）を取得原価として植林立木勘定に資産計上している。（丸山（2006

表 3-1 立木資産の計理方法

| | データ | 維持するべき<br>ストック水準 | 貨幣評価 | 貨幣勘定で<br>維持するもの |
|---|---|---|---|---|
| 取得原価方式<br>(民有林と現在の国有林) | 森林計画図,森林<br>簿・森林調査簿等 | 法正蓄積<br>(国有林野事業特別<br>会計) | 取得原価 | なし |
| 蓄積経理方式<br>(1972年以前の国有林) | 同　上 | 法正蓄積 | 取得原価<br>(恒常在高法) | 法正蓄積 |
| 国際財務報告基準<br>(IAS 第 41 号) | 不　明 | 不　明 | 割引現在価値 | なし |
| UNCTAD ISAR による<br>Kirkland 社の事例研究 | 森林面積,樹種,<br>林齢等 | 保続経済収量の維持<br>に必要なストック | 取得原価+割引<br>現在価値 | なし |

　立木の成長には長い時間がかかるという林業の特殊性を,立木資産の計理に反映しようとした試みが,数例だが存在する。日本の国有林野会計における蓄積経理方式,Rubenstein（1994）や UNCTAD（1994, 1996）がモデル化した森林会計[14]である。これらの試みを,王子製紙株式会社や国有林野会計における取得原価方式,国際財務報告基準（IFRS；International Financial Reporting Standards）の農業会計とともにまとめると,表 3-1 のようになる。

　日本の森林管理では,森林計画の作成について,明治期にドイツから森林経理学が導入されて以降,その理念を,国有林野事業をはじめとする林業家は基本的に変更のないまま用いている。森林経理学は,森林管理の目的をいくつかの指導原則として体系化するが,それらの指導原則のうち,森林管理に独自なものとして,中心となるのが保続性原則である[15]。保続性原則は,将来にわたって木材収穫が毎年均等に得られるような森林管理を求める。また,主として保続性原則に関係し,森林経理学において基本理念となっているのが法正林の概念である。法正林は,木材生産が毎年継続できる条件を揃えた森林のことで,このような森林における立木蓄積が法正蓄積である。

---

　　b),12-16 ページ,（2009）,114-120 ページ。）
14)　UNCTAD（1994, 1996）は,Rubenstein（1994）による自然資産信託勘定に依拠している。（丸山（1998）,169-181 ページ,（1999）,103-108 ページ,（2009）,79-93 ページ。）
15)　篠田（1961）,59-62 ページ,南雲（2002）,6-10 ページ。

林野庁には,森林の公益的機能の経済評価に見るように,森林の多面的な機能は旺盛な樹木の成長に帰着する,という考え方が存在する[16]。このような考え方と保続性原則を組み合わせて考えると,伐採と造林の均衡を通じて,構成単位である立木は年々更新されるが,全体としては健全な森林生態系が保持できることになり,保続性原則は持続可能な森林管理の要件と同義といえる。

また,保続経済収量(sustained economic yield)は,Rubenstein(1994)やUNCTAD(1994, 1996)の森林会計における持続可能な森林管理でキーワードとなる概念であり,「良質の木材製品を計画的かつ持続的に自社工場に供給できるように,森林を保全し,利用・再生すること,そして,自然環境とその他の森林利用者のことを常に最大限考えて,森林での作業を行うこと」[17]と定義される。

さて,国有林野事業は,国有林野事業特別会計法にもとづき,特別会計制度を採用する企業体として,趣旨規定を根拠に損益計算を行っている。国有林野事業特別会計法第1条第1項は,国有林野会計の独立採算の趣旨規定であり,「国有林野事業を国有林野の有する公益的機能の維持増進を基本としつつ企業的に運営し,その健全な発達に資するため,特別会計を設置し,一般会計と区分して経理する」と定めている。損益計算では,国有林野事業特別会計法第4条が,「国有林野事業勘定においては,国有林野事業の経営成績及び財政状態を明らかにするため,財産の増減及び異同を,その発生の事実に基づいて計理する」と定めており,複式簿記を用いた発生主義会計が採用されている。国有林野事業特別会計経理規程(以下,経理規程と省略する)は,民間企業における一般に公正妥当と認められた会計処理(企業会計原則)におおむね準拠している。

国有林野会計では,特別会計制度による企業体として民間企業に準拠し,年度ごとに貸借対照表と損益計算書を中心とする財務諸表が作成される[18]。財

---

16) 林野庁(1972),21–68ページ,92–100ページ,三菱総合研究所(2001),24–56ページ。

17) Rubenstein (1994), p. 48.

務諸表の作成は，関東森林管理局や近畿中国森林管理局といった各森林管理局が経理規程，国有林野事業特別会計国有林野事業勘定決算事務取扱細則（以下，取扱細則と省略する）などにしたがって決算を行い，各森林管理局から提出された財務諸表を林野庁の国有林野部管理課決算班が取りまとめ「国有林野事業統計書」において開示する[19]。

　森林管理を専業とする企業体として，財務諸表を開示しているのは，日本では国有林野会計しか存在しない。環境会計の裏付けとなる原価計算システムを明らかにするため，本章は，国有林野会計を中心に立木資産の計理を調査する。なお，本章で取り上げる国有林野会計の立木資産の計理は，とくに断りのない限り，筆者がヒアリング調査を実施した2006年度（2006年4月1日—2007年3月31日）のものである。

　国有林野会計は，1972年度まで，立木資産の計理で，蓄積経理方式を採用していた。蓄積経理方式は，法正林の思想と，一定に保持される蓄積に会計上の恒常在高の概念を導入し，立木資産の計理を恒常在高法によって行おうとする[20]。法正林の思想と恒常在高の概念を結び付けることで，インフレ分を利益計算からほぼ排除することができる。

　蓄積経理方式の損益計算式[21]は，次のようになる。

損益＝当期立木等売上高
　　　－｛当期造林費±伐採超過(不足)±造林不足(超過)
　　　＋販売費・一般管理費等｝

　立木資産の収益認識は，販売という外部との取引が発生したとき認識するという実現主義である。他方，立木等売上高に対応する費用は，当期の造林費となる。伐採と造林の均衡を通じて，全体としては健全な森林生態系が保持でき

---

18) 国有林野事業特別会計法第11条は，国会へ予算を提出する場合，その添付書類として財務諸表（損益計算書，貸借対照表，財産目録）の添付を義務づけている。
19) 林野庁は，「国民の森林　国有林」で，国有林野事業統計書を開示している。(http://www.kokuyurin.maff.go.jp/)
20) 林野庁監修（1990），245-246ページ。
21) 林野庁経理課決算班（1973a），7ページ。

るわけで，保続性原則にもとづく森林計画で定めた伐採量のとおりに伐採し，これに見合う造林量を造林すれば，販売した売上高に見合う原価は，当期の造林費ということになる。現実には伐採過不足，造林過不足が生じてくるので，これらは，原価の増，原価の控除として計理する[22]。

国有林野会計は，1965年の中央森林審議会答申[23]と1972年の林政審議会の答申[24]を踏まえ，1973年度から，企業的経営への諸制度改善の一環として，2つの理由から立木資産の計理を取得原価方式に改めた[25]。すなわち，①普遍性のある計理方法にするため，いい換えると，管理会計の手法を導入し民間企業と同じように企業会計原則に準拠した立木資産の計理を行うため，②造林支出を実態に即して資本的支出とすることで，森林の造成プロセスとして，長期借入金の担保財産を明確に把握できるような計理方式とするため[26]，である。

取得原価方式の損益計算式[27]は，次のようになる。

損益＝当期立木等売上高
　　　－｛当該立木の取得原価(売上原価)＋販売費・一般管理費等｝

立木資産の収益認識は蓄積経理方式と同じで，販売という外部との取引が発生したとき認識するという実現主義である。だが，立木等売上高に対応する費用は，当期の造林費は造林原価として資産化（造林事業の原価計算）され，これが生育し伐採されたときに，台帳価額にもとづいて伐採分の立木原価が費用化（立木原価の費用計算）される。また，取得原価方式の導入にともなって，造林

---

22) 増伐，造林過不足は，蓄積経理方式の導入当初，減価償却引当金勘定を用いる引当金方式であったが，1956年の改正によって，伐採過不足，造林過不足は調整勘定を用いて処理することになった。
23) 中央森林審議会「国有林野事業の役割りと経営のあり方に関する答申」(1965年3月)。
24) 林政審議会「今後の社会情勢に対応するための国有林野事業の全般にわたる改善のあり方」(1972年12月)。
25) 林野庁経理課決算班 (1973a)，7ページ。
26) 造林や林道整備のために，長期借入金として財政投融資から資金を導入するに当たり，その担保財産として資産計上ができるように，大蔵省は取得原価方式の採用を要求していた。
27) 林野庁経理課決算班 (1973a)，7ページ。

図 3-2　国有林野会計における立木資産の勘定区分

| 立木竹勘定<br>(貸借対照表) | 造林仮勘定 (林齢 31 年生未満の人工林) |  |
|---|---|---|
|  | 材積勘定 | 人工林勘定 (林齢 31 年生以上の人工林) |
|  |  | 天然林勘定 (すべて林齢の天然林) |

事業は原価計算を行うことになった[28]。

　棚卸計算では，造林が資産の増加，伐採が資産の減少となる。立木資産は貸借対照表において，固定資産の立木竹勘定に集計される。「企業会計原則と関連諸法令との調整に関する連続意見書（連続意見書 4）」に準拠し，「固定資産として表示している立木竹のうち，当該年度に販売を予定し又は製品生産資材として払い出した立木竹は，短期間に費用化されるから棚卸資産を構成する」[29]とされている。連続意見書 4 に準拠するならば，期首に立木竹勘定から棚卸資産の林産物勘定に振り替えることになるが，「実務上は，当該年度に販売されなかったもの又は伐採されなかったものは，期末において立木竹勘定に戻入れの手続きを行うので，期末貸借対照表に表示されることはない。」[30]

　造林事業の原価計算や，立木原価の費用計算のために，貸借対照表における立木竹勘定は，内部において，図 3-2 のように，造林仮勘定と材積勘定とに区分されている。造林仮勘定は林齢 31 年生未満の人工林を記録する勘定であり，材積勘定は，林齢 31 年生以上の人工林を記録する人工林勘定と，天然林をまとめて記録する天然林勘定からなる。造林仮勘定と材積勘定は，森林管理署および支署（以下，森林管理署と省略する）の管轄区域ごとに設定される[31]。

　人工林を林齢 31 年生[32]で区分する[33]のは[34]，積極的投資段階にあるもの

---

28) 造林事業の原価計算の根拠規定は，経理規程第 86 条。国有林野会計は，造林事業の他にも，経理規程第 86 条にもとづき，製品生産事業，種苗育成事業，取扱細則第 49 条にもとづき，治山事業（水源林造成に係るものに限る）で原価計算を行っている。
29) 林野弘済会（2008 a），159 ページ。
30) 林野弘済会（2008 a），159 ページ。
31) 経理規程第 83 条。
32) 生育基準に達しない立木の林齢は，1973 年の経理規程の改正時は林齢 21 年生未満となっていたが，取扱細則の改正で 1983 年には林齢 26 年生未満，1991 年には林齢

(造林仮勘定)と,ほぼ投資が完了し保護管理が主体となるもの(人工林勘定)を分けて,投資中の立木については更新年度別に計理し育成過程を明らかにするためである。投資中か投資完了しているかは,理論的には,成林の可能性が保証されるかどうかで決まるはずだが,樹種や地理的条件などを考慮して,個々の造林地ごとに判断するのはあまりに煩雑なため[35],画一的な林齢で人工林を区分している。

人工林は,普通林という1975年度以前に造林した林分と,特別林という1976年度以降に造林した林分についても区分する。普通林と特別林に区分するのは,1976年度から造林事業に財政投融資からの借入金が導入された[36]ことを踏まえ,1983年度の決算から,造林事業に要した借入金に係る利子(造林関連利子)を造林原価に算入するようになったからである。

造林関連利子を造林原価に算入する「理由は,造林事業の投資期間が長期にわたる中で,国有林野事業においては年々の造林事業に要した借入金が累積し,その支払利子が増嵩しており,この利子を従前の会計処理方法で経理(費用処理)すれば,収益に対応しない巨額の費用を計上することとなり,費用,収益の期間対応が著しく損なわれ,適正な経営成績の把握が歪められるおそれが生じてきたので,これを立木資産の価額に算入し,当該立木資産の伐採時に

---

31年生未満と改められた。
33) 1973年は林齢20年生で画一的に区分することとなっていたが,その理由は,「ⅰ 林令二十年生までに概ね除伐等の保育作業が完了していること,ⅱ 全国平均で見れば,二十年生程度で蓄積の計上がなされると思われること,ⅲ 令級計算に便利なこと等」である。(林野庁経理課決算班(1973a),8ページ。)
34) 1983年の改正の理由は,「造林地の生育状況等からⅤ令級の造林地についても通常の保育作業を行う必要があり,保育間伐(除伐2類)等を保育作業に含めて造林費で実行することとしたこと,また,造林路作設等は,地ごしらえから保育までの作業と一体となる作業であることからこれも造林費で実行することとしたことによるもの」である。(林野庁監修(1990),247ページ。)
35) 個々の造林地について,毎年度,成林の可能性が保証されうるか否かの「判断することは事実上不可能に近いので……林令……で画一的に区分することとした。」(林野庁経理課決算班(1973a),8ページ。)
36) 財政投融資からの借入金は,1983年度から造林関連利子にも導入されることになった。

売上原価として費用化しようとするため」[37]である。企業会計原則と関連諸法令との調整に関する連続意見書（連続意見書3）における「固定資産を自家建設した場合には……建設に要する借入資本の利子で稼働前の期間に属するものは，これを取得原価に算入することができる」を根拠にしている。

また，天然林を天然林勘定にまとめて記録するのは，「その施業が非常に区々であり，かつ，最近の新しい施業の実態を充分把握するに至らない等の理由から」[38]である。天然林においても，造林関連利子を1983年度の決算から造林原価に算入するようになったが，人工林における普通林と特別林のような区分は存在しない。

## 3．造林事業の原価計算と立木原価の費用計算

造林仮勘定における造林事業の原価計算，人工林勘定と天然林勘定における立木原価の費用計算は，森林管理署の管轄区域別に行われるもので，図3-3の勘定連絡図のようにまとめることができる。地理的条件をもとに区分した林班や，施業方法をもとに区分した小班ごと[39]に造林原価・立木原価を集計した方が正確な計算ができるし効果的な原価管理もできるのに，森林管理署の管轄区域別になっているのは，実践の可能性と簡便性の見地からの便宜的なものである[40]。

造林事業の原価計算は，費目別計算と林齢別（更新年度別）計算からなる総

---

37) 林野庁監修（1990），230-231ページ。
38) 林野庁経理課決算班（1973a），8ページ。
39) 林班や小班は林業での森林区画の単位であり，林班は河川や尾根などの地形を用いて境界を設定する。小班は林班をさらに細分化したもので，樹種や林齢，施業方法などをもとに区分する。小班の一部だけを伐採・更新すれば，そこの部分は小班の他の部分と同じではなくなるので，小班は分割される。
40) 「立木資産の取得価額（造林原価）を，造林→育成→伐採→売上原価という原価の流れを明確にしようとすれば造林の最小単位である林小班をもって立木資産計理の単位とすべきであろう。……しかし，地ごしらえから伐採まで数十年にわたり，林小班ごとに経理することは事実上不可能に近いし，また，それまでにして明瞭にすることの経理上の効果も併せ考えた場合，実践の可能性と簡便性の見地から事業区を単位とすることも容認」される。（林野庁監修（1990），246ページ。）

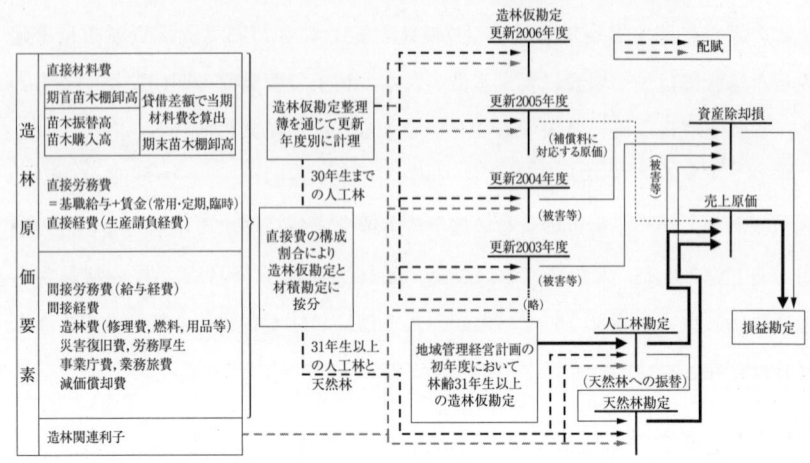

図 3-3 造林事業のおける原価計算の勘定連絡図（2006 年度）

出典：林野庁経理課決算班（1973 c），3 ページ，宮本（1994），114-119 ページ。などを参考に作成。

合原価計算である[41]。図 3-3 における造林仮勘定に集計する造林原価は，更新時から林齢 31 年生未満の立木の育成や購入に要した経費[42]であり，30 年生までの造林投資に要した借入金に係る造林関連利子を含む。

費目別計算は，造林事業の実行総括表に計上してある経費の分類・計算をもとにしている。造林事業は，1997 年度から森林保全整備事業と森林環境整備事業に分けられた。2002 年度からは，森林環境保全整備事業と森林居住環境整備事業に再編された。

造林事業に関する経費の支出科目（目）[43]のうち，森林環境保全整備事業費，森林居住環境整備事業費，業務費は，支出科目の積算区分（目積）が育林費となる。森林環境保全整備事業費と森林居住環境整備事業費は，更新，31 年生

---

41) かつては費目別計算，工程別計算，林齢別計算からなる総合原価計算であったが，1992 年度からは，事務手続の簡素化のため，工程別計算は行われなくなった。
42) 取扱細則第 53 条。
43) 造林事業に関する経費の支出科目（目）は，森林環境保全整備事業費，森林居住環境整備事業費，業務費，施設費，森林災害復旧造林事業費からなる。これらのうち，森林環境保全整備事業費，森林居住環境整備事業費，業務費は，支出科目の積算区分（目積）が育林費となり，施設費は，目積が事業施設費となる。（林野弘済会（2008 b），12 ページ，14 ページ。）

未満の林分を対象とする保育，造林路作設，造林機械等およびこれらに関連する共通的経費を集計する。31年生以上の林分を対象とする保育に必要な経費は業務費に集計するが，森林環境保全整備事業費には，31年生以上の林分における保育間伐，誘導伐，受光伐，保護伐，衛生伐にかかる経費も集計する。主として森林環境保全整備事業実行総括表と森林居住環境整備事業実行総括表に集計する経費が造林原価になり，造林事業の総合原価計算の対象となる。

2007年度の森林環境保全整備事業実行総括表は表3-2のように，森林居住環境整備事業実行総括表は表3-3のようになる。これらの実行総括表は森林管理署別に，森林管理局別に，そして，林野庁の合計として作成される[44]。本章は，森林環境保全整備事業実行総括表と森林居住環境整備事業実行総括表を，造林事業の実行総括表と呼ぶことにする。

造林事業の実行総括表は，2007年3月13日の様式の改正によって，2007年度からは「直よう」の記載がなくなり，「請負」とその他に区別するようになった。2006年度の実行総括表は，表3-4および表3-5である。直ようは，国有林野事業が労務，資材等を直接投じて行う方法であり，請負は，民間事業体に請け負わせて行う方法である。実行総括表から直ようの記載がなくなった理由は，国有林野会計では人員削減が続き直ようの作業は減少し続け，現在では，ほとんどが請負作業となっているからである。表3-3および表3-5の森林居住環境整備事業実行総括表で，いくつかの類・種に網がかかっているが，これらは，森林居住環境整備事業には存在しない類・種である。

実行総括表は，類・種という実行した作業の内容をあらわす作業別分類を行とし，材料費，労務費，経費という形態別分類を列とするマトリックス形式となっている。類は，更新（新植），補植，保育，林地施肥，造林路などであり，更新（新植）は地拵・植付，保育は下刈・つる切・除伐・保育間伐・枝打などというように，種に細分類される。実行総括表における各行は，会計期間における当該作業の実行量（面積），延人員，所要経費を集計したものとなる。こ

---

[44] 林野弘済会（2008 b），33ページ。

表3-2 森林環境保全整備事業実行総括表の行列（2007年度）

森林環境保全整備事業実行総括表

| 類 | 種 | 請負 ||| その他 |||| 計 || 備考 |
| --- | --- | --- | --- | --- | --- | --- | --- | --- | --- | --- | --- |
| | | 事業量実行面積 | 延人員 | 経費 | 事業量実行面積 | 経費 ||| 事業量実行面積 | 経費 | |
| | | | | | | 人件費 | 物役費 | 計 | | | |
| 更新（新植） | 地拵 | | | | | | | | | | |
| | 植付 | | | | | | | | | | |
| 更新（改植） | 地拵 | | | | | | | | | | |
| | 植付 | | | | | | | | | | |
| 更新（人工下種） | 地拵 | | | | | | | | | | |
| | まき付 | | | | | | | | | | |
| 更新（天然下種I類） | 地拵 | | | | | | | | | | |
| | 植付 | | | | | | | | | | |
| 補植 | 植付 | | | | | | | | | | |
| 保育 | 下刈 | | | | | | | | | | |
| | つる切 | | | | | | | | | | |
| | 除伐 | | | | | | | | | | |
| | 保育間伐 | | | | | | | | | | |
| | 誘導伐 | | | | | | | | | | |
| | 受光伐 | | | | | | | | | | |
| | 保護伐 | | | | | | | | | | |
| | 枝打 | | | | | | | | | | |
| | 衛生伐($m^3$) | | | | | | | | | | |
| | その他 | | | | | | | | | | |
| | 小計 | | | | | | | | | | |
| 林地施肥 | 施肥 | | | | | | | | | | |
| 造林路(km) | 歩道整備 | | | | | | | | | | |
| | 作業道整備 | | | | | | | | | | |
| | 作業道(高規格) | | | | | | | | | | |
| その他 | 林床保全 | | | | | | | | | | |
| | 林床改善 | | | | | | | | | | |
| 共通 | 共通 | | | | | | | | | | |
| 合計 | | | | | | | | | | | |

れらの数字は，個々の小班ごとの造林実行簿[45]のデータ[46]を積み上げたもの

---

45) 造林実行簿は，2007年3月13日の様式の改正によって，造林事業実行簿と名称がかわり，所要経費についての情報が記載されなくなった。

46) 造林実行簿の記載に当たっては，数量，単価，功程が重要となる。「造林事業の実行は一般的にいって，3つの大きな因子によって組立てられている。すなわち数量，単価，功程である。たとえば地拵の場合，数量（面積），単価（労賃単価及び物件・役務費），功程（単位当たり所要人工数：通常1ヘクタール当たり）であって，この

表 3-3　森林居住環境整備事業実行総括表の行列（2007 年度）

森林居住環境整備事業実行総括表

| 類 | 種 | 請負 || | その他 |||| 計 || 備考 |
| --- | --- | --- | --- | --- | --- | --- | --- | --- | --- | --- | --- |
| | | 事業量実行面積 | 延人員 | 経費 | 事業量実行面積 | 経費 ||| 事業量実行面積 | 経費 | |
| | | | | | | 人件費 | 物役費 | 計 | | | |
| 更　新（新植） | 地拵 | | | | | | | | | | |
| | 植付 | | | | | | | | | | |
| 更　新（改植） | 地拵 | | | | | | | | | | |
| | 植付 | | | | | | | | | | |
| 更　新（人工下種） | 地拵 | | | | | | | | | | |
| | まき付 | | | | | | | | | | |
| 更新（天然下種Ⅰ類） | 地拵 | | | | | | | | | | |
| | 植付 | | | | | | | | | | |
| 補　植 | 植付 | | | | | | | | | | |
| 保　育 | 下刈 | | | | | | | | | | |
| | つる切 | | | | | | | | | | |
| | 除伐 | | | | | | | | | | |
| | 保育間伐 | | | | | | | | | | |
| | 誘導伐 | | | | | | | | | | |
| | 受光伐 | | | | | | | | | | |
| | 保護伐 | | | | | | | | | | |
| | 枝打 | | | | | | | | | | |
| | 衛生伐（m³） | | | | | | | | | | |
| | その他 | | | | | | | | | | |
| | 小計 | | | | | | | | | | |
| 林地施肥 | 施肥 | | | | | | | | | | |
| 造林路（km） | 歩道整備 | | | | | | | | | | |
| | 作業道整備 | | | | | | | | | | |
| | 作業道（高規格） | | | | | | | | | | |
| その他 | 林床保全 | | | | | | | | | | |
| | 林床改善 | | | | | | | | | | |
| 共通 | 共通 | | | | | | | | | | |
| 合計 | | | | | | | | | | | |

である。延人員は作業員数×日数として計算される。なお，請負における延人員は契約上の数字であり，請負者によっては効率的な作業をすることも考えられる。

　ここで，更新と保育を中心に，類・種における作業を説明しておく[47]。更

---

3つの因子が決まらねば，計画も予定も立てることができない。」（林野弘済会（2008b），20ページ。）

表 3-4 森林環境保全整備事業実行総括表の行列（2006 年度）

森林環境保全整備事業実行総括表

| 類 | 種 | 直 よ う ||||||| 請 負 ||| 計 ||| 備考 |
|---|---|---|---|---|---|---|---|---|---|---|---|---|---|---|
| | | 事業量実行面積 | 延人員 ||| 経費 ||| 事業量実行面積 | 延人員 | 経費 | 事業量実行面積 | 経費 | |
| | | | 基職 | 常定臨 | 計 | 人件費 | 物役費 | 計 | | | | | | |
| 更 新（新植） | 地拵 | | | | | | | | | | | | | |
| | 植付 | | | | | | | | | | | | | |
| 更 新（改植） | 地拵 | | | | | | | | | | | | | |
| | 植付 | | | | | | | | | | | | | |
| 更 新（人工下種）| 地拵 | | | | | | | | | | | | | |
| | まき付 | | | | | | | | | | | | | |
| 更新（天然下種Ⅰ類）| 地拵 | | | | | | | | | | | | | |
| | 植付 | | | | | | | | | | | | | |
| 補 植 | 植付 | | | | | | | | | | | | | |
| 保 育 | 下刈 | | | | | | | | | | | | | |
| | つる刈 | | | | | | | | | | | | | |
| | 除伐 | | | | | | | | | | | | | |
| | 保育間伐 | | | | | | | | | | | | | |
| | 誘導伐 | | | | | | | | | | | | | |
| | 受光伐 | | | | | | | | | | | | | |
| | 保護伐 | | | | | | | | | | | | | |
| | 枝打 | | | | | | | | | | | | | |
| | 衛生伐($m^3$) | | | | | | | | | | | | | |
| | その他 | | | | | | | | | | | | | |
| | 小計 | | | | | | | | | | | | | |
| 林地施肥 | 施肥 | | | | | | | | | | | | | |
| 造林路 | 歩道整備 | | | | | | | | | | | | | |
| | 作業道整備 | | | | | | | | | | | | | |
| | 作業道整備（高規格）| | | | | | | | | | | | | |
| その他 | 林床保全 | | | | | | | | | | | | | |
| | 林床改善 | | | | | | | | | | | | | |
| 共 通 | 共通 | | | | | | | | | | | | | |
| 合 計 | | | | | | | | | | | | | | |

　新方法は，主として人為による人工造林と，主として天然力を利用する天然更新がある。人工造林は，造林に要するタネや苗木を人の力で造林地に一面に定着させる造林法で，新植・人工下種の2つに分けられる。新植は，育成しようとする樹木を林地に植付けることによって森林を造成する方法であり，人工下

---

47) 林野弘済会（2008 b），7-8 ページ，10 ページ，24-25 ページ。

表 3-5　森林居住環境整備事業実行総括表の行列（2006 年度）

森林居住環境整備事業実行総括表

| 類 | 種 | 直よう 事業量 実行面積 | 直よう 延人員 基職 | 直よう 延人員 常定臨 | 直よう 延人員 計 | 直よう 経費 人件費 | 直よう 経費 物役費 | 直よう 経費 計 | 請負 事業量 実行面積 | 請負 延人員 | 請負 経費 | 計 事業量 実行面積 | 計 経費 | 備考 |
|---|---|---|---|---|---|---|---|---|---|---|---|---|---|---|
| 更新（新植） | 地拵 | | | | | | | | | | | | | |
| | 植付 | | | | | | | | | | | | | |
| 更新（改植） | 地拵 | | | | | | | | | | | | | |
| | 植付 | | | | | | | | | | | | | |
| 更新（人工下種） | 地拵 | | | | | | | | | | | | | |
| | まき付 | | | | | | | | | | | | | |
| 更新（天然下種Ⅰ類） | 地拵 | | | | | | | | | | | | | |
| | 植付 | | | | | | | | | | | | | |
| 補植 | 植付 | | | | | | | | | | | | | |
| 保育 | 下刈 | | | | | | | | | | | | | |
| | つる刈 | | | | | | | | | | | | | |
| | 除伐 | | | | | | | | | | | | | |
| | 保育間伐 | | | | | | | | | | | | | |
| | 誘導伐 | | | | | | | | | | | | | |
| | 受光伐 | | | | | | | | | | | | | |
| | 保護伐 | | | | | | | | | | | | | |
| | 枝打 | | | | | | | | | | | | | |
| | 衛生伐($m^3$) | | | | | | | | | | | | | |
| | その他 | | | | | | | | | | | | | |
| | 小計 | | | | | | | | | | | | | |
| 林地施肥 | 施肥 | | | | | | | | | | | | | |
| 造林路 | 歩道整備 | | | | | | | | | | | | | |
| | 作業道整備 | | | | | | | | | | | | | |
| | 作業道整備（高規格） | | | | | | | | | | | | | |
| その他 | 林床保全 | | | | | | | | | | | | | |
| | 林床改善 | | | | | | | | | | | | | |
| 共通 | 共通 | | | | | | | | | | | | | |
| | 合計 | | | | | | | | | | | | | |

種は，種子の播き付けによって森林を造成する方法である。天然更新は，材木自身の繁殖力もしくは再生力を利用して後継林を仕立てる造林法で，この造林法のうち，天然下種Ⅰ類は，地がき・刈出し・植込みなど人工による補助を加えて稚樹の発生と成長を助長する方法である。また，改植は，気象害や病虫獣類害等により大面積が枯死した場合に全面にわたって植えなおすことであり，補植は，更新不十分な部分を補充するため，植栽後 1〜2 年の間に苗木を補充

する作業である。類に集計する作業を説明すると，地拵は，植付の準備として雑草木等を刈払い，伐採木の末木枝条など残材を除いたり整理して，植付に適するようにすることである。植付は，苗木を植えることであり，まき付（播き付け）は，種子を播き付けることである。

保育とは，造林木の生育を助けるために，その妨げとなる他の植物または造林木の一部を除去する作業ならびに造林木の形質を良くするために造林木自身の枝の一部を除く作業である。下刈は，造林木の周囲から雑草木を除去することによって造林木に陽光が当たるようにし，造林木の健全な生育を助けるものである。つる刈は，造林木に巻きつく「つる類」を除去するものである。

除伐は，下刈を終了後，林分が閉鎖をはじめる段階で，造林木の生育を促進するために，その生育を妨げる他の樹種ならびに造林木の一部を除去するものである。保育間伐は，目的樹種を主体に成林した林分を適切な本数密度，林分構成に調整し，光環境の改善を図ることにより，整備方針に適合した森林を育成するために伐採を行うものである。

誘導伐は，人工林を3段林等の複層林に誘導し循環させていく長期育成循環施業の一環として，循環段階に移行するまでの間下層木の更新，育成のため上層木を抜き切りする作業である。受光伐は，天然林受光伐と育成受光伐に分けられる。天然林受光伐は，育成複層林（天然林）において，天然力の活用等による更新および下層木の健全な育成に必要な光環境の改善と生育空間を確保するための上層木の抜き切り（主伐および間伐）作業であり，育成受光伐は，人工林において，天然力の活用等により広葉樹等を導入して針広混合林等へ誘導するため，天然更新および下層木の健全な育成に必要な光環境の改善と生育空間を確保するための上層木の抜き切り（主伐および間伐）作業である。保護伐は，一団の人工林において，針葉樹と広葉樹が混在した保護樹帯への整備やモザイク状の森林への誘導を行うために抜き切りする作業である。誘導伐，受光伐，保護伐は，2002年度から森林環境保全整備事業費で実施するようになった。

枝打は，「節」のない完満な材をつくるため，造林木の下枝の一部を切り落

とすものである。衛生伐は，被害木を含めた不要木等を伐倒してからそれらに薬剤を散布し，被害の拡大を防ぐ方法である。また，林地施肥は林地肥培とも呼ばれ，土壌条件がせき悪な場合等に植栽木等の健全な生育を促進させるために行う作業である。

さて，造林事業にかかる経費は，「造林実行簿において形態別及び機能別に分類，計算され，これが……集計されて造林実行総括表によりマトリックス形式で表示されるから，これを費目別計算として活用することとし，改めて計算を行わないこととした。……造林予定簿[48]において，造林地一ヘクタール当りについて容易に予定できる原価要素を直接費，しからざるものを間接費とする」[49]。すなわち，造林事業の実行総括表における類・種に集計できる経費が直接費であり，請負による直接経費の他に，直接労務費として直ようの作業の人件費（基本給と超過勤務手当），直接材料費として物役費（苗木代）がある。

間接費は，実行総括表の「共通」行に集計された修理費，燃料，用品などの他に，造林事業に関与する職員の給与経費，労務厚生，減価償却費などである。給与経費や労務厚生費は，人員に応じて造林原価になるものが決算において配賦されてくる。造林路が当該年度の造林原価となるのにたいして，林道は固定資産の「工作物勘定」に集計して減価償却（残存価格ゼロ，使用予定年数にわたる定額法）の対象となり，その償却費が建物，車両，機械器具などの減価償却費とともに，決算で造林原価に算入される。

直接費と間接費からなる造林原価はすべて集計した後，直接費の構成割合に応じて，造林仮勘定で造林原価となるものと，人工林勘定および天然林勘定に振り替えるものに案分する。保育間伐，誘導伐や受光伐などは，31年生以上の林分にたいして行うので，造林原価の一部は人工林勘定の増額として原価算入させる。これは，立木価格が低迷している現在，収益間伐にできないので，保育間伐にかかるコストを造林投資のように考えるからである[50]。天然林施

---

48) 造林予定簿は予算であり，予定どおり実行すれば造林実行簿になる。造林予定簿の様式は造林実行簿のそれと同じものである。
49) 林野庁経理課決算班（1973c），2ページ。

表 3-6 造林仮勘定整理簿（林齢 31 年生未満）

| 更新年度（林齢） | 当年度首造林原価 ||| 新植又は補植手入による当年度造林原価 ||||||| 購入、売払等による当年度造林原価 |||| 当年度末造林原価 |||| 単位造林原価 ||
| --- | --- | --- | --- | --- | --- | --- | --- | --- | --- | --- | --- | --- | --- | --- | --- | --- | --- | --- | --- |
| ^ | 金額 | うち造林関連利子 | ^ | 林齢別造林原価計算 |||||| 造林関連利子 | ^ | 面積 | 金額 | うち造林関連利子 | 面積 | 金額 | うち造林関連利子 | うち造林関連利子 ||
| ^ | ^ | ^ | 面積 | 等価係数 | 共通の原価計算単位 | 金額 | ^ | 合計額 | ^ | ^ | ^ | ^ | ^ | ^ | ^ | ^ | ^ | ^ |
| ^ | (A) | (B) | (C) | (D) | (E=C*D) | (F=E*Q) | (G) | (H=F+G) | (I) | (J) | (K) | (L=C+I) | (M=A+H-J) | (N=B+G+K) | (O=M/L) | (P=N/L) ||
| ^ | 円 | 円 | ^ | ^ | ^ | 円 | 円 | 円 | ^ | 円 | 円 | ^ | 円 | 円 | 円 | 円 ||
| (01) | | | | | | | | | | | | | | | | ||
| (02) | | | | | | | | | | | | | | | | ||
| (03) | | | | | | | | | | | | | | | | ||
| ・ | | | | | | | | | | | | | | | | ||
| ・ | | | | | | | | | | | | | | | | ||
| (28) | | | | | | | | | | | | | | | | ||
| (29) | | | | | | | | | | | | | | | | ||
| (30) | | | | | | | | | | | | | | | | ||
| (31) | | | | | | | | | | | | | | | | ||
| (32) | | | | | | | | | | | | | | | | ||
| (33) | | | | | | | | | | | | | | | | ||
| (34) | | | | | | | | | | | | | | | | ||
| (35) | | | | | | | | | | | | | | | | ||
| 合計 | | | (ΣE) | | (ΣF) | | | | | | | | | | | ||

等価係数(D)には、標準造林原価の林齢別構成比を記載する

(F)には、共通の原価計算単位(E)に共通の原価計算単位1単位あたりの原価Qを乗じて得た額を記載する

造林関連利子(G)には、「造林事業に要した借入金に係る利子の投資額算入計算表」の更新年度別の造林関連利子を記載する

・共通の原価計算単位1単位あたりの原価(Q)
＝当年度造林原価の合計額(ΣF)／共通の原価計算単位の合計(ΣE)

新たに地域管理経営計画を立てる際に、31年生以降の造林原価は人工林勘定に振替

出典：取扱細則第 18 号様式（第 51 条関連）をもとに作成。

業に関わる造林原価は，天然林勘定で一括して集計・整理する。

　造林仮勘定で造林原価となる直接費と間接費は，図3-3の勘定連絡図のように，費目別計算に続く林齢別計算で，更新年度別の造林仮勘定に配賦・集計する。林齢別計算は，表3-6の造林仮勘定整理簿を通じて行う。造林仮勘定整理簿は，更新年度別に，当年度首造林原価(A)に当年度造林原価(H)加えて，当年度末造林原価(M)を計算する。造林関連利子(G)を除いた更新年度別の当年度造林原価(F)の計算が，表3-6における林齢別造林原価計算（林齢別計算）である。造林仮勘定整理簿における造林原価は，標準造林原価を用いて更新年度別に配賦した実際造林原価である。

　表3-6における林齢別造林原価計算は，更新年度別に，森林面積(C)に等価係数(D)を乗じて共通の原価計算単位(以下，共通単位と省略する)(E)を算出する。そして，当年度の造林原価の合計(ΣF)を共通単位の合計(ΣE)で除して共通単位当たりの造林原価(Q)を算出し，それに更新年度別の共通単位(E)を乗じて更新年度別の造林原価(F)を計算するというようになっている。すなわち，林齢別造林原価計算は，当年度造林原価の合計額(ΣF)を，共通単位(E)の構成割合に応じて更新年度別に配分する手続きである。当年度造林原価の合計額(ΣF)は，図3-3の勘定連絡図の左側の直接費と間接費からなる造林原価を，直接費の構成割合に応じて，造林仮勘定に按分したものである。

　表3-6における林齢別造林原価計算で用いる等価係数(D)は，標準造林原価の林齢別構成比のことで，表3-7の標準造林原価の林齢別構成比計算表を用いて計算する。標準造林原価は，予定価格で計算した直接労務費，直接材料費（苗木代）の合計である。標準造林原価の林齢別構成比計算表では，直接労務

---

50）「従前は……過密林分の密度を調整し，種間競争の緩和を図る作業は，間伐木の販売という形で特に支出をともなわないで実施されてきたが，労賃の高騰による搬出費の上昇，大中径木に比べ小径木の需要の不振等により，少なくとも第1回目の密度調整は，いわゆる利用間伐によることができない林分が増加してきている。このため，こうした伐採木の販売が不可能な過密林分の種内競争を緩和し，林分の質的向上，単木当たり材積の増大，過密による諸被害の防止等健全な林分を育成するため，植栽木の一部を除去する作業として……保育間伐がある。」（林野弘済会（2008b），24ページ。）

表 3-7 標準造林原価の林齢別構成比計算表

| 林齢 | 延 人 員（人） ||||||| 延人員計(A) | 労務費 (B=A*P) | 苗木代 (C) | 合計 (D=B+C) | 構成比 (E) |
|---|---|---|---|---|---|---|---|---|---|---|---|---|
| | 地拵 | 植付 | 補植 | 下刈 | つる刈 | 除伐 | 枝打 | その他の保育 | | | | |
| 1 | 人 | 人 | 人 | 人 | | | | 人 | | 千円 | 千円 | 千円 |
| 2 | | | | | | | | | | | | |
| 3 | | | | | | | | | | | | |
| ・ | | | | | | | | | | | | |
| ・ | | | | | | | | | | | | |
| 29 | | | | | | | | | | | | |
| 30 | | | | | | | | | | | | |
| 合計 | | | | | | | | | | | (ΣD) | |

（吹き出し注記）
- 単位面積(ha)あたりの延人員
- 地域における平均的な植付本数×民苗価格
- 延人員(A)×民間における平均日当(P)
- 林齢別構成比とは合計(D)の千分比

出典：国有林野事業特別会計国有林野事業決算事務取扱細則の運用について　別表2をもとに作成。

費(B)は，林齢ごとに，更新と保育における各作業の単位面積(ha)当たりの標準延人員を集計し，その合計である延人員計(A)に，当該地域における民間林業労働者（造林手）の一日当たりの平均賃金(P)を乗じて算出する。苗木代(C)は，当該地域における平均的な植付本数に，民苗価格を乗じて算出する。直接労務費(B)と苗木代(C)の合計として，林齢ごとにかかる単位面積(ha)当たりの標準造林原価(D)が計算できる。そして，30年生までの標準造林原価(D)を集計することで，生育基準に達し人工林勘定に振り替える，単位面積(ha)当たりの標準造林原価(ΣD)が計算できる。林齢別構成比(E)の計算式は，$E = D \div \Sigma D$ となる。林齢別構成比(E)は，かつての地域施業計画区をもとに計算して，その区に属する森林管理署に適用させる。林齢別構成比(E)は，合計(D)の千分比を記載することになっている。

以上のような造林事業の原価計算によって集計する当年度造林原価の他，造林仮勘定には造林関連利子を更新年度別に集計する。表3-6における造林関連利子(G)は，「造林事業に要した借入金に係る利子の投資額算入計算表」[51]を

---

51) 取扱細則第29号様式（第53条関連）。

通じ更新年度別に集計した造林関連利子を記載したものである。また，31年生未満の天然林施業にかかる造林関連利子は天然林勘定に集計する。31年生以降の材積勘定にかかる借入金の利子は期間損益となる。

　表3-6の造林仮勘定整理簿では，更新年度別に，当年度末造林原価(M)を造林面積(L)で除して，単位面積当たり造林原価（以下，単位造林原価と省略する）(O)を算出する[52]。造林仮勘定整理簿は，森林管理局が森林管理署の管轄区域別に行うものなので，更新年度別の単位造林原価(O)は，森林管理署の管轄区域別の数値である。なお，本章は造林事業の原価計算を明らかにすることが目的なので，表3-6からは，造林投資借入金，一般会計より受入などの項目を外している。

　流域別に設置される森林計画区ごとに，森林管理局が新たに地域管理経営計画[53]をたてたときは，その期首に，更新年度別に集計している造林仮勘定のうち，31年生以上の立木に関わる造林原価を，人工林勘定に振り替える[54]。これは，図3-3における造林仮勘定から人工林勘定への振り替えである。森林計画区別かつ更新年度別に，林齢31年生以上の造林面積を，表3-6の単位造林原価(O)に乗じたものが人工林勘定に振り替えとなる。このような手続きから考えると，造林仮勘定は，林齢による先入先出法を行っているといえる。なお，地域管理経営計画は5年ごとにたてるので，造林仮勘定から人工林勘定への振り替えは，タイムラグが生じることがある[55]。そのため，造林仮勘定

---

52) 取扱細則第54条。
53) 国有林の管理経営・森林整備に関する計画は，管理経営法にもとづく管理経営基本計画と地域管理経営計画，森林法にもとづく全国森林計画（民有林と国有林を包含）と国有林の地域別の森林計画，これらに即した国有林野施業実施計画から構成される。
54) 取扱細則第57条。
55) 地域管理経営計画は森林計画区別に5年ごとにたてることになっているので，取扱細則第57条を読む限り，造林仮勘定から人工林勘定への振り替えは，地域管理経営計画をたてるのにあわせ5年ごとに行うことになる。だが，林野庁国有林野部管理課決算班の新津清亮課長補佐へのヒアリング調査によると，実際には，複数の森林計画区を所轄する森林管理署の場合は，所轄する森林計画区の地域管理経営計画を重複しないように，たてる年度を調整し，所轄する森林計画区のいずれかにおい

整理簿には，35年生までの造林原価が集計できるようになっている。

図3-3における人工林勘定には，立木原価として，造林仮勘定から振り替えた造林原価と，林齢31年生以上の立木の購入に要した経費などを集計する[56]。地域管理経営計画の期首に，森林管理署の管轄区域別[57]に，人工林勘定の単位面積当たり立木原価に当該年度における皆伐面積を乗じたものを，当該年度における皆伐材積で除して単位立木原価を算出し[58]，単位立木原価に当該年度の伐採材積を乗じて期中伐採分の立木原価を算出する。このような手続きから考えると，人工林勘定は，森林面積と材積をもとにした総平均法を行っているといえる。1975年度以前に造林した普通林の立木原価の増減は，取扱細則第26号様式の「普通林勘定整理簿」において，1976年度以降に造林した特別林の立木原価の増減は，取扱細則第27号様式の「特別林勘定整理簿」において計理する。

単位立木原価は毎年度算出するが，人工林勘定の単位面積当たり立木原価は，向こう5ヵ年間について適用し，新たな地域管理経営計画をたてるまでは変更しない[59]。なお，皆伐を行わない場合は，森林管理署の管轄区域におけ

---

て，新たに地域管理経営計画をたてる際に，所轄する森林計画区のすべてで造林仮勘定から人工林勘定への振り替えを行うということである。このような状況を踏まえると，造林仮勘定から人工林勘定への振り替えは，5ヵ年未満で振り替えるといえる。

56) 取扱細則第55条。
57) 取扱細則第56条第2項によると，人工林の単位面積当たり立木原価，天然林の単位立木原価は，地域管理経営計画の始めに決定し，その期間内は変更しないとある。森林管理経営計画は森林計画区別にたてるので，単位立木原価は森林計画区別に算出することになる。しかしながら，実際には，単位立木原価は森林管理署の管轄区域別に算出することになっている。このようなギャップが生じているのは，1991年と1999年の森林管理署の統廃合によって，森林管理署の管轄区域はかつての施業区（現在の森林計画区と一致する）を複数含むようになったが，それまでは，かつての営林署の管轄範囲と施業区という会計境界が一致していたからであり，その名残といえる。
58) 取扱細則第56条第1項
59) 地域管理経営計画は森林計画区別にたてるので，複数の森林計画区を所轄する森林管理署では，人工林の単位面積当たり立木原価を，5ヵ年間未満で算出し直すことになる。

る標準的な人工林の伐期齢における単位面積当たりの材積によって単位立木原価を算出する。人工林勘定における単位立木原価の算定は，普通林と特別林に分けて行う。

　人工林勘定において材積に加え，森林面積をもとに費用計算するのは，1973年度の取得原価方式の導入時に，再調達原価で人工林の評価替えを実施したためである[60]。「材積を基として，m$^3$当りの単価が算出されないわけではないが，幼齢造林地が比較的多い現状では，ha当りの平均蓄積が低くなるためm$^3$当り単価が高く算出される。一方，伐採さるべき林分の蓄積は多いため，売上原価等が過大に計上されるというおそれもある。そこで，計画期間の期首において定める向う五ヵ年間用いる単位立木原価は，ha当りの原価とし…m$^3$当り原価を毎年度算出することと」[61]している。取得原価方式の導入から35年が経過し人工林は成熟しつつあり，人工林勘定における費用計算で森林面積を用いる理由はすでに消滅しているが，現在においても，材積に加え森林面積をもとにした費用計算は継続されている。

　他方，天然林は，原価計算を行わない[62]。天然林施業における造林原価は天然林勘定で一括して整理する。地域管理経営計画の期首に，天然林勘定の残高を立木蓄積で除して単位立木原価を算出し，単位立木原価に当該年度の伐採材積を乗じて期中伐採分の立木原価を算出する[63]。単位立木原価は，向こう5ヵ年間について適用し，新たな地域管理経営計画をたてるまでは変更しな

---

60) 1947年に国有林野会計が成立してから，1954年度，1973年度，1976年度の各期首に固定資産の価額改定があった。1954年度の再評価では，市場逆算価が採用された。1973年度と1976年度の再評価は，1973年度の人工林の再評価が再調達原価を用いたのを除き，1954年度の再評価を引き継ぎ，インフレ修正を施したものである。
61) 林野庁経理課決算班（1973b），9ページ。
62) 実際には，造林事業の原価計算を行う際に，直接費と間接費を集計し，造林仮勘定，人工林勘定，天然林勘定に按分している。天然林勘定に振り替えた直接費と間接費が，天然林勘定の当期造林原価となるわけなので，天然林勘定は，造林事業の原価計算のうち，林齢別計算は行わないが，費目別計算は行っているといえる。だが，経理規程第86条および取扱細則第49条には，原価計算を行う事業として，天然林施業は含まれていない。
63) 取扱細則第56条第1項。

い[64]。このような手続きから考えると，天然林勘定は，材積をもとにした総平均法を行っているといえる。

人工林と天然林ともに，1993年度までは，針葉樹と広葉樹では原価負担能力が異なるため，単位立木原価を算定する際にはN・L価格比率で修正した材積が用いられていた[65]。

また，広範囲にわたる著しい天然被害と人為的被害については，被害の割合に応じて造林仮勘定，人工林勘定，天然林勘定から減価し[66]，被害額が期間損益となる。経常的に発生し予想できるような天然被害は，工場生産における仕損費のように考え処理する。

伐採しないで立木のまま販売すること（立木販売）もあるし，製品生産事業として国有林野会計が伐採・搬出すること（製品販売）もある。国有林野会計は，立木販売が中心であったが，2006年度には，製品販売する材積2,669,845 $m^3$ が，立木販売する材積1,445,138 $m^3$ を逆転した[67]。これは，間伐の事業量が増加し，従来は切り捨て間伐としていたものが，合板用途として需要が強まり販売できるようになってきたからである[68]。なお，製品生産事業は，1993年度に請負が直ようを逆転し，2004年度からは100%請負になっている。

## 4. サプライチェーン・マネジメントから考える原価計算の再検討

図3-3で見てきたように，国有林野会計における造林事業の原価計算は，費目別計算と林齢別計算からなる総合原価計算である。表3-2および表3-3，表3-4および表3-5として取り上げた造林事業の実行総括表は，類・種という作業工程別にコストを集計するものの，作業工程別のコストは，原価計算の

---

64) 取扱細則第56条第2項。
65) 天然林勘定の費用計算で原価負担能力を考慮するのは，1954年度の再評価で市場逆価が採用されたためである。（林野庁経理課決算班（1973b），9ページ。）
66) 取扱細則第61条，取扱細則第64条。
67) 林野庁（2008），3-2立製内別，伐採面積及び材積。
68) 製品生産事業の増加について，筆者は，2009年6月8日に，林野庁国有林野部業務課収穫係 日比野祐亮係長に，電話によるヒアリング調査をした。

精緻化や原価管理で活用できるようになっていない。このような中途半端な形になっているのは，1993年の取扱細則等（帳票を含む）の改正によって事務手続が簡素化されたためである。取得原価方式が導入された1973年度から1991年度までは費目別計算に続き，工程別計算が行われていた。

実行総括表における作業工程は環境サプライチェーン・コスティングでいうところのプロセスであり，工程別計算を見直しプロセス分析を行うことで，付加価値の向上やコスト削減の機会を見つけ出せる。本章は，最後に，国有林野会計における現在の原価計算システムと対比させる形で，1973年度における取得原価方式の導入時点での原価計算システムを取り上げる。

なお，1973年度の時点では，造林事業は地域施業計画のもと，事業区別に行われていた。実行総括表は事業区別に集計されるし，原価計算は事業区別に行われる。地域施業計画をたてる地域が地域施業計画区であり，事業区は，事業の実行をやりやすくするために，地域施業計画区を分けて営林署の管轄区域ごとに設けた概念である[69]。地域施業計画は計画的かつ持続的な木材生産を図ることを目的にしており，地域施業計画区は，森林生態系を前提に流域単位で設定された現在の森林計画区とはまったく別の概念である。1991年の森林法改正にともなって，民有林と連携を図るため，流域別に国有林の地域別の森林計画が定められるようになった[70]ものの，計画的かつ持続的な木材生産を前提にした国有林野の森林管理の区分は，1998年からの国有林野事業の抜本的改革まで続いた[71]。ただし，森林計画区はかつての施業区と一致するように設定されている。

図3-4は，1973年度の造林事業の原価計算をまとめた勘定連絡図で，2006年度のそれをまとめた図3-3と対比できるように描いてある。図3-4が図3-3

---

69) 林野庁監修（1970），43-45ページ，71-74ページ。
70) 1991年の改正にあわせ，営林署の統廃合が進み，複数の事業区を抱える営林署が生じたため，造林事業の原価計算は，それまでの事業区別から営林署別に行うように変更された。1998年からの国有林野事業の抜本的改革にあわせて，229あった営林署は98の森林管理署に再編された。
71) 林野庁監修（1999），188-191ページ。

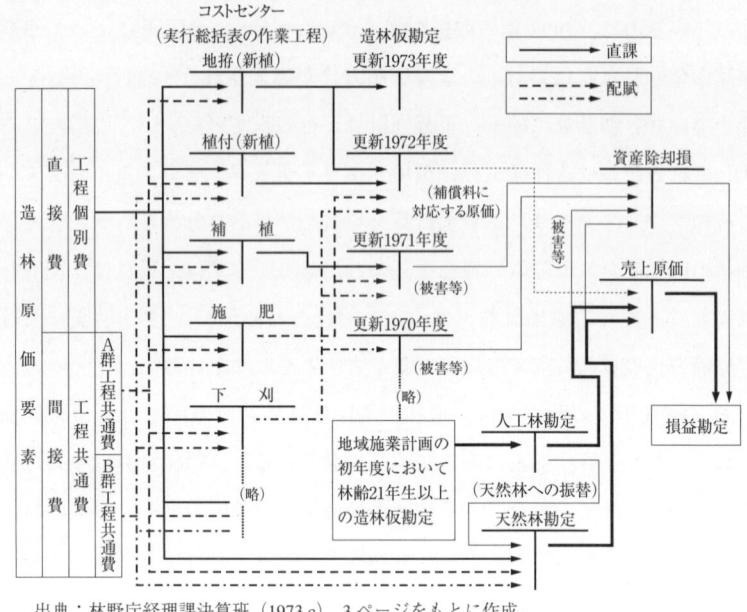

図 3-4　造林事業における原価計算の勘定連絡図（1973 年度）

出典：林野庁経理課決算班（1973 c），3 ページをもとに作成。

と違うのは，費目別計算と林齢別計算の間に，造林事業の実行総括表の類・種という作業工程を原価部門（コストセンター）とする工程別計算が存在することである。工程別計算の存在の他にも，図 3-4 と図 3-3 には，造林関連利子を造林原価に算入するかどうか，生育基準に達する立木の林齢が林齢 21 年生以上か林齢 31 年生以上かなど，細かい相違点がある。造林関連利子を造林原価に算入するようになったのは，1983 年度の決算からなので，1973 年度の図 3-4 には，造林関連利子が造林原価要素として存在しない。1973 年の経理規程の改正時点では，造林仮勘定に集計するのは，林齢 21 年生未満の造林原価なので，1973 年度の図 3-4 は，林齢 21 年生以上を造林仮勘定から人工林勘定に振り替えている。

　造林事業の原価計算における工程別計算は，計算の手間と施業の特殊性などを踏まえ，原価部門を造林事業の実行総括表における作業工程に準じて設定していた[72]。ここでいう作業工程は，表 3-2 および表 3-3，表 3-4 および表 3-5

の実行総括表における類・種のことである。実行総括表で費目別に集計したコストは，作業工程で発生したことが直接的に認識できる工程個別費と，そうではない工程共通費とに区分する。直接費と間接費の分類は「造林事業の原価計算上……工程個別費と工程共通費の分類にほぼ一致するので，運用通達において工程個別費を造林費（直接費），工程共通費を間接費として」[73]いる。

工程個別費は，図3-4における工程個別費からの実線のように，発生額を作業工程に直課する。工程共通費は，図3-4における工程共通費からの破線のように，配賦基準の共通性に着目して，主として直よう事業にのみ関係のあるA群工程共通費と，その他のB群工程共通費に区分して各工程に配賦する。A群工程共通費には，消耗品費，燃料代，共通に関わる労賃，失業者退職手当などがあり，B群工程共通費には，事業庁費，業務旅費，造林事業に関与する職員の給与経費，労務厚生費，減価償却費などがある。A群工程共通費は工程個別費の労賃が配賦基準となり，B群工程共通費は工程個別費の労賃＋役務費[74]が配賦基準となる[75]。

作業工程別に集計したコストは，更新年度ごとに見ても同質であるという仮定のもと，各作業工程の更新年度別の実行面積に応じて，更新年度別の造林仮勘定に配賦する。たとえば，「下刈についてみれば，植栽直後の造林地に実行した下刈のヘクタール当り原価も，植栽後数ヵ年経過した造林地に実行したそれも同額であるということ」[76]になる。1993年の取扱細則等の改正までは，工程別計算があるため，造林仮勘定整理簿は，表3-8[77]のように，更新年度ご

---

72) 1973年度の時点では，造林事業実行総括表という名称であり，歳出科目　造林費に集計するものが造林経費となる。
73) 林野庁経理課決算班（1973c），3ページ。
74) 表3-2および表3-3，表3-4および表3-5のように，物役費となる場合は，役務費と物件費を含むものである。
75) 「国有林野事業特別会計経理規程第8章（収益の発生等の計理）の規定の運用について　別冊　立木資産の計理について」第3条。昭和45年4月1日45林野経第241号，最終改正 昭和48年6月15日48林野経 第276号。
76) 林野庁経理課決算班（1973c），3ページ。
77) 1973年度の時点では，取扱細則は制定されていないが，造林仮勘定整理簿は，1974

表3-8 造林仮勘定整理簿（林齢21年生未満）（1973年度）

| 更新年度 | 年度 | | | | | | | | | | | | | | | | | | | | | | |
|---|---|---|---|---|---|---|---|---|---|---|---|---|---|---|---|---|---|---|---|---|---|---|---|
| 異動年月日 | 増減事由 | 面積 | 増　　　　　　　　減 | | | | | | | | | | 減額 | | 現在額 | | 事業区 | | | 事業区 | | 事業区 | |
| | | | 更新 | | | 林地施肥 | 補植 | 保　　育 | | | | | | 面積 | 価格 | 面積 | 価格 | 単位造林原価 | 備考 | 位 林価 | 備考 | 位 林価 | 備考 |
| | | | 地拵 | 植付 | その他 | | | 下刈 | つる切 | 除伐 | 枝打 | 根ぶみその他 | 価格 | | | | | | | | | | |
| | | ha | 円 | 円 | 円 | 円 | 円 | 円 | 円 | 円 | 円 | 円 | 円 | ha | 円 | ha | 円 | 円 | | 円 | | 円 | |

出典：昭和48年度国有林野事業特別会計（国有林野事業勘定）の決算の取りまとめ等について別紙2より新2より作成。

とに別葉で作業別の造林原価を集計する様式[78]であった。なお，天然林施業に関わる造林原価は，天然林勘定に一括して集計する。

　日本の林業は吉野林業に代表されるように，ていねいな育林施業で高価格の材を生産することを目指してきた[79]。だが，育林施業を賄えない木材価格，中山間地域の過疎化にともなう林業従事者の減少と高齢化で労働力の確保が難しい現在，田中（2002）は林況や地況を踏まえての省力化によって，持続可能な森林管理を実現しつつ，コスト削減を図ることができると提案する。「十分に山を見極め，人の手が必要な森を選定する。限られた金と労力を，全人工林に拡散させず，亜高山帯など成績不良地や，土壌流出の心配のあるヒノキ林，そして高級材生産に回せばよい。一般の伐採跡地は，天然更新か植栽本数を落として更新し，下刈り・間伐もあまりせず育林コストを大幅に下げる。」[80]

　田中（2002）が提案するような省力化は，SCMと結び付けることで，需要に応じた適切な供給体制の整備につながる。需要者の求める品質と価格の木材を供給することで，下刈や間伐を減らしコスト削減ができるとともに，流通在庫が排除できるので，その分だけ高い立木価格が実現できる。

　森林管理における省力化を徹底するためには，施業方法をもとに区分した小班ごとに，費目別，作業工程別の経費を集計するようなロット別の個別原価計算が望ましい[81]。国有林野会計は，組織の統廃合のたびに，造林事業の原価計算における会計境界も統廃合してきたが，原価計算の精緻化や原価管理での活用はまったく顧みてこなかった。既存の原価計算システムの活用，実践の可能性と簡便性の見地を考慮すると，筆者は，かつてのような森林計画区別の総合原価計算に，1973年時点のような作業工程別の計算を加えるだけでも，計

---

　　年3月30日49林野経 第142号「昭和48年度 国有林野事業特別会計（国有林野事業勘定）の決算の取りまとめ等について」の別紙2に様式が掲載されている。
78)　造林関連利子を造林原価に算入するようになってからは，造林仮勘定整理簿の増額の内訳に「利子の配賦額」が加えられた。
79)　田中（2002），50-61ページ。
80)　田中（2002），91ページ。
81)　過去の施業を適切に実施しているような，とくに価値の高い林分は，単木ごとの個別原価計算を行うことも考えられる。

算を精緻化できるとともに，森林の機能を高めつつ，付加価値の向上やコストの削減の機会を見つけ出すことが十分にできると考える[82]。

国有林野会計がかつて採用していた蓄積経理方式は，法正林の思想と恒常在高の概念を結び付け立木資産を恒常在高法で行おうとする林業に特殊なやり方であったため，「林業会計」として，農学・林学系に属する森林経理学の一分野となっていた[83]。林業会計は，篠田（1961）や野村（1950）が代表的である。しかしながら，1973年の蓄積経理方式の廃止以降，立木資産の計理は保続性原則や法正林の思想を反映しなくなったため，林業会計はまったく顧みられることがなくなっている。

本章は，ヒアリングを中心とする調査によって，国有林野会計における立木資産の計理，造林事業の原価計算および立木原価の費用計算を明らかにした。取得原価方式の採用によって，立木資産の計理は，造林事業の原価計算や立木原価の費用計算を行うようになり，造林・育林についてコストを集計するとともに，森林面積や立木蓄積といった物量数値を用いるようになった。これらの物量数値は，たとえば，立木蓄積の増加は二酸化炭素の吸収となり温暖化の抑制と直結する。また，伐採による立木蓄積の減少は，SCを通じて，製材業や製紙業のマテリアルフローと結び付く。

木材価格の低迷，林業従事者の減少と高齢化で労働力の確保が難しい現在，林業の高コスト構造を，製材業や製紙業など関連する産業や企業の協力関係，インフラストラクチャの共有化によって打破しようという試みがはじまってきている。林況や地況を踏まえての省力化によってコスト削減ができるとともに，流通在庫が排除できるので，その分だけ高い立木価格が実現できるわけである。

---

82) SCMにおけるプロセス分析，SCの見直しをしても，その成果が生じるまでにはタイムラグが生じる。製造業や流通・販売を対象とするようなSCMではタイムラグはあまり問題にならないかもしれないが，立木が成長するまでには長い時間がかかるので，SCMで林業を含めるに当たっては，時間価値を取り入れたモデルの構築が課題になる。

83) 丸山（1999），97-103ページ，（2009），120-131ページ。

国有林野会計において，取得原価方式の採用にともない造林事業に原価計算システムが導入されたことは画期的であったが，原価計算システムは原価管理でまったく活用されてこなかった。だが，温暖化の抑制や再生可能な資源として森林に注目が集まりつつある現在，造林事業の原価計算における作業別の経費の集計を，SCをキーワードに再検討し，林業の高コスト構造の打破を図る時期にきているのではないか。民有林における原価計算システムの導入と，実地での検証が課題となる。

**謝辞**

本章の作成に際しては，岡 和夫東京農工大学元教授，林野庁国有林野部業務課造林種苗班造林係 藤平康則係長，林野庁国有林野部業務課収穫係 日比野祐亮係長，王子製紙株式会社原材料本部植林部 村山孝生氏へのヒアリング調査の他，複数回にわたる林野庁国有林野部管理課決算班にたいするヒアリング調査を行った。関係各位に御礼を申し上げる。

2006年2月8日，12月14日，2007年1月23日，
　林野庁国有林野部管理課決算班 飯塚充由 課長補佐にヒアリング調査。
2008年2月19日，2月22日，4月11日，5月1日，
　林野庁国有林野部管理課決算班 新津清亮 課長補佐にヒアリング調査。
2008年5月1日，
　社団法人 全国森林レクリエーション協会 宮本敏之 調査部長にヒアリング調査（元 林野庁国有林野部管理課決算班 課長補佐）。

## 参 考 文 献

Handfield R.B., Ernest L. Nichols, JR. (1999), *Introduction to supply chain management*, Upper Saddle River, NJ., Prentice-Hall.（新日本製鐵株式会社EI事業部（1999）『サプライチェーンマネジメント概論』ピアソン・エデュケーション）

Porter M. E. (1985), *Competitive advantage : creating and sustaining superior performance*, Detroit, The free press.（土岐坤・中辻萬治・小野寺武夫訳（1985）『競争優位の戦略―いかに好業績を持続させるか―』ダイヤモンド社）

Rubenstein, D. B. (1994), *Environmental accounting for the sustainable corporation : strategies and techniques*, Westport, Connecticut, Quorum Books.

Schaltegger St., Kasper Muller, Henriette Hindrichsen (1996), *Corporate environmental accounting*, New York, John Wiley.

Schaltegger St., Roger Burritt (2000), *Contemporary environmental accounting : issues, concepts and practice*, Sheffield, UK, Greenleaf publishing.（宮崎修行監訳（2003）『現代環境会計―問題・概念・実務―』五絃舎）

Seuring St. (2002), Supply chain target costing - an apparel industry case study, Seuring,

St., Maria Goldback, *Cost management in supply chains,* Heidelberg, Physica-Verlag.

Seuring St. (2003), Cost management in the textile chain : reducing environmental impacts and costs for green products, Bennett, M., Pall M. Rikhardsson, Stefan Schaltegger, *Environmental management accounting-purpose and progress,* Dordrecht, Kluwer academic publishing.

UNCTAD (United Nations Conference on Trade and Development) (1994), *Accounting for sustainable forestry management : a case study,* New York, United Nations Publication.

UNCTAD (United Nations Conference on Trade and Development) (1996), Sustainable forestry operations and accountancy, *International accounting and reporting issues 1995 review, environmental accounting,* New York, United Nations Publication.

環境省（2005）『環境会計ガイドライン2005』環境省。

篠田六郎（1961）『林業会計における材木資産に関する研究』林野共済会。

田中淳夫（2002）『日本の森はなぜ危機なのか―環境と経済の新林業レポート―』平凡社新書。

南雲秀次郎・岡和夫（2002）『森林経理学』森林計画学会出版局。

野村進行（1950）『林業経営に於ける損益計算理論に関する研究』林野共済会。

丸山佳久（1998）「持続可能な開発と森林会計―カークランド社の事例研究を中心として―」（『大学院研究年報（経済学研究科篇）』第27号），中央大学。

丸山佳久（1999）「環境会計の視点による国有林野会計の検討」（『大学院研究年報（経済学研究科篇）』第28号），中央大学。

丸山佳久（2006a）「サプライチェーンにおける環境会計の構築方法」（『人間環境学研究』第4巻第2号），広島修道大学人間環境学会。

丸山佳久（2006b）「持続可能な資源管理における環境会計の構築―森林管理のための環境会計を中心として―」（『人間環境学研究』第5巻第1号），広島修道大学人間環境学会。

丸山佳久（2007）「持続可能な森林管理と環境会計―国有林野会計における調査とモデル化の試み―」（『環境管理』第43巻第5号），産業環境管理協会。

丸山佳久（2009）『持続可能な森林管理のための環境会計の構築』博士学位論文，中央大学大学院経済学研究科。

三菱総合研究所（2001）『地球環境・人間生活にかかわる農業及び森林の多面的な機能の評価に関する調査研究報告書』三菱総合研究所。

宮本敏之（1994）『国有林における会計処理の原則と手続』林野弘済会。

林野弘済会（2008a）『経理決算事務　研修教材』林野弘済会。

林野弘済会（2008b）『造林・森林保護　研修教材』林野弘済会。

林野庁（1972）『森林の公益的機能に関する費用分担および公益的機能の計算，評価ならびに多面的機能の高度発揮の上から望ましい森林について（中間報告）』。

林野庁（2008）『第59次 国有林野事業統計書（平成18年度）』林野庁。

林野庁監修（1970）『国有林野経営規程の解説』地球出版。

林野庁監修（1990）『国有林野事業特別会計経理規程の解説』大成出版社。
林野庁監修（1999）『国有林野事業の抜本的改革―開かれた「国民の森林」をめざして―』日本林業調査会。
林野庁経理課決算班（1973a）「立木資産の計理について(一)」(『林野通信』第267号)，林野弘済会。
林野庁経理課決算班（1973b）「立木資産の計理について(二)」(『林野通信』第268号)，林野弘済会。
林野庁経理課決算班（1973c）「造林事業の原価計算について」(『林野通信』第269号)，林野弘済会。

第 4 章

## ストック・フロー統合型環境会計の研究
――バイオマスサプライチェーンを測定対象として――

はじめに

　環境会計は，日本企業や自治体の間で 2000 年前後から導入が進んでおり，2008 年の環境省の調査では，導入企業数は 761 社に上っている[1]。導入された環境会計のほとんどは，環境省「環境会計ガイドライン」をベースとしており[2]，そのうち 629 社は何らかの形で環境会計データを公表している。また，環境会計は，管理会計領域でも，マテリアルフローコスト会計に代表される多様なモデルが開発され，企業への導入や規格化が図られている[3]。

　ただし，環境会計ガイドラインなどでは，環境ストック（自然環境の状態）の変化である環境フローが主な測定対象であり，環境ストック自体はあまり注目されてこなかった。ところが，資産除去債務の会計基準に象徴されるように[4]，最近では，環境ストックが環境会計が取り組むべき重要な対象として注

---

1)　環境省（2008）『環境にやさしい企業行動調査結果』，64 ページ。
2)　環境省（2005）『環境会計ガイドライン 2005 年版』。
3)　経済産業省環境調和産業推進室 HP（http://www.meti.go.jp/policy/eco_business/）参照。
4)　企業会計基準委員会・企業会計基準第 18 号「資産除去債務に関する会計基準」2008 年。

目されるようになってきた。また，その対象となる環境ストックは，企業が所有するものや直接的に影響を及ぼすものだけでなく，原材料の調達先の生物多様性などのように，サプライチェーンを通して間接的に影響を及ぼすものを考慮することが必要になってきた[5]。

本章では，こうした観点から，サプライチェーン上の環境ストックと環境フローを統合したストック・フロー統合型環境会計モデルを提示すると同時に，同モデルの具体的な測定対象として，バイオマス燃料の普及によってサプライチェーン全体の持続可能性が注目を集めているバイオマス資源を取り上げ，環境会計の新たな展開の可能性を探る。

## 1. ストック・フロー統合型環境会計の基本構造

### 1-1 環境ストックと環境フロー

本章では，まず，生物，土地，地価，水，大気などの自然環境ストックと資本の投資によって構築された人工環境ストックを環境ストック[6]，環境ストックの状態の変化を環境フローと定義する。環境会計ガイドラインでは，環境保全のためのコストとその活動によって得られた環境保全効果と経済効果が認識・測定されており，環境保全コストは，環境負荷の発生の防止，抑制または回避，影響の除去，発生した被害の回復またはこれらに資する取り組みのための投資額および費用額と定義されている[7]。したがって，環境保全コストと経済効果は経済財のフロー，環境保全効果は環境フローを測定対象とする。

ただし，環境ストックには，森林，湖沼などのように環境便益を供給したり環境負荷を低減させたりする機能を持つものや，土壌汚染や廃棄物などのように環境負荷を蓄積し，そこからフローとしての環境負荷を発生させたりするも

---

[5] GRI, *Sustainable Reporting Guidelines Version 3,* 2006, p. 28.
[6] Pears, D., W. A. Markandya, E. D. Barbier, *Blueprint for a Green Economy,* Earthscan Publications, 1989, 和田憲昌訳（1994）『新しい環境経済学—持続可能な発展の理論』ダイヤモンド社，39-51ページ。United Nations, *Integrated Environmental and Economic Accounting,* 1993, p. 10 など参照。
[7] 環境省（2005），前掲書7ページ。

のが数多く存在することから，企業が環境保全活動を有効に行っていくためには，環境ストックと環境フローをリンクさせて把握することが必要となる。そこで，本章では，まず，環境ストックと環境フローを関係づけるための基本的枠組みを検討する。

### 1–2　基本的枠組み

期首と期末の環境ストックと期中の環境フローおよび両者の相互影響を測定するために，表4–1で示されるストック・フロー統合型環境会計モデルを設定する[8]。ここで，環境ストック項目では，当該企業が直接的もしくはサプライチェーンを通して間接的に環境負荷を与える環境ストックが測定対象とされる。環境ストックの測定項目では，環境項目と経済・社会項目が考えられる。前者では，広さ，質量などの物量が測定される。後者の経済的価値では，物量と貨幣的価値の積によって測定が行われる。たとえば，自然環境ストックでは，まず，環境の質もしくは状態が明らかにされる。次に，環境の質が，環境負荷の有無もしくはレベルによってプラスの質とマイナスの質に区分される。プラスとマイナスの環境の質の代表的判断基準としては，国や自治体が設定する法定環境基準，企業が設定する自主的環境基準などがあげられる。マイナスの環境の質の経済的価値を測定する例としては，法定汚染基準を超えた土壌汚染を，基準以下の汚染レベルに下げるために必要な除去処理費用額によって把握する方法などがあげられる[9]。

環境ストックが資産要件と負債要件を満たす場合には，環境資産もしくは環

---

8)　八木裕之，斎尾浩一郎（2005）「ストック・フロー統合型環境会計の理論と実践」（『横浜経営研究』第26巻第1号）参照。
9)　環境ストックの貨幣評価には，ヘドニック価格法，トラベルコスト法，費用基準評価法（間接代替費用法，取替費用法，再生費用法，移転費用法，防止支出法など），損害費用回避法，仮想評価法などがあげられる。ハウステンボス環境研究会環境会計小委員会（2004）「創造型環境会計の理論と実践—21世紀型環境会計—」（『知新』第10巻），26-30ページ参照。環境負荷はJEPIX（Environmental Policy Priorities Index-for Japan：環境政策優先度指数日本版）などのように評価点で測定する方法も注目されている。

表 4-1 ストック・フロー統合型環境会計モデルの基本的枠組み

| 期首ストック | 測定項目 / 環境ストック項目 | 環境ストック項目 | |
|---|---|---|---|
| | ストック環境項目<br>ストック経済・社会項目 | ストックデータ | |
| 活動項目 / 環境フロー項目 | フロー環境項目 | ストック・フロー間の影響項目 | フロー経済・社会項目 |
| フロー活動項目 | フローデータ | フローデータ | フローデータ |
| 期末ストック | ストック環境項目<br>ストック経済・社会項目 | ストックデータ | |

☐ : 環境会計データ

境負債として計上されるが，米国の環境会計基準の動向や既述の資産除去債務などに象徴されるように，環境資産と環境負債は，環境法規制の強化にともなって多様化すると同時に金額的重要性を増している[10]。したがって，環境ストックにおいても，財務会計の要件に該当するものとその潜在的な可能性を持つものを把握することが必要となる。また，環境ストックとしては，当該組織が保有するものだけでなく，サプライチェーン上で大きな影響を及ぼす，原料調達先の生物多様性，生態系，森林，水域などを対象とするケースも重要になってきている。

環境フローは環境ストックの変化であり，そこでは，事業活動ごとに活動が及ぼす環境項目の変化とそのストックとの相互作用さらには企業への経済的・社会的影響が測定項目として設定されている。フロー環境項目としては，マテリアルのインプット量，アウトプット量，削減効果，フロー経済項目としては，マテリアル取得原価，環境保全費用，収益，経済効果，フロー社会項目としては地域社会への影響などが測定される。

---

10) 日本会計研究学会スタディ・グループ（2008年）『環境財務会計の国際的動向と基礎概念に関する研究』参照。

## 2. バイオマス事業と評価情報

### 2-1 持続可能なバイオマス事業

　EU の化学物質を対象とした REACH（Registration, Evaluation, Authorization and Restriction of Chemicals）や経済産業省が推進する製品ライフサイクルで発生する $CO_2$ を把握して表示するカーボンフットプリントなどに象徴されるように[11]，企業は製品やサービスのサプライチェーンを視野に入れた環境マネジメントを行うことが不可欠になってきている。環境ストックと環境フローのいずれについても，当該企業が直接影響を及ぼすものだけでなく，関連するサプライチェーン上の事業活動が及ぼす影響の大きさを把握してマネジメントすることが必要となる。

　本章で取り上げるバイオマスは，再生可能な生物由来の有機資源の中で，化石燃料を除いたものと定義され，地球温暖化防止，循環型社会の形成，新たなビジネスモデルの創出，農林漁業の活性化などに有効なエネルギーとして位置づけられている[12]。ただし，化石燃料の代替エネルギーとして注目される一方で，その増産によって，食物価格の高騰，森林伐採などによる生態系の破壊，労働問題などの社会問題が引きおこされていることが指摘され，国際バイオマスエネルギー・パートナーシップ，国連，NGO などを中心に，バイオマス燃料の持続可能性を保持するための国際的な基準が議論されている[13]。日本でも，こうした動向に対応して，農林水産省に国際バイオマス燃料基準検討会が設置され，基準の検討が始められている。

　たとえば，持続可能なバイオ燃料円卓会議では，持続可能なバイオ燃料であ

---

11) 日本アーティクルマネジメント推進協議会 HP（http://www.jamp-info.com/），経済産業省（2008）『経済成長戦略大綱（改訂版）』，8 ページ。サッポロビール株式会社 HP（http://www.sapporobeer.jp/）など参照。

12) 農林水産省（2006）『バイオマス・ニッポン総合戦略』，1 ページ，日本エネルギー学会（2002）『バイオマスハンドブック』オーム社，2-5 ページなど参照。

13) UN-Energy（2007），*Sustainable Bioenergy : A Framework for Decision Makers*, UN, *Roundtable on Sustainable Biofuels*（2007）など参照。

るための基準として，①法令順守，②ステークホルダーとの協調（包括性，透明性，開放性），③温室効果ガス削減，④人権，労働者の権利・福利厚生，⑤地域や地域住民への経済的・社会的貢献，⑥食糧安全保障，⑦生物多様性，生態系などの保全，⑧土壌の保全，⑨地表水，地下水，水利権の保全，⑩大気汚染物質の最小化，⑪生産効率性の向上と環境・社会への負の影響の最小化，⑫土地に関する権利の尊重をあげており，バイオマス事業の経済面・環境面・社会面の各側面から考察が行われている[14]。

本章では，表4–1で提示したストック・フロー統合型環境会計モデルをバイオマス事業に適用し，バイオマス事業のこれらの側面に関する情報を総合的に評価するためのバイオマス環境会計を展開する[15]。また，バイオマス環境会計を個別バイオマス事業に適用する際には，状況に応じた項目設定が必要となることから，ここでは，特定地域のバイオマスストック及びバイオマスフローを設定し，これにもとづくバイオマス事業の評価を具体例として議論を進める。

### 2–2 バイオマス事業とステークホルダー

特定地域内のバイオマスを使って持続的にバイオマス事業を展開するためには，バイオマス事業に係わるステークホルダー間で事業推進の合意を形成することが重要である。そのためには，ステークホルダーごとに必要とされる意思決定情報が提供されると同時に，これらの情報をステークホルダー間で共有することが重要となる。

ステークホルダーとしては，図4–1に示されるように，自治体，バイオマス事業者，地域住民・NGOなどが考えられる。バイオマス環境会計は，これらのバイオマス事業のステークホルダーに，事業の計画，実施，評価，改善な

---

14) Global Principles and Criteria for Sustainable Biofuels Production Version Zero, (http://energycenter.epfl.ch/biofuels).

15) 八木裕之（2008）「バイオマス資源を対象としたストック・フロー統合型環境会計の展開」（『会計』，第174巻第4号），26–35ページ。八木裕之（2007年）「バイオマス環境会計の構想と展開」（『環境管理』，第43巻第5号），12–17ページ参照。

第 4 章　ストック・フロー統合型環境会計の研究　109

図 4-1　バイオマス環境会計とステークホルダー

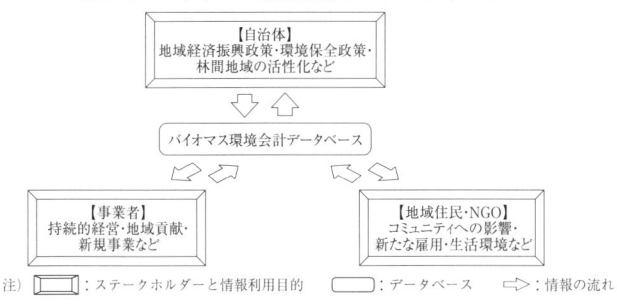

図 4-2　バイオマス事業とバイオマス環境会計データベース例

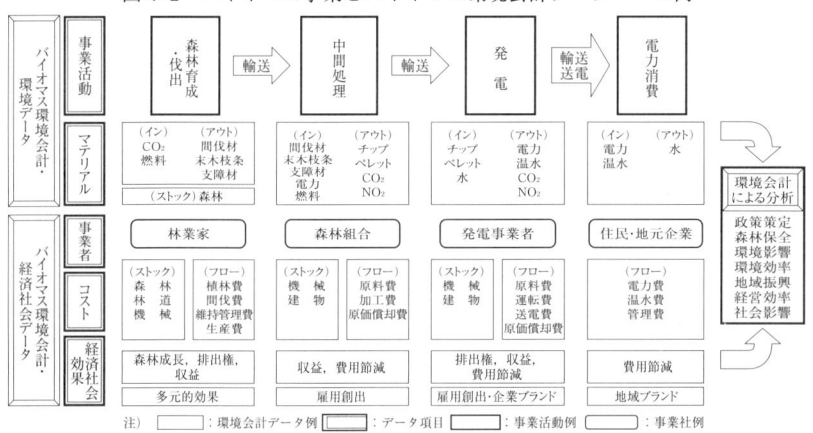

どの各プロセスにおける意思決定情報を提供するデータベースの役割を果たすことを想定している。たとえば，自治体には，バイオマス事業によって地域経済（林業，農業，エネルギー産業など）を振興すると同時に，地域の自然環境である環境ストックの保全を図ることが重要となる。したがって，そこでは，地域バイオマスのストック量・フロー量，バイオマス事業に関連する法制度・補助金制度，バイオマス事業の採算性・環境影響・社会影響，事業を地域で持続させていくための政策などに関する意思決定情報が必要となる。これらの情報は，個別の自治体や地域の合意形成もしくは政策決定のプロセスに応じて，必要なタイミングでステークホルダーに提供されることになる。

　たとえば，図 4-2 に示されるように，林間地域で，育成した森林から間伐

材，末木枝条，支障材などを伐出し，これらをエネルギー源として発電事業を行い，地域で発電事業から作り出された電力と温水を消費するケースを想定する場合には，これに関わるステークホルダーもしくは事業者として，林業家，森林組合，発電事業者，住民・地元企業などが考えられる。林業家はストックである森林を育成してフローである木材の伐出を行うが，そこでは，ストック形成のための投資が行われると同時に，維持管理のため間伐費，維持管理費などが投入され，森林成長，事業収益などがもたらされる。また，森林の成長は$CO_2$吸収，水源涵養，土壌保全，生物多様性などの多元的効果の増大をもたらすことになる。

バイオマス環境会計では，これらのデータに基づいて，バイオマス事業に関する政策策定，経営効率，環境効率，地域振興，環境影響，森林保全，社会影響などについて分析を行い，バイオマス事業に関わるステークホルダーごとに情報を提供すると同時に，各ステークホルダーの事業活動や自治体のバイオマス事業に関する施策が事業全体に及ぼす影響を明らかにし，ステークホルダー間の事業に関わる合意形成を図ることになる。

## 3. バイオマス環境会計の展開

### 3-1 バイオマス環境会計の構築ステップ

バイオマス資源のストック・フローおよびその利用方法は，地域ごとの自然条件，社会条件などによって大きく異なる。そこで，バイオマス環境会計を構築する際には，バイオマス資源のストック・フローの量と質に基づいたバイオマス事業の現状分析とシナリオ設定が必要になる。

たとえば，バイオマス環境会計を自治体や地域で展開していくためには，以下のステップが考えられる。

① 分析対象地域におけるバイオマス資源のフロー・ストックの物量データの収集。

② 稼働中の事業および想定可能な投資代替案（主伐，間伐，林地残材回収，中間処理，焼却，発電，ペレット，バイオエタノール，集成材化など）に基づい

たシナリオ設定。

③　費用・収益の項目設定とデータ収集（マテリアルコスト，労務費，環境保全コスト，経済効果など）。

④　環境影響の項目設定とデータ収集（マテリアルインプット・アウトプット，環境保全効果など）。

⑤　社会影響の考慮。

⑥　既存事業，個別シナリオの評価。

　分析ステップ①②では，バイオマス資源のストック・フローの物量データの収集とシナリオ設定が行われる。③④では，表4-1にフレームワーク，図4-2に具体例が示されているストック・フローの環境項目および経済・社会項目の詳細項目の設定とデータ収集が行われる。また，⑤では，森林が保全されることによる地域への社会的影響，発電施設，加工施設などの建設地域への社会的な影響が考慮され，これらのデータは，図4-1のステークホルダー間で共有され，それぞれの意思決定に用いられることになる。

### 3-2　バイオマス事業のシナリオ設定

　バイオマスのストック・フローは，地域によって量も質も異なる。たとえば，都市部では，木質系バイオマスの発生の多くは，地域から発生する建築廃材が想定されるのに対し，山間地域では，これらの他に，バイオマスストックである森林から伐出される木材，木材加工工場から発生する端材などが考えられる。ここでは，林業と農業（稲作，園芸）が行われている，人口10万人程度の地方都市を中核とする山間地域を想定したバイオマス事業モデルを，図4-3で例示する。

　図4-3のシナリオでは，バイオマスストックとして，森林，家計・企業，農地，果樹園などが想定されている。これらのストックから発生するバイオマスフローとしては，間伐材・林地残材，端材，一般廃棄物，稲わら，剪定枝・果実などが考えられる。これらのバイオマスフローについては，中間処理を経た後のバイオマスから，バイオマス資源を原料やエネルギーとするバイオマス

図 4–3　バイオマス事業モデル例

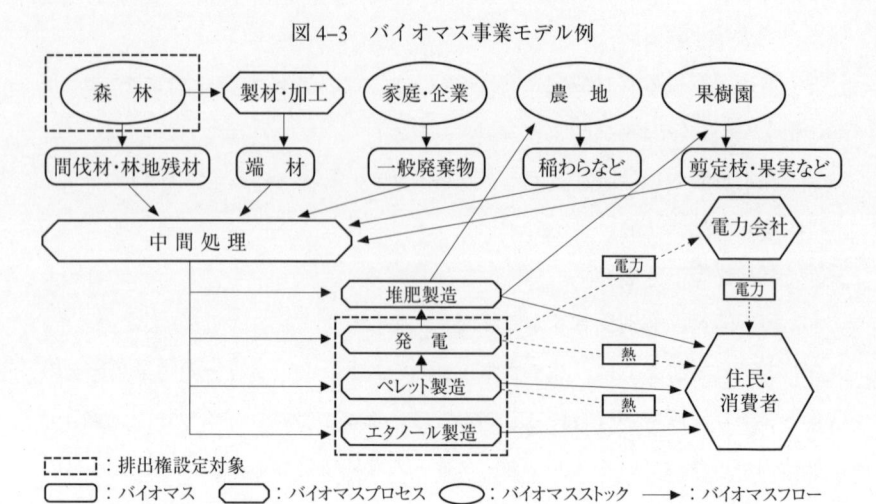

プロセスを経て，堆肥，ペレット，電力，熱，エタノールが製造される。これらは地域住民や地域外の消費者によって消費されると同時に，堆肥は農地，果樹園で使われることが想定されている。

また，バイオマス事業は，2008年から日本国内を対象にスタートしたオフセット・クレジット（J–VER：Japanese Verified Emission Reduction）制度の認証条件を満たした場合には，カーボンオフセットに用いることができるオフセット・クレジットを取得することもできる[16]。図 4–3 に示されているように，同制度は，発電，ペレット製造などのようにバイオマスを使って温室効果ガスを削減する事業をオフセット・クレジットの対象とするだけでなく，間伐を実施する間伐促進型プロジェクト，間伐・主伐・植栽を実施する持続可能な森林経営促進型プロジェクト，植林プロジェクトをクレジット認証の対象とする森林管理プロジェクトも対象としており，今後，バイオマス事業を促進する重要な要素となる可能性が高い。

---

16）　J–VER については気候変動対策認証センターの HP（http://www.4cj.org/index.html）参照。

## 3–3 バイオマスストックの評価

 シナリオ設定では，バイオマス事業を持続可能な形で行うために，堆肥，ペレット，電力，熱，エタノールなどの製造を行う事業者だけでなく，関連する地域のすべての事業が経済・環境・社会の側面で持続可能となることが必要である。たとえば，森林バイオマスを使った事業では，電力，熱などの提供だけでなく，バイオマスストックである森林から産出されて未利用であった間伐材や林地残材の有効利用は，林業経営や森林の育成にも大きな推進力となる。

 森林などのバイオマスストックについては，1992年に開催されたリオの地球環境サミット以来，単にバイオマスフローを生み出すだけでなく，多くの多面的機能を果たしていることが注目されるようになってきている。たとえば，日本も参加する持続可能な森林経営に向けた代表的な国際的取組みであるモントリオールプロセスでは，その7つの条件として，「生物多様性の保全」「森林生態系の生産力の維持」「森林生態系の健全性と活力の維持」「土壌および水資源の保全と維持」「地球的炭素循環への森林の寄与の維持」「社会の要望を満たす長期的・多面的な社会・経済的便益の維持および増進」「森林の保全と持続可能な経営のための法的，制度的および経済枠組み」を掲げている[17]。

 また，日本でも，2001年に制定された森林・林業基本法において，「森林の有する多面的機能の持続的な発揮」を森林・林業行政の基本理念とし（第2条），こうした方向性に沿った森林の整備と保全が進められている。

 バイオマスストックである森林の多面的機能については，表4–1のストック測定項目に測定内容と測定値が示される。ただし，森林の多面的機能への評価は開発途上であり，さまざまな試みが行われている[18]。表4–2は，日本学術会議の答申で行われている機能分類と日本の年間の森林機能の測定・評価であり，日本の森林を対象とした多面的機能の代表的試算例である。

---

17) モントリオールプロセスについては http : //www.rinya.maff.go.jp/mpci/ 参照。
18) 日本学術会議（2001）『地球環境・人間生活にかかわる農業および森林の多面的な機能の評価について（答申）』2001年。三菱総合研究所（2001）『地球環境・人間生活にかかわる農業及び森林の多面的な機能の評価に関する調査研究報告書』など参照。

表 4–2　森林の多面的機能と測定・評価例

| 機能の種類 | 測定方法 | 物量表示 | 貨幣評価額 |
| --- | --- | --- | --- |
| 地球環境保全<br>　$CO_2$ 吸収 | 代替法<br>石炭火力発電所の $CO_2$ 回収コスト | 97,533 千 t／年 | 12,400 億円／年 |
| 土砂災害防止／土壌保全<br>　表面浸食防止<br>　表層崩壊防止 | 代替法<br>浸食土砂のための堰堤の建設費<br>崩壊防止のための山腹工事 | <br>51.61 億 $m^3$／年<br>96,393 ha／年 | <br>282,600 億円／年<br>84,400 億円／年 |
| 水源涵養<br>　洪水緩和<br>　水資源貯蔵<br>　水質浄化 | 代替法<br>治水ダム<br>利水ダム<br>雨水処理施設 | <br>1,107,121 $m^3$／sec<br>1,864.25 億 $m^3$／年<br>1,864.25 億 $m^3$／年 | <br>55,700 億円／円<br>87,400 億円／円<br>128,100 億円／円 |
| 物質生産機能<br>　木材<br>　食料（きのこ等） | 市場価格（1999 年） | <br>1,998 万 $m^3$／年<br>41.6 万 t／年 | <br>3,838 億円／年<br>2,888 億円／年 |
| 快適環境形成<br>保健・レクレーション | 一部定量評価可能<br>一部定量評価可能 | | |
| 生物多様性保全<br>文化機能 | 定量評価不可能<br>定量評価不可能 | | |

出所：日本学術会議『地球環境・人間生活にかかわる農業及び森林の多面的な機能の評価について』2001 年，付録に基づいて作成。

　ここでは，木質バイオマスの「物質生産機能」を市場価格で評価する他に，「$CO_2$ 吸収」，「表面浸食防止」，「表層崩壊防止」，「洪水緩和」，「水資源貯蔵」，「水質浄化」の各機能を代替法によって経済評価しているが，これらの方法は効果を直接測定したものではなく，予防対策や防止対策などにかかったコストを代替的に用いた間接的な測定であり，機能間の重複や定量評価が不可能な領域もあることから，合計額が総合的な森林の価値になるわけではない。もちろん，既述の森林管理プロジェクトの $CO_2$ 吸収機能や，水道料金に水源税がかけられる場合に評価されている水源涵養機能などは貨幣評価されていることから，今後も，環境政策や環境保全制度の進展にともなって多面的機能の貨幣評価が進んでいくことが考えられる。

　ただし，実際に特定地域でバイオマスストックの評価を行うためには，その面積や体積だけでなく，管理状態や地域特性を加味する必要がある。たとえば，森林のケースでは，既述のモントリオールプロセスの条件や，北海道などで行われている質的機能評価などによって，$CO_2$ 吸収レベルを測定する必要が

ある[19]。

## 3-4　ストック・フロー統合型バイオマス環境会計

地域におけるバイオマス事業を持続可能なものにしていくためには，バイオマスストックとバイオマスフローの相互関係とバイオマス事業が及ぼすバイオマスストック・フロー全体への影響を把握してマネジメントしていく必要がある。表4-1に図4-3で示されたケースを組み込んだストック・フロー統合型バイオマス環境会計のフォーマット例は表4-3で示される。

ここでは，まず，森林，農地などのバイオマスストックについて，面積，体積などの物量に加えて，既述の多元的機能に関する測定値が物量単位や貨幣単位で記入される。また，財務諸表の対象となっているストックについては，バ

表4-3　ストック・フロー統合型バイオマス環境会計モデル例

| 期首バイオマスストック | バイオマスストック項目 / 測定項目 | 森林1 | … | 農地n |
|---|---|---|---|---|
| | 物量 | | | |
| | 評価値 | | | |
| | 環境資産額 | | | |
| | 環境負債額 | | | |

| バイオマス活動項目 / バイオマスフロー項目事業 | インプット量 | アウトプット量（製品／非製品） | 環境保全効果 | 評価値 | ストックインフロー・アウトフロー | 費用 | 収益 | 経済効果 | 社会影響 |
|---|---|---|---|---|---|---|---|---|---|
| 森林育成 | | | | | | | | | |
| 同環境保全（負荷削減） | | | | | | | | | |
| 木材伐採・収集 | | | | | | | | | |
| 同環境保全（負荷削減） | | | | | | | | | |
| ⋮ | | | | | | | | | |
| 発電 | | | | | | | | | |
| 同環境保全（負荷削減） | | | | | | | | | |
| 堆肥製造 | | | | | | | | | |
| 同環境保全（負荷削減） | | | | | | | | | |

| 期末バイオマスストック | 物量 | | | |
|---|---|---|---|---|
| | 評価額 | | | |
| | 環境資産額 | | | |
| | 環境負債額 | | | |

---

19)　木下勇吉編著（2005）『森林の機能と評価』J-FIC 参照。

イオマス事業者の費用，収益に影響を及ぼす可能性が高いことから，その資産額と負債額が表示される。

　森林などのバイオマスストックは，林業家などが行う森林育成・保全などの事業活動によって，成長や維持管理が図られる。バイオマスストックから産出されたり，地域外から流入するバイオマスフローは，事業者が行う活動にインプットされ，バイオマスプロセスを経てバイオマス製品や廃棄物となり，一部は次のバイオマスプロセスやバイオマスストックにインプットされる。バイオマスストックからの産出などのアウトフローや森林の成長，堆肥の投入といったインフローは，バイオマスストックと交差する列に記入され，期首ストックにストックインフロー・アウトフローを加味したデータが期末ストック項目に記入される。

　表4-3のバイオマス事業活動項目は，管理された森林から搬出された木材を原料にして発電を行う一連のプロセスを例示している。各活動については，まず，活動へのインプット量と活動からのアウトプット量，環境保全効果，同評価値，ストックへのインプット・アウトプット量が記入され，次に活動に関連する経済・社会データとして費用，収益，経済効果，社会効果が記入される。

　地域でのバイオマス事業全体を持続可能なものにするためには，個別バイオマス事業の経済面，環境面，社会面を把握し，ステークホルダー間の情報共有と事業者間のコストバランスを考える必要があり，そのためには，現状のバイオマス事業や複数の想定事業シナリオに対して，バイオマス環境会計で測定・分析を行うことが重要となる。

　バイオマス環境会計では，バイオマスサプライチェーンに基づいて，バイオマスストックとフロー，およびこれに関わるバイオマス事業がリンクして表示され，各々の活動の経済面，環境面，社会面で生じた影響のサプライチェーン全体への波及状況を把握することで，個別バイオマス事業およびバイオマス事業全体を持続可能なものにするための情報を提供することができる。たとえば，伐採された間伐材による発電は，電力を生み出したり，その際に生じる廃

棄物から堆肥を作り出したりするだけでなく,間伐を促進することで,森林の育成を図り,バイオマスストックの増加を生み出すことになる。

　おわりに

　本章では環境ストックと環境フローをリンクさせたストック・フロー統合型環境会計を提示し,その応用モデルとして,地域のバイオマスを対象とするストック・フロー統合型バイオマス環境会計モデルを展開した。ここでは,たとえば,自治体は,同会計で把握されたデータに基づいて,税金,補助金,排出権などの設定,公的施設の整備などの政策を考え[20],事業者は,採算性,発生する環境負荷や社会的影響を把握した上で,事業計画の立案や修正を行い,地域住民は,地域の自然環境,社会環境などへの影響を考慮して,事業や政策への協力を行っていくことになる。環境ストックをサプライチェーン上に展開したバイオマス環境会計は,地域バイオマス事業の評価ツールとして,自治体,企業,研究機関が共同で開発を進めているが,いまだに研究途上であり,今後も多様な環境負荷や地域特性を組み込んだ実践的なモデルとして精度を高めていく必要がある。

　環境ストックの把握と環境フローとのリンクは,企業が環境負荷の現状と予想される将来の状況を的確に把握して環境マネジメントを有効に機能させていくためには不可欠であるが,環境会計を企業単体からサプライチェーン上へ展開することは容易ではない。ただし,REACHへの対応に代表されるように,グリーンサプライチェーンの構築とこれに参加する企業間の情報の共有,個別事業体を超えた環境保全対策の実施,さらには環境保全からサステナビリティへの対象領域の拡張は時代の大きな流れとなりつつある。環境会計もこうした状況に対応した新たなモデル開発を行うことが不可欠であり,ストック・フ

---

[20] バイオマス環境会計を自治体の環境マネジメントツールであるエコバジェットとリンクさせた研究は,以下の文献を参照。八木裕之,丸山佳久,大森明(2008)「地方自治体における環境ストック・フローマネジメント―エコバジェットとバイオマス環境会計の連携―」(『地方自治研究』,第23巻第2号),1–11ページ。

ロー統合型環境会計の開発とバイオマスサプライチェーンを対象とした同会計の展開は，そのための試みの1つとして位置づけられる。

（本研究は環境省・地球環境研究総合推進費「バイオマスを高度に利用する社会技術システム構築に関する研究」の研究成果の一部である。）

第 5 章

環境管理会計の現状と課題
——マテリアルフローコスト会計を中心に——

はじめに

　経済産業省は，2007年11月に国際標準化機構（International Organization for Standardization : ISO）/ TC 207（Technical Committee 207）に対しマテリアルフローコスト会計（Material Flow Cost Accounting : MFCA）の国際標準化提案を行い，2008年3月に規格化作業の開始が採択された。そして，現在，日本主導のMFCAのワーキンググループが設立され，2011年3月にISO 14051として規格を発行することに向けた作業が開始されている。

　これは，環境管理会計手法として日本におけるMFCAの成果がもとになっている。環境管理会計手法には，設備投資にあたり環境負荷を削減し経済効果をあげることを考慮する「環境配慮型設備投資決定」，環境保全計画と予算案を合理的に導き出す「環境予算マトリックス」，設計・開発段階で環境に配慮してコストを作り込む「環境配慮型原価企画」，業績評価システムの中に環境パフォーマンス指標を組み込む「環境配慮型業績評価」，製品の企画・設計・製造・販売・廃棄という製品のライフサイクルにおけるライフサイクルコストを計算・分析する「ライフサイクルコスティング」など多くの手法が発展してきた。

こうした環境管理会計手法の中でも，MFCAは国内外で発展を遂げており，日本においても多くの成功事例があげられ，ISOファミリーの1つとして国際規格化されようとしている。そこで本章では，国際規格化するMFCAについて，まず，アメリカのマテリアルフロー指向の環境管理会計を検討し，そして日本のMFCAの概要および計算構造を述べ，その導入事例を検討し，マテリアフローコスト会計の特徴および課題を考察する。

## 1. マテリアルフローコスト会計

本節では，まずアメリカで取り組まれているマテリアルフロー指向の環境管理会計について検討し，そして日本におけるMFCAの概要およびその特徴について検討する。

### 1-1 アメリカにおけるマテリアルフロー指向の環境管理会計

アメリカにおいて環境管理会計分野の研究は，アメリカの環境保護庁（Environmental Protection Agency：EPA）が中心となっている。アメリカにおけるマテリアルフロー情報に関する測定実務の普及については，有害廃棄物の不適切な処理や処分によって引き起こされた土壌汚染を浄化する目的であるスーパーファンド法や化学物質の年間排出量・移動量をEPAや州当局へ提出する有害物質排出目録（Toxic Release Inventory：TRI）が影響を与えており，さらに，有害廃棄物の管理基準を規定している資源保護回収法（Resource Conservation and Recovery Act：RCRA）および汚染を発生源で阻止・低減することを規定している汚染防止法（Pollution Prevention Act：PPA）が発生源における管理を義務づけており，こうしたアメリカの法規制がマテリアルフロー指向の環境管理会計手法開発の背景として位置づけられている（大西（2006），55-56ページ）。

大西（2006）によると，アメリカにおけるマテリアルフロー指向のコストマネジメントに関する議論はドイツだけではなくアメリカでも廃棄物の削減を意図してマテリアルフロー情報および廃棄物コストの分析を行っており，そのコストマネジメント手法として，たとえば品質管理における品質不良ゼロを目指

すように汚染予防活動においても汚染ゼロを目指すという具体的なマネジメントの内容との関連を重視して物量情報およびコスト情報の分析を行う点を特徴としてあげており，ドイツのアプローチである物量情報の詳細な追跡を重視する点とは大きく異なっていると指摘している。さらに，アメリカでは工程レベルにおいてマテリアルロスを追跡しており，これが 1988 年に遡ることができることから MFCA がドイツのエコバランスだけではなく，アメリカにおける工程レベルのマテリアルフロー情報の追跡と，廃棄物コストの計算方法を援用している可能性を示している（大西（2006），61 ページ）。

このようにアメリカでもマテリアルフロー指向のコストマネジメント手法が展開されてきている。そこで次に，日本においてはどのようにマテリアルフロー会計が発展してきたのかについて検討する。

### 1-2 日本におけるマテリアルフローコスト会計

MFCA は，ドイツの環境経営研究所が開発した環境管理会計手法である。日本では，経済産業省が 1999 年に経済活動を環境保全活動と結びつける手法として環境管理会計プロジェクトを開始し，欧米における環境管理会計動向を把握した。さらに，2000 年から経営意思決定の目的ごとの環境管理会計手法の開発に着手し，2002 年に経済産業省から『環境管理会計手法ワークブック』が発行された。環境管理会計手法ワークブックでは，環境配慮型設備投資決定手法，環境配慮型原価管理システム（環境コストマトリックスと環境原価企画），MFCA，ライフサイクルコスティング，および環境配慮型業績評価システムという 5 つの手法が取り上げられている。

そして，2004 年以降，経済産業省は MFCA の確立，普及活動，活用手法の研究，普及のためのツール開発，および高度化研究を展開しており，2008 年には『マテリアルフローコスト会計手法導入ガイド』を公表した。

また，詳細は後述するが，ISO に対し，経済産業省は 2007 年に MFCA を ISO 14000 ファミリーの 1 つとして国際標準化提案を行い，2008 年 3 月に加盟国の投票の結果，規格化作業の開始が採択され，作業が開始されている。

日本においてMFCAを導入している企業数は2008年に60社を超え（㈱日本能率協会コンサルティング（2009），3ページ），多くの成功事例があげられている[1]。その理由として「マテリアルフローコスト会計が他の環境マネジメントの手法と異なり，環境保全を指向するだけでなく，コスト削減による生産効率のアップも目的とするために企業の関心を引きやすく，しかも，大きな成果を実現する可能性が高い」（國部（2007），18ページ）ことがあげられる。すなわち，環境負荷の削減とコスト削減による経済効果を達成することができる手法である。

こうした日本のマテリアルフロー会計における動きは国際的な環境管理会計の基盤となりつつある。そこで次にMFCAの計算構造について検討する。

### 1–3 マテリアルフローコスト会計の計算構造

MFCAとは，マテリアル（原材料とエネルギー）のフローとストックに関する包括的な会計手法であり，マスバランスと原価計算を統合したシステムである。マスバランスとは，企業外部から企業に入ってくる物質（インプット）と企業外部へ企業から出ていく物質（アウトプット）を物質の種類ごとに物量で測定・表示する方法である。MFCAの基本的な枠組みは，企業へのインプットを始点として「生産過程」を経て，企業からのアウトプットを終点とする企業内プロセス間を，物質（エネルギーを含む）がどのように流れ（フロー），滞留（ストック）するかを一定期間モニターすることである（中嶌，國部（2002），67ページ）。

こうしたMFCAの基本目的は次の5つである（中嶌，國部（2002），66–67ページ）。

① マテリアルフロー構造を可視化すること
② マテリアルフローとストックを物量とコスト情報で把握すること
③ 伝統的原価計算を精緻化すること

---

1) マテリアルフローコスト会計の事例については，経済産業省（2008 b）および㈱日本能率協会コンサルティング［2009］を参照のこと。

④ あらゆる経営階層に有用で適時的な意思決定情報を提供すること
⑤ 環境負荷低減とコスト削減を同時に達成するような基準を導入すること

MFCAにおける製造工程観は,まず,プロセス間にいくつかのマスバランスをとる物量センター (Quantity Center) と呼ばれる測定点(域)を設定し,その測定箇所のインプットとアウトプットを物質ごとに測定・記録する。そして,物量センターでは,製品になる良品（正の製品）に属する物質と廃棄物に属する物質（負の製品）とに区別して把握される。よってMFCAにおいて「生産過程」とは,正の製品の生産過程だけでなく,廃棄物・排出物を負の製品としてとらえ,この負の製品の生産過程をも含んでいるのである（中嶌・國部 (2002), 67ページ)。このように正の製品および負の製品の生産過程で設定されたそれぞれの物量センターでインプットとアウトプットを物質ごとに測定・記録することによって,どの物量センターで,どういった原材料やエネルギーが,どれだけ投入され,どれだけ出ていっているのか,そしてどれだけ在庫として残っているのか,つまりマテリアルフロー構造が可視化される。

次に,MFCAの計算手法について,例を用いて解説する。物量センターとして切削と塗装の2つの工程があるとし,切削工程で主要材料を投入し,その後,塗装工程で塗料を投入し1種類の製品が生産されるという製造プロセスがあり,期首・期末の在庫は存在しないとする。切削工程では1 kg当たり100円の主要材料を20 kg投入し,製品1個当たりの加工費が500円かかり,15 kgの製品1個（5 kgは廃棄物となる）が次工程である塗装工程に運ばれる。そして,塗装工程では1 g当たり1円の塗料が1 kg投入され,加工費は400円かかり,0.9 kgが製品1個に塗装される（0.1 kgが廃棄物となる）という製品が生産されるとする。

伝統的原価計算における製造原価は,主要材料の原材料費2,000円（= 20 kg × 100円),塗料1,000円（= 1,000 g × 1円),加工費500円および400円の合計3,900円である。ここで,物量の観点からみると,投入した原材料は20 kg,塗料は1 kgであるが,完成した製品は15.9 kgであり,切削工程で廃棄物となった原材料5 kgおよび塗装工程で廃棄物となった0.1 kgは明確に示されていな

図 5-1　伝統的原価計算における計算

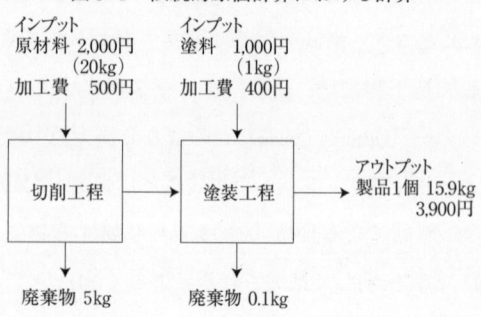

```
インプット              インプット
原材料 2,000円          塗料   1,000円
     (20kg)                 (1kg)
加工費   500円          加工費   400円
       │                     │
       ▼                     ▼
   ┌──────┐              ┌──────┐
   │切削工程│ ──────────→ │塗装工程│ ──→ アウトプット
   └──────┘              └──────┘      製品1個 15.9kg
       │                     │                3,900円
       ▼                     ▼
   廃棄物 5kg            廃棄物 0.1kg
```

いことがわかる（図 5-1 参照）。

　廃棄物となった原材料 5 kg および塗料の 0.1 kg の費用は原材料費に含まれており，原材料費として製品原価に含め，製品を販売して回収するという伝統的原価計算の方法は合理的であるが，廃棄物を削減するという目標を掲げた場合，廃棄物を削減する活動がどれだけの経済効果があるのかが不明である。そこで正の製品および負の製品におけるマテリアルフローを物量とコスト情報で把握するのである。

　MFCA の場合には，切削工程では，投入原材料が 20 kg であっても製品が 15 kg であれば，製品の原材料費は 20 kg に対する 2,000 円ではなく，15 kg に対する 1,500 円であると考える。そして，廃棄物 5 kg の価値（原価）を 500 円と考える。また，塗装工程では投入された塗料が 1 kg であっても塗装されている量が 0.9 kg であれば，製品の原材料費は 1 kg に対する 1,000 円ではなく，0.9 kg に対する 900 円であると考える。そして，廃棄物 0.1 kg の価値を 100 円と考えるのである。マテリアルフロー会計では，先にも述べたように，製品は販売される正の製品だけではなく，負の製品である廃棄物の価値を計算することに特徴がある。

　そして，原材料費だけではなく加工費についても負の製品に配分される。この場合には，製品と廃棄物の重量で配分される方法が合理的であると考えられるので，切削工程では製品 15 kg（75％）に対し廃棄物 5 kg（25％）であるから，加工費 500 円は，製品へ 375 円（＝500 円×75％），廃棄物へ 125 円（＝500

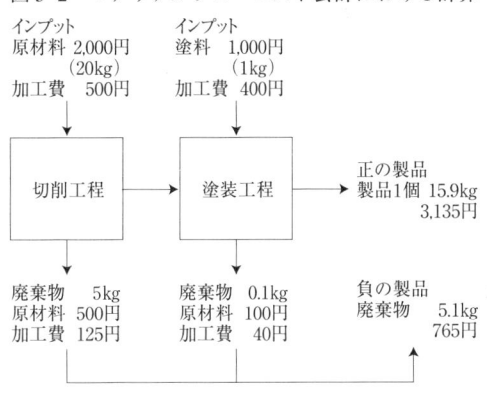

図 5–2　マテリアルフローコスト会計における計算

```
インプット              インプット
原材料 2,000円          塗料  1,000円
    (20kg)                (1kg)
加工費   500円          加工費  400円
    ↓                     ↓
  ┌─────┐             ┌─────┐           正の製品
  │切削工程│ ────────→ │塗装工程│ ────→ 製品1個 15.9kg
  └─────┘             └─────┘              3,135円
    ↓                     ↓
 廃棄物   5kg          廃棄物  0.1kg       負の製品
 原材料  500円         原材料  100円       廃棄物   5.1kg
 加工費  125円         加工費   40円              765円
```

円×25％）が配分される．また，塗装工程では，塗装した量 0.9 kg（90％）に対し廃棄物 0.1 kg（10％）であるから，加工費 400 円は，製品へ 360 円（= 400 円×90％），廃棄物へ 40 円（= 400 円×10％）が配分される．よって，MFCA における製品の製造原価は 3,135 円（= 1,500 円 + 900 円 + 375 円 + 360 円）となり，廃棄物の原価は 765 円（= 500 円 + 100 円 + 125 円 + 40 円）となる．この関係を示したものが図 5–2 である．

さらに，製品 1 個を製造する際に，廃棄物の処理コストが切削工程では 150 円，塗装工程では 50 円かかった場合，伝統的原価計算では製品原価が 4,100 円（= 3,900 円 + 200 円）となるのに対し，マテリアルフロー会計では製品原価は 3,135 円のままで，廃棄物の価値が 965 円（= 765 円 + 200 円）となる．

従来，廃棄物の量を計測するということは可能であったが，廃棄物にどれだけの価値があるのかについては，これまでの伝統的原価計算では廃棄物処理費も製品原価に含まれ廃棄物の価値を算出することは困難であった．図 5–2 にあるように切削工程では 5 kg，塗装工程では 0.1 kg の廃棄物が発生しているということがわかっていただけであったが，MFCA を導入することによって廃棄物の価値は 965 円であるということが判明したのである．これは廃棄物処理費を含まなければ，製品 1 個につき製造原価合計の約 20％（765 円）分を廃棄していることになり，さらにその廃棄物を処理するために製品 1 個当たり 200 円のコストを費やしていることから，企業の立場から考えると廃棄物を削減す

ることのメリットは環境負荷を減らすということと同時にコストを削減することができることにある。この場合には，廃棄物削減対策にいくらかければいいのかという金額が製品1個あたり765円以下であるということが明らかになっており，この範囲内で何らかの廃棄物削減対策を実施し，廃棄物を削減することが実現すれば，それに応じてコストが削減され，さらに廃棄物処理費用も低減することから，利益の増加につながっていくのである。

伝統的原価計算は製品原価を計算するものであり廃棄物の発生量などの物量情報は重要視されないが，環境負荷物質を抑制・削減する場合には，MFCAの例にあげたように廃棄物などの環境負荷物質に関する情報が必要である。MFCAは，物量情報と金額情報の2つの種類の情報を体系的に追跡するシステムである（中嶌・國部（2002），75ページ）。先の廃異物処理費用を含めたMFCAの例では，製品原価は3,135円，廃棄物の価値は965円であり，これらを合計すると伝統的原価計算で算出された製品原価4,100円となる。つまり，MFCAは，伝統的原価計算のデータ範囲を包含しているのである（中嶌・國部（2002），75ページ）。

また，先の例において伝統的原価計算における製品原価は4,100円と算出され，MFCAにおける製品原価は3,135円と算出された。伝統的原価計算の4,100円は，市場で回収されるべき最低限度の価値を示しているのに対し，MFCAの3,135円は，資源生産性が100%，すなわち廃棄物がゼロである場合の経営面でも環境面でも理想的な生産環境のもとでの原価を仮想的に示しているにすぎない[2]（中嶌・國部（2002），75ページ）。したがって，MFCAで重視すべき数字は製品原価ではなく廃棄物原価である。廃棄物原価は，企業の廃棄物対策の実施において，企業にとって価値のある潜在的金額を示しており，廃棄物がゼロになれば，この金額が企業にとっての経済効果となるのである[3]（中嶌・國部

---

[2] 仮想的というのは，資源生産性が100%であれば，加工費も変わってくるので，この原価も変化する可能性があるという意味である。

[3] ただし，廃棄物原価に配分されている加工費は，材料の投入量にかかわらず固定的な部分もあるので，廃棄物がゼロになった場合に廃棄物原価全額がそのまま利益に転化するわけではない（中嶌・國部（2002），77ページ）。

(2002)，76-77ページ)。

　さらに，先の例では切削工程および塗装工程の2つの工程を設定したが，MFCAを導入することにより，どの工程でどれだけの原材料やエネルギーが投入されているのか，そして製品を製造した結果，どの工程でどれだけの廃棄物が発生しているのかが示されることになり，発生している廃棄物の内容，その発生量および廃棄物原価から特に重要な廃棄物削減対策を実施すべき工程を明らかにし，経営者の意思決定に有用な情報を提供することが可能となる。

　國部［2007］によれば，こうしたMFCAは，経営のさまざまな場面で活用可能であり，とくに，①設備投資，②原材料の変更，③製品設計・生産計画の変更，そして④現場の改善活動で効果をあげることが期待されている。設備投資への活用については，工程での廃棄物原価が正確に把握されることから，設備の取り替えによって廃棄物が減少するのであるならば，その効果を適切に評価することが可能となるのである（國部（2007），21ページ）。原材料の調達への活用については，廃棄物の発生原因には納入された原材料の形状や性質に起因する場合も多いことから，サプライヤーとの交渉によって購入材料の形状や性質の変更を検討することが可能となる（國部（2007），21ページ）。また，製品設計・生産計画への活用については，原材料の変更のみならず製品の設計方法が廃棄物発生の原因になっている場合もあることから，MFCAからの情報を製品設計開発担当者にフィードバックして改善の可能性を追求することができる（國部（2007），21-22ページ）。そして，現場の改善活動への活用としては，現場の改善活動を経済単位で統合し，各活動の有効性を相対的に評価することが可能となり，現場で働く人々の重要な動機づけとなり，さらにMFCAでは実際に生じているロスだけを対象としていることから，具体的な利益に貢献する手法として，現場活動を活性化する可能性がある（國部（2007），22ページ）。

　本節ではアメリカにおけるマテリアルフロー指向の環境管理会計および日本におけるMFCAの計算構造および特徴を検討してきたが，次にMFCAを実際に導入している日本企業の事例を取り上げる。

## 2. マテリアルフローコスト会計の導入事例

本節では，MFCAが企業にどのように導入され，効果をあげているかについて，経済産業省から委託された(社)産業環境管理協会の「環境ビジネス発展促進等調査研究（環境会計）」(1999年度～2001年度) の作業部会「マテリアルフローコスト会計検討小委員会」において導入実験に参加した日東電工，キヤノンおよび田辺製薬の3社の事例について考察する。

### 2-1 日 東 電 工

日東電工は，MFCAの最初の導入実験企業である（経済産業省［2002］，中嶌・國部［2002］）。

ここでは，豊橋事業所で製造されている「エレクトロニクス用粘着テープ」についてMFCAが導入された事例を紹介する。「エレクトロニクス用粘着テープ」の基本構造は，「基材」，「粘着剤」，「セパレータ」の3層構造となっており，この生産工程は，まず粘着剤を配合し，それを基材・セパレータに塗布することでテープの原反を作り，この原反を数種類ある製品規格の幅と長さに切断し，テープとして出荷される。原反の切断は長さ方向と幅方向の2通りに行われ，余りの部分がロスとなる。物量センターとなる製造工程は「溶解・バッチ配合」，「塗工」，「原反保管」，「切断」，「検品・包装」，「製品倉庫」であり，各工程でマテリアルフローを把握し計算した（古川（2007），34ページ）。

この計算の結果，エレクトロニクス用粘着テープの製造工程における正の製品コストは67%であり，負の製品コストは33%であった。この情報をもとにロスの発生原因分析を行い，どこで，どれだけのロスが発生しているか，その原因は何であるかが明らかとなり，ロスの発生原因と各原因の金額的重要性の大きさが理解され，どの問題から対処すべきかの優先順位がつけやすくなり，さらに対策のために設備投資を行う際には，その費用対効果を把握しやすくなるところから，改善に向けた取り組みの実施に有益な情報が得られている（古川（2007），34ページ）。

そして，MFCAの最大の特徴として「本手法は各製造工程に投入されたマテリアルとエネルギーばかりでなく，コスト範囲を人件費，減価償却費等にまで拡大し，製品（良品）の生産に使われた価値と廃棄物を生んでしまった負の価値とに分けている。したがって，本手法は「負の製品コストを"見える化"」し，負の製品コストを削減し，資源生産性向上を目指し，企業の競争力の強化につなげるマネジメントツールと言える」（古川（2007），36ページ）ことをあげている。このことは2001年度に68％であった正の製品の割合がMFCA情報を活用し，「廃棄物・ロスの発生原因分析」および「改善施策」を実行したことによって2003年度には約10％改善されていることからもマネジメントツールとして有効に機能していることがうかがえる。

## 2-2 キヤノン

先述した(社)産業環境管理協会の導入実験にあった日東電工におけるMFCAの有効性が検証できたことから，さらにキヤノンに対して新たな導入実験が実施された。キヤノンでは，MFCAの導入事例を宇都宮工場の一眼レフカメラ用レンズ加工工程において行った。加工工程は「荒研削工程」，「精研削工程」，「研磨工程」，「芯取り工程」，「蒸着工程」である。マテリアルフローコストの調査・分析結果は，従来の管理のロス発生状況は仕損品1％であったが，MFCAによるロスは32％であった。そして，MFCAのロスの発生状況は，負の製品はフルフローコストの1/3を占め，最もロスが発生しているのが全発生量の2/3を占める荒研削工程であり，荒研削工程でのマテリアルロスは，硝子スラッジによるマテリアルコストと廃液等の処理コストで97％を占めていることが判明した。そこでレンズの削りカス＝削り代がロスの大部分の発生源であることが明らかとなったことから，削り代の削減に取り組み，大きな成果をあげた（安城（2007），42ページ）。

さらに，キヤノンではコストダウンを目標としてQCD（品質・コスト・納期）活動を実施しているが，MFCAはこのQCD活動に新たな原価低減の分野を提供した。環境への取り組みテーマは省エネ，省資源，有害物質の廃除の3項目

であり，製造部門において省資源，有害物質の廃除は工程で発生した廃棄物をいかに処理するかが最大の関心事であった。実際に廃棄物を発生している製造現場における環境活動 E は，本業の QCD 周辺の活動である紙・ゴミ・電気の活動に留まっており，生産活動 QCD は PDCA サイクルを回しながら自立的に取り組んでいるが，環境活動 E は決められた活動を単純に実施しているだけであった。MFCA によって生産プロセスで廃棄物の発生構造や物量だけではなく金額で廃棄物を捉えることにより廃棄物をムダと認識し，廃棄物を削減するために生産プロセスを改善し，環境活動 E と製造部門の QCD 活動とが一体となった改善活動 EQCD が現場主体で自立的な PDCA 活動となっている（安城 (2007)，42–45 ページ）。

キヤノンの事例では，MFCA から明確となった廃棄物をムダと捉え，それを決められた活動として実施するのではなく，自立的に現場レベルで改善活動として EQCD 活動を実施し，コストダウンと環境負荷の削減を図っていることに特徴があるといえる。

### 2–3 田辺製薬

田辺製薬もキヤノンと同様に(社)産業環境管理協会における導入実験の対象企業である。田辺製薬では，小野田工場（現山口田辺製薬）における医薬品の 1 製品群 1 製造ラインに MFCA の導入実験を実施した。この製造工程は，主に「製薬工程」，「製剤工程」，「包装工程」の 3 つの工程からなり，製薬工程は「合成工程」，「精製工程」，「原薬工程」からなり，製剤工程は「秤量工程」，「製剤工程」からなっている（経済産業省 (2002)，112 ページ，中嶌・國部 (2002)，149–151 ページ）。

田辺製薬の MFCA の導入範囲を当該製品の製品原価をマテリアルコスト，システムコスト，配送／処理コストの 3 つのコストに分類し，分析した結果，廃棄物処理コストおよび原材料ロスの大きい工程として，合成工程の廃棄物処理コスト 126 百万円および製薬工程のマテリアルロス 285 百万円が特定できた。これらの工程に対し，改善策を検討し，クロロホルム吸着回収設備投資（投

資額約 66 百万円），クロロホルムの回収を促進する製造方法への変更，および廃棄物処理方法の変更を実施した。その結果，廃棄物処理コストの削減およびクロロホルムの回収再使用により年間約 54 百万円の経済効果を実現し，さらにクロロホルム大気排出量および二酸化炭素排出量の大幅な削減を実現した（河野（2007），50–51 ページ）。

こうした導入実験の結果，MFCA がロスの発見に有効な手法であり，企業利益と環境負荷削減を両立させることが可能な実践的環境経営ツールであることが判明したことから，環境経営を効率的に推進するために MFCA を企業情報システムと連携し，全社に展開した。全社展開をするに当たり，導入実験時の最大の課題に MFCA の計算の困難さがあったことから，大量のデータを手計算で一時的に計算できたとしても継続的かつ多品目に計算対象を拡大するためには人的投入もしくは完全システム化でしか対応できないと考えられていた。そこで導入時期にあった企業情報システム SAP R/3 に注目し，MFCA と連携させたシステムを開発した。これにより計算の困難さが解決し，データの網羅性・正確性・環境活動の優先順位の明瞭性を高め，環境経営戦略としての経営資源の最適配分と持続可能に向けた環境保全活動の推進が可能となったのである（河野（2007），51–53 ページ）。

田辺製薬のように MFCA を導入し継続的に活用していくためには情報システムとの連携も重要である。MFCA では大量のデータを計算しなければならず，それを手計算で行うには限界があり，企業の情報システムに MFCA を組み込み，効率的に計算し，そして情報の全社的な共有化を図ることによって継続的な改善が可能となると考えられる。

## 3．マテリアルフローコスト会計の国際標準化

前節までは MFCA の構造およびその事例を検討し，MFCA は環境負荷の削減とコスト削減を両立することが可能となる手法であることを検討してきた。そこで本節では，経済産業省が I SO/TC 207 に対して MFCA を国際標準化する提案を行った経緯について検討する。

図 5-3 TC 207 組織体系

```
                          ISO
                           │
                         TC207
                         カナダ
                        (環境管理)
                           │
          ┌────────────────┼────────────────┐
          │                                 │
         TCG                               CAG
        ノルウェー                    (議長諮問グループ)
         (用語)                             │
                         ┌─────────────────┤
                        WG7               WG8
                        ドイツ             日本
                      (環境側面)    (マテリアルフローコスト会計)

   ┌──────┬──────┬──────┬──────┬──────┐
  SC1    SC2    SC3    SC4    SC5    SC6
 イギリス オランダ オーストラリア アメリカ フランス カナダ
(環境マネジメ (環境監査)(環境ラベル)(環境パフォー(ライフサイクル(温室効果ガス
 ントシステム)              マンス評価) アセスメント) マネジメント)
```

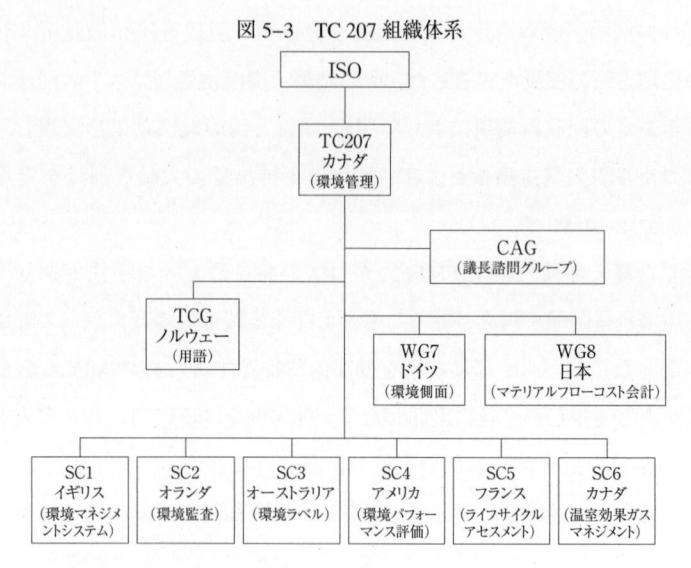

TC207 : Technical Committee
TCG : Terminology Coordination Group
CAG : Chair's Advisory Group
WG : Working Group
SC : Sub Committee

出典:環境管理企画審議委員会事務局 (2008) より作成。

経済産業省は 2007 年 6 月に次の内容を発表した（経済産業省 (2007 a)）。「環境マネジメントシステムなど ISO 14000 ファミリーの 1 つとして，環境調和型の企業経営を推進するためのツールである環境価値の視覚化に有効な「環境管理会計」について日本から ISO（国際標準化機構）に提案すべく作業を開始します。これは，廃棄物削減とコスト削減を同時に達成する MFCA などの環境管理会計の国内外への普及の一環として位置付けられるものです。」このために，環境管理会計国際標準化準備委員会（委員長：國部克彦神戸大学大学院）を設置し，2007 年 6 月に北京で開催される ISO/TC 207 総会において各国に説明する提案内容や主要関係国との調整方針等が検討され，北京総会において参加国に対し個別に提案内容の説明を行った。そして 2007 年 11 月に MFCA の国際標準化について ISO/TC 207 に対し正式に新業務項目提案 (New Work Item Proposal) を行い，2008 年 3 月に加盟国の投票の結果，MFCA の規格化作業の開

始が採択された。こうして，ISO/TC 207 に日本主導の MFCA のワーキンググループが設立され（図5-3参照），ISO 事務局から MFCA 規格に対し，ISO 14051 の番号が付与され，2011 年の規格発行に向けた作業が開始されている。

環境管理会計国際標準化準備委員会は，マテリアルフローベースの環境管理会計国際標準化のメリットを次のように述べている（環境管理会計国際標準化準備委員会［2007］）。

① 事業プロセスが環境と経済に与える影響が明確になる。
② 環境管理会計情報を利用して廃棄物削減・資源保護を促進する。
③ 環境管理会計情報を利用してエネルギー削減を通じて温暖化防止に貢献する。
④ 中小企業に対して経済メリットの高い環境保全手法として推奨できる。
⑤ 実務において環境管理会計の原則を企業が独自に解釈し導入し始めていることを踏まえて，環境管理会計情報に対する解釈上の混乱をなくし，利用者の便宜を図る。

これまでの MFCA の発展により多くの成功事例が蓄積され，企業に環境負荷の削減とコストの削減を両立することが可能となることが明らかにされ，環境管理会計手法として国際規格化され，MFCA は国際的にも国内的にも環境管理会計の基盤となるのであろう。

お わ り に

環境管理会計手法の中でも MFCA は国内外で顕著な発展を遂げており，2008 年 3 月に国際規格化することが決定した。MFCA は環境負荷を削減することだけではなく，コスト削減も可能となる手法である。それは，伝統的原価計算では負の製品である廃棄物にコストを配分することなく製品原価を計算していたが，MFCA ではマテリアルフロー構造を可視化し，マテリアルフローとストックを物量とコスト情報で把握し，負の製品にもコストを配分した廃棄物原価を計算することによって負の製品が可視化され，廃棄物という環境負荷を削減することと同時にコスト削減を図るものである。また，キヤノンの事例

では，従来の環境への取り組みでは決められた活動を単純に実行しているだけであったが，MFCAによって廃棄物をムダと認識し，環境活動Eと製造部門のQCD活動とが一体となった改善活動EQCDが実施されている。本業の活動の中でコスト削減と環境負荷の削減を良質させているのである。

一方，MFCAの課題は，田辺製薬の事例にあったMFCAと企業の情報システムとの連携があげられる。MFCAは「日本のみならず世界的にも有用な管理会計手法としてますます高く評価され始めているが，必ずしも多くの企業でマネジメント手法として組み込まれているとは言えない」（中嶌（2007），26ページ）のである。その原因として，MFCAにおける製造原価の計算方法は，正の製品と負の製品に区分して計算することから，「売上原価を構成する製品原価の計算方法までもが変わるかのように解釈される」（中嶌（2007），26ページ）ことがあげられる。しかし，「マテリアルフローコスト会計は環境管理会計，いわゆる管理会計であり，企業利益を算定する売上原価の計算に適用されるわけではない」（中嶌（2007），26ページ）のであり，企業自身がMFCAをどういう目的で利用し，有効活用していくのかを決めることが重要である。そのためには，MFCAが企業の情報システムと連携し，MFCAシステムを構築する必要があると考えられる。MFCAのシステム開発に関しては，平成18年度経済産業省委託事業でも議論されており（㈱日本能率協会コンサルティング（2007），138–172ページ），今後のシステム開発に期待するとともに，国際規格化され，MFCAの導入企業数が増加することが予測されることから，全社的な経営活動の一環にMFCAを位置付ける必要があると考えられる。

## 参考文献

安城泰雄（2007）「キヤノンにおけるマテリアルフローコスト会計の導入」『企業会計』第59巻，第11号，40–47ページ。

大西靖（2006）「マテリアルフロー指向のコストマネジメント」『原価計算研究』第30巻，第1号，54–63ページ。

環境管理規格審議委員会事務局（2008）『第15回ISO/TC 207（環境管理）総会報告』。

河野裕司（2007）「田辺製薬におけるマテリアルフローコスト会計の導入と展開」

『企業会計』第59巻,第11号,48-55ページ。
㈱日本能率協会コンサルティング（2007）『平成18年度経済産業省委託　環境経営管理システムの構築事業　マテリアルフローコスト会計開発・普及調査事業報告書』。
㈱日本能率協会コンサルティング（2008）『平成19年度経済産業省委託　エネルギー使用合理化環境経営管理システムの構築事業　マテリアルフローコスト会計開発・普及調査事業報告書』。
㈱日本能率協会コンサルティング（2009）『平成20年度経済産業省委託　温暖化対策環境経営管理システム構築モデル事業　マテリアルフローコスト会計開発・普及調査事業報告書』。
環境管理会計国際標準化準備委員会（2007）『マテリアルフローベース環境管理会計の国際標準化について』。
経済産業省（2002）『環境管理会計手法ワークブック』。
経済産業省（2007a）『第1回環境管理会計国際標準化対応委員会の開催について―環境管理会計（マテリアルフローコスト会計等）の国際標準化を目指す―』2007年6月15日報道発表）。
経済産業省（2007b）『マテリアルフローコスト会計（MFCA）の国際標準化の提案について―世界初の「環境管理会計」分野の国際標準化提案―』2007年11月16日報道発表）。
経済産業省（2008a）『マテリアルフローコスト会計（MFCA）の国際標準化提案の採択について―日本主導の国際標準化作業の開始が決定―』2008年3月19日報道発表）。
経済産業省（2008b）『マテリアルフローコスト会計（MFCA）導入事例集』。
経済産業省（2008c）『マテリアルフローコスト会計導入ガイド（ver.2）』。
経済産業省（2009）『マテリアルフローコスト会計導入ガイド（ver.3）』。
國部克彦（2007）「マテリアルフローコスト会計の意義と展望」『企業会計』第59巻,第11号,18-24ページ。
中嶌道靖・國部克彦（2002）『マテリアルフローコスト会計』日本経済新聞社。
中嶌道靖（2007）「マテリアルフローコスト会計導入に向けた情報システムの構築」『企業会計』第59巻,第11号,25-32ページ。
沼田雅史（2007）「積水化学グループにおけるマテリアルフローコスト会計導入の取り組み」『企業会計』第59巻,第11号,56-62ページ。
古川芳邦（2007）「マネジメントツールとしてのマテリアルフローコスト会計―企業の実践とISO化の展望」『企業会計』第59巻,第11号,33-39ページ。

# 第 6 章

# 自治体環境行政と環境会計[1]

は じ め に

　本章では，自治体環境行政の中核を占める環境基本計画とその進行管理システム，および環境マネジメントシステムについて現状を把握するとともに，その問題点を明らかにした上で，とくに環境基本計画の確実な実行によってそこに掲げた目標達成を支援する仕組みとして環境会計と環境予算（エコバジェット）に着目し，環境基本計画の進行管理やその改善に資するための環境会計の方向性を明らかにすることを目的とする。

　まず，自治体環境行政の現状について，第1節において主に環境基本計画を，また第2節において環境マネジメントシステムを中心に明らかにする。第3節では，現在行われている自治体環境会計の内容を整理し，その課題を明らかにする。そして，第4節では，環境会計と環境予算の手法に類似した環境マネジメント手法を「計画」とその進行管理に取り入れている埼玉県の事例を取り上げ，その役立ちと課題を整理する。その上で，第5節において，一地域全体を会計実体とするマクロ（メゾ）環境会計の1つのモデルを紹介し，既存の自治体環境会計と結び付ける必要性を明らかにする一方で，第6節において環

---

[1] 本章第4節～第6節は，拙稿（2008 a）「自治体環境行政における環境会計の役割」（『公営企業』第40巻第5号），2-15ページ，にもとづいて加筆修正したものである。

境予算手法の一形態であるエコバジェットを紹介し，その「計画」への統合および環境会計との連携を提案する。

## 1. 自治体環境行政の現状

地方自治法第一条の二では，「地方公共団体は，住民の福祉の増進を図ることを基本として，地域における行政を自主的かつ総合的に実施する役割を広く担うものとする」と規定している。この文言における「住民の福祉」には，「生存の最低条件である生活環境の確保，さらに，人間らしく生活するために必要なより快適で良好な環境の保全と創造は，そのコアの部分を構成している」[2]と指摘されるように，自治体環境行政は，「住民の福祉」の向上に向けて自治体が果たすべき非常に重要な責務の１つとして理解されうる。昨今の地球温暖化問題の進行など，地球環境問題は深刻化してきており，当該問題に対する住民の懸念や意識は高まりつつあると推察される。

このように自治体にとって環境行政の重要性が高まる中にあって，環境行政の枠組みは，自治体の環境行政に対する理念，基本方針および基本施策等を明らかにする環境基本条例（以下，「条例」）と，その具体的な実行へと結び付けるための環境基本計画（以下，「計画」）という２つの仕組みまたは制度が根幹となっている。とくに「計画」は，「環境行政の基本的指針の役割を担い，自治体における環境施策の大綱を明示し，環境行政の個別分野の諸計画を統合する最上位の計画に位置づけられる」[3]ものであり，自治体環境行政の中核となっている。

これまでに「条例」を策定している自治体は，全47都道府県，全17政令指定都市，30中核市，40特例市，516その他市区町村におよんでおり，また，「計画」は，全47都道府県，15政令指定都市，34中核市，42特例市，436その他

---

2) 北村喜宣（2003）『自治体環境行政法（第３版）』第一法規，8ページ。
3) 田中　充（2008 a）「自治体環境行政の条例と計画」宇都宮深志・田中　充編著『事例に学ぶ自治体環境行政の最前線—持続可能な地域社会の実現をめざして—』ぎょうせい，64ページ。

市区町村で策定されている[4]。都道府県や大規模な都市においては,「条例」と「計画」の策定が普及している現状をうかがい知ることができる。

「計画」の多くは,「条例」を根拠として策定されているものが多いが,そうでないものも,国の環境基本法(1993年制定)第三十六条において,「地方公共団体は,第五節に定める国の施策に準じた施策及びその他のその地方公共団体の区域の自然的社会的条件に応じた環境の保全のために必要な施策を,これらの総合的かつ計画的な推進を図りつつ実施するものとする。(以下略)」[5]と規定されることから,「条例」を定めなくとも,「計画」を策定する自治体も多い。

また,近年では,地球温暖化問題の内外の関心の増大にともない,1998年に制定された地球温暖化対策の推進に関する法律(温対法,最終改正は2008年5月30日)にもとづく自治体における計画も策定されるようになってきている。温対法では,自治体の責務として,「地方公共団体は,その区域の自然的社会的条件に応じた温室効果ガスの排出の抑制等のための施策を推進するものとする」(同法第四条)と規定するとともに,自治体は,「京都議定書目標達成計画

---

4) 知恵の環「地域環境行政支援システム」データベース(http://www.env.go.jp/policy/chie-no-wa/mana/index.php)より作成(アクセス日:2008年7月17日)。なお,政令指定都市,中核市および特例市は,以下のように規定される(総務省,2008,『地方財政白書(平成20年版)』日経印刷,(6)ページ)。
 ・政令指定都市(大都市)=地方自治法第252条の19第1項の指定を受けた人口50万以上の都市。平成19年4月1日現在,17自治体である。
 ・中核市=地方自治法第252条の22第1項の指定を受けた都市。人口30万以上の都市について,当該都市からの申し出に基づき政令で指定される。平成19年4月1日現在,35自治体である。
 ・特例市=地方自治法第252条の26の3第1項の指定を受けた都市。人口20万以上の都市について,当該都市からの申し出に基づき政令で指定される。平成19年4月1日現在,44自治体である。
 なお,平成20年3月31日現在,その他市区町村は,23東京特別区,687市,1,010町村ある(以上,総務省『平成18年度 地方公共団体の主要財政指標一覧』(同省ホームページ http://www.soumu.go.jp/iken/zaisei/H18_chiho.html)掲載の市町村に,総務省(2008)前掲書,資6ページ,および資料1「昭和60年度以降の市町村合併の実績及び予定」資138-資153ページに掲載された情報にもとづいて修正した)。
5) 環境省(2006)『環境基本計画―環境から拓く 新たなゆたかさへの道―(平成18年4月閣議決定 第3次計画』ぎょうせい。

を勘案し，その区域の自然的社会的条件に応じて，温室効果ガスの排出の抑制等のための総合的かつ計画的な施策を策定し，及び実施するように努める」（同法第二十条）と規定している。この条文を法的根拠として，同法は，自治体に対して「地球温暖化対策地域推進計画」の策定を求めている。また，「都道府県及び市町村は，京都議定書目標達成計画に即して，当該都道府県及び市町村の事務及び事業に監視，温室効果ガスの排出の量の削減並びに吸収作用の保全及び強化のための措置に関する計画（以下この条において「政府実行計画」という。）を策定するものとする」（同法第二十条の二）と規定し，自治体に対して「実行計画」の策定を義務付けている。

「地域推進計画」は，自治体の管轄行政区域全体を対象とした温暖化対策に特化した計画であるのに対し，「実行計画」は，自治体の行う活動（事務と事業等）で温室効果ガスを削減するための計画であり，自治体という経済主体の活動を対象とした温暖化対策に特化した計画である。2008年12月1日現在，「地域推進計画」を策定している自治体は，47都道府県，14政令指定都市，10中核市，14特例市および69市区町村，また「実行計画」を策定しているのは，47都道府県，17政令指定都市，35中核市，44特例市および753市区町村となっている[6]。後者は法律で義務付けられているのに対し，前者は努力規定であることからまだ策定は進んでいない。とはいえ，大規模な都市ほど，両計画の整備が進んでいる傾向にあるといえる。

以上から，自治体の環境行政は，「計画」を中核としながら，昨今国内外で高い関心事となっている地球温暖化対策にかかわる地域推進計画等も含め，計画に立脚して施策等が実行されている現状にある。

さて，「計画」の内容は自治体によって多様であるが，おおむね以下のような内容から構成される[7]。

---

6) 環境省（2008）『地方公共団体における地球温暖化対策の推進に関する法律施行状況調査結果』環境省。「地域推進計画」および「実行計画」ともに，平成19年度または20年度中に策定の見通しであると表明している団体が多く，今後，策定率の向上が予想される。
7) 田中，前掲書，65–68ページ，および北村，前掲書，124ページ。

(1) 地域において計画の対象となる環境の状態を把握・評価する。
(2) 「条例」等に示された自治体の環境理念・方針，および上記(1)で明らかになった現状を踏まえて，中・長期の計画目標を設定する。
(3) 計画目標を達成するための施策メニューを整備する。
(4) 計画の点検評価と進行管理システムを構築する。
(5) 計画の策定，実施および見直しに際して住民および事業者と連携する。

以上のプロセスは，まずは現状を把握した上でPlan-Do-Check-Act（PDCA）経営管理サイクルを「計画」に取り入れることにほかならない。この(1)～(5)の内容がきちんと機能すれば，PDCAサイクルに含まれる内部監査による修正や継続的改善によって，計画目標の実現へと向かうことになるであろう。上述した温対法にもとづく「地域推進計画」に関しては，国がマニュアルを作成しているが，当該マニュアルは，温室効果ガスの排出実態の把握，温室効果ガス削減に向けた施策メニューの整備，計画目標の設定，施策の進捗状況の把握と評価，という内容から構成されており[8]，上記の(1)～(4)が体現されている。(5)の住民参加に関しては，温対法第二十六条において，「地球温暖化対策地域協議会」[9]の設置が推奨されており，同組織が施策立案等にかかわることによって，住民参加が果たされると考えられる。

ここで「計画」に関して自治体の現状をみてみよう。環境省が2008年に行った自治体を対象としたアンケート調査[10]によると，独自の数値目標を設定し

---

[8] 環境省地球環境局地球温暖化対策課（2007）『地球温暖化対策地域推進計画策定ガイドライン（第3版）』環境省。

[9] 同協議会は，「都道府県，市区町村，都道府県センター，事業者，住民等から組織され，各地域の事情に応じた効果的な取組みや参加メンバーの役割について協議し，地域密着型の対策を講ずる」ことが役割とされる（環境省地球環境局地球温暖化対策課，前掲書，88ページ）。

[10] 1,865団体（47都道府県，17政令指定都市，23東京特別区，1,778市区町村）を対象として郵送調査法により実施され，1,452団体（46都道府県，16政令指定都市，1,390市区町村）が有効回答数である（有効回答率77.9％）。環境省総合環境政策局（2008）『環境基本計画で期待される地方公共団体の取組についてのアンケート調査—地方公共団体調査の結果　平成19年度調査—』環境省を参照。

表 6-1　自治体の環境基本計画における数値目標設定状況

| 地域の環境保全に関する独自の数値目標設定 | 都道府県 n=46 実施中 | 検討中 | 政令指定都市 n=16 実施中 | 検討中 | 市区町村 n=1,390 実施中 | 検討中 |
|---|---|---|---|---|---|---|
| a. 地球温暖化対策 | 97.8% | 2.2% | 87.5% | 12.5% | 25.1% | 28.8% |
| b. 大気環境の保全 | 78.3% | 2.2% | 62.5% | 12.5% | 7.6% | 7.4% |
| c. 廃棄物削減やリサイクル | 97.8% | 0.0% | 93.8% | 0.0% | 39.6% | 16.3% |
| d. 循環型社会形成 | 60.9% | 6.5% | 56.3% | 6.3% | 6.4% | 11.5% |
| e. 水環境・土壌環境・地盤環境の保全 | 89.1% | 0.0% | 68.8% | 12.5% | 10.5% | 8.8% |
| f. 自然環境・生物多様性の保全 | 82.6% | 4.3% | 56.3% | 18.8% | 9.8% | 8.8% |
| g. 環境教育・環境学習 | 87.0% | 2.2% | 68.8% | 18.8% | 11.2% | 11.4% |

出所：環境省総合環境政策局（2008）『環境基本計画で期待される地方公共団体の取組についてのアンケート調査─地方公共団体調査の結果　平成19年度調査─』環境省，47ページ一部抜粋の上，加筆修正。

ている団体は，市区町村では低い割合であるものの，都道府県と政令指定都市の大半で実施または検討されている（表6-1参照）。また，「計画」が「具体的な環境保全施策の展開につながっている」と回答した自治体は都道府県（95.7%），政令指定都市（93.8%）および市区町村（73.3%）となっており，「計画」が環境行政の展開にとって重要でありかつ有用であることが示されている。

「計画」の点検は，PDCAサイクルのCに該当する。「計画策定後の実施状況の点検」については，都道府県（95.7%），政令指定都市（87.5%）および市区町村（59.2%）となっており，大規模自治体において点検を行うことが普及している。このことから，自治体では，「計画」においてPDCAサイクルの構築を志向し，点検を中心とした進行管理を行うように展開していることがわかる。

また，「計画」や「条例」の見直しに際して住民等の意見の取入状況については，市区町村は4割弱にとどまっているのに対し，都道府県と政令指定都市の9割以上ですでに実施されている。同時に，都道府県と政令指定都市の7割程度は，住民から取り入れた意見への対応を公表していることも明らかになっている。進行管理等に関しては，行政内部で行うとともに，その結果を住民に公表し住民の意見を進行管理に役立てることが必要であるといわれてい

る[11]。そのためには，行政内部の進行管理に活用できる情報および行政外部の住民が理解できる情報の双方が必要となる。

## 2. 自治体環境マネジメントの現状

前節で取り上げた「計画」とならんで自治体において ISO 14001 等に代表される環境マネジメントシステム（以下，EMS）を構築する動向がある。環境省の調査によれば，EMS を導入している自治体は，都道府県（97.8%, n=46），政令指定都市（93.8%, n=16）および市区町村（26.0%, n=1,390）となっており，規模の大きい自治体ではほぼ導入が完了しているといえる[12]。

市区町村を対象とした別の調査[13]では，導入されている EMS の種類は，ISO 14001（ISO 14004 自己宣言を含む）（68.0%），自治体独自の EMS（22.4%），「環境自治体スタンダード」（LAS-E）（2.8%），エコアクション 21（EA 21）（1.2%），エコステージ（0.8%），地域版 EMS（0.8%）およびその他（4.8%）となっており，ISO 14001 関連がもっとも多く構築されているものの，他の EMS 制度を導入する自治体も多い[14]。

そもそも自治体が ISO 14001 の審査登録を推進していたのは，「①職員の意識改革，②行政運営のしくみの改革（事務の効率化，トップダウン型意思決定，目

---

11) 宇都宮深志（2006）『環境行政の理念と実践―環境文明社会の実現をめざして―』東海大学出版会，133 ページ。
12) 環境省総合環境政策局，前掲書，135 ページ。
13) 知識経営研究所（2008）『地方自治体の環境マネジメントに係わる調査研究（報告書）』知識経営研究所。同調査は，2007 年 10 月 1 日現在の 1,823 市区町村を対象に行われた調査であり，調査実施期間は同年 10 月 15 日～31 日，有効回答数は 685 件（37.6%）であった。
14) 鈴木明彦（2008）「自治体環境行政のマネジメント」宇都宮・田中編，前掲書，118 ページ。なお，LAS-E は環境自治体会議による EMS 標準であるが，環境自治体会議の調査（http://www.colgei.org/LAS-E/status.htm：アクセス日 2009 年 7 月 13 日）によると，LAS-E を採用している自治体は，中小規模の自治体を中心に 13 市町村となっている。また，EA 21 は環境省による EMS 制度であるが，財団法人地球環境戦略機関の調査（http://www.ea21.jp/list/ninsho_list.php：アクセス日 2009 年 7 月 13 日）によると，EA 21 を採用している自治体は，5 県，21 市区町村（一部部局のみの認証を 1 つとカウント）に及ぶ。

標管理による行政運営，環境行政の基本政策化など），③事業者や市民のEMS導入の促進，④政策アピールや情報公開の促進，⑤地域及び地球の環境保全・改善の推進のため」[15]という事項が目的とされることが多かった。しかし，ISO 14001が元来企業向けのEMSの規格という性質を有していた点，ISO 14001にかかわる事務や審査の費用負担が大きい点，および地球温暖化対策実行計画の進行管理とEMSが一致しない点などから，次第にISO 14001から他のEMSへと移行する動向が生まれている[16]。

さて，前出の環境省によるアンケート調査[17]における自治体でのEMSの対象についてみてみる。同調査では本庁舎にEMSを導入したと回答した420自治体を対象に，EMSの対象活動について尋ねている。その回答結果をまとめたのが，表6-2である。

表6-2によれば，省エネやグリーン購入といった通常業務を対象としてEMSを構築している自治体が圧倒的に多い。これは，経済主体としての自治体に焦点を当てたEMSであり，自治体の庁舎における環境保全活動のマネジメントとして理解することができる。これはいわゆる「エコオフィス活動」として理解でき，後述する「庁舎管理」に主眼があると考えられる。他方，環境施策や他の施策をマネジメント対象とする自治体も過半を超えている。これは，地域ないし管轄行政区域の環境改善を対象としたものと理解することができるため，後述する「地域管理」に属する取り組みといえよう。ただ，環境以外の施策がEMSの対象となると回答した自治体は相対的に少ない傾向にあ

---

15) 中口毅博（2002）「自治体におけるISO 14001の導入」田中 充・中口毅博・川崎健次編著『環境自治体づくりの戦略―環境マネジメントの理論と実践―』ぎょうせい，111ページ。

16) 四方徳子（2008）「EMS普及状況の把握と全庁各所の特徴に応じた多様なEMSのあり方―多様化する自治体EMSと今後の展望―〜平成18年度調査報告書『自治体の環境マネジメントシステムに関する調査研究より』」（『地域政策研究』第42号），60ページ，鈴木隆之（2008）「ISO 14001から"YES"への移行」（『地域政策研究』第42号），41ページ，水越敦（2008）「市民参加の環境マネジメントシステム『LAS-E』―八王子市の取り組み―」（『地域政策研究』第42号），34ページ，鈴木（明），前掲書，117-118ページ等を参照。

17) 環境省総合環境政策局，前掲書。

表 6-2　EMS の対象活動

| | 都道府県<br>n＝40 | 政令都市<br>n＝14 | 市区町村<br>n＝366 |
|---|---|---|---|
| 省エネ，グリーン購入等通常業務 | 90.0% | 85.7% | 85.8% |
| 環境担当部局の環境施策 | 62.5% | 57.1% | 56.3% |
| 環境担当部局以外の施策 | 62.5% | 64.3% | 52.7% |
| 基本的にあらゆる施策 | 60.0% | 14.3% | 37.7% |
| その他 | 0.0% | 7.1% | 1.6% |

出所：環境省総合環境政策局（2008）『環境基本計画で期待される地方公共団体の取組についてのアンケート調査―地方公共団体調査の結果　平成19年度調査―』環境省，140ページ。

る。

　もともと「計画」に PDCA サイクルが組み込まれ，そのサイクルを担保する仕組みが整い，文書化（担当者が代わっても続けられる）されているのであれば，ISO 14001 に代表される EMS を導入する必要はないかもしれない。究極的には「計画」の策定とその実行，進行管理とフィードバックという一連の PDCA サイクルは，EMS そのものであると理解することもできる。さまざまな仕組みを乱立させるよりも，統合させていく方が実効性は高いといえよう。したがって，EMS は通常業務を対象とした「率先行動」の1つとして位置付けるのが妥当かもしれない。

## 3．自治体環境行政の二面性と環境会計

　前節では，自治体の EMS は，いわゆる「率先行動計画」に示されるように，自治体の庁舎等における環境負荷の低減を目指した庁舎事務活動を対象とした EMS と，管轄行政区域の環境負荷の低減を目指し，「計画」と関連付けた EMS の2種類が存在したことを指摘した。同様に，環境保全を目的として実施する自治体の活動は，「自治体の庁舎（支所，出張所などを含む）で行政サービスを提供するさいに発生する環境負荷物質の排出の抑制，削減を図る活動の管理」と，「自治体が管轄する行政区域内の市民や企業など（事業者）が実施する環境負荷物質の排出の抑制，削減などの活動を推進，支援する活動の管理」から

成る[18]。前者は「庁舎管理」，後者は「地域管理」と呼ばれ，両者の統合が自治体における環境マネジメントにおいて不可欠とされる[19]。このことは，自治体のEMSにおいても同様であるが，前節で指摘したとおり，「計画」と関連付けられたEMSは発展途上の段階にある。

多くの自治体が策定または構築している「計画」やEMSは，第1節で取り上げたように，その進行管理が非常に重要となる。すでに述べたとおり，進行管理は，行政内部と外部の双方の側面から図られる必要がある。そのために，行政内部の首長以下の職員と，住民との間で必要な情報が収集され，提供される仕組みが整備される必要がある。会計の視点に立てば，「計画」の進行管理やその後の改訂を通じて環境政策意思決定に資する管理会計的な面と，環境行政の受益者たる住民に環境政策にかかわる情報を提供しアカウンタビリティを果たすという財務会計的な面の双方が必要となると考えられる[20]。これらの環境情報を体系的に説明するツールを環境会計[21]と捉えると，昨今，自治体において環境会計に取り組むところがみられるようになってきた[22]。

上述した自治体による環境保全活動に対する2つの側面，すなわち「庁舎管

---

18) 河野正男（2001）『環境会計―理論と実践―』中央経済社，119ページ。
19) 同書，119ページ。
20) 企業においては，管理会計と財務会計は相互に関連する部分はあるが，別々に展開している。企業の管理会計は企業の競争力強化につながるため，企業秘密の観点から外部への公表はされないことが多い。しかし，自治体の場合は，他の自治体と利潤獲得競争をする主体ではないため，原則として，管理会計的な手法を導入した場合でもその取り組みと結果を秘密にする必然性はない。そのため，自治体では，財務会計的な面と管理会計的な面はあるにせよ，ともに外部に公表されるべき性質を有すると考えられる。
21) 環境会計を定義付けるとすれば，「環境会計は，特定の経済システム（例えば，企業，工場，地域，国等）について，環境にかかわって生ずる財務的影響および生態的影響を記録，分析および開示するための活動，方法およびシステムに関する会計分野」ということができる。以上，Shaltegger, S. (1996), *Corporate Environmental Accounting*, West Sussex : Wiley, pp. 5, 16に依拠した河野正男（1998）『生態会計論』森山書店，279ページの記述にもとづく。
22) 水道局や企業庁といった自治体の特定の公的事業を営む部局において数多くの取り組みが行われているが，一般行政部局を対象として環境会計に取り組んでいる自治体はまだ少ない。

第6章 自治体環境行政と環境会計　147

表6-3　庁舎管理型環境会計の例（横須賀市の事例）

| 主な取組<br>(平成19年度) | 費用(百万円) || 主な内部効果 | 貨幣換算効果<br>主な外部効果 | 内部効果[1]<br>(百万円) || 外部効果[2]<br>(百万円) || 貨幣換算のできない<br>(左記以外の)<br>主な効果 |
|---|---|---|---|---|---|---|---|---|---|
| | 平成18年度 | 平成19年度 | | | 平成18年度 | 平成19年度 | 平成18年度 | 平成19年度 | |
| 公害防止対策 | 837 | 770 | | 低公害車等によるNO$_x$排出量の低減(288.7 kg)<br>太陽熱利用によるNO$_x$排出量の低減(46 kg)<br>コージェネレーションによるNO$_x$排出量の低減(49 kg)<br>コージェネレーションによるSO$_x$排出量の低減(21 kg)<br>太陽熱利用によるSO$_x$排出量の低減(3 kg)<br>ごみ焼却発電によるSO$_x$排出量の低減(77 t) | 0 | 0 | 4 | 4 | 大気汚染物質の除去（ダイオキシン類、塩化水素、ばいじん、カドミウム等）<br>水質汚濁物質の低減<br>大気汚染物質の排出量の低減 |
| 地球環境保全対策 | 177 | 183 | 公用車燃料費節減<br>ごみ焼却発電による売電収入<br>太陽光発電による電力費節減<br>排熱利用による燃料費節減 | 太陽光発電によるCO$_2$排出量の低減(4.6 t-CO$_2$)<br>太陽熱利用によるCO$_2$排出量の低減(59 t-CO$_2$)<br>コージェネレーションによるCO$_2$排出量の低減(118 t-CO$_2$)<br>低公害車等によるCO$_2$排出量の低減(2.8 t-CO$_2$)<br>ごみ焼却発電によるCO$_2$排出量の低減(5,547 t-CO$_2$)<br>排熱利用によるCO$_2$排出量の低減(152 t-CO$_2$) | 389 | 327 | 6 | 5 | 市が地球温暖化対策活動を実施することで市民・事業者への意識啓発（環境教育の効果を含む） |
| 資源有効利用及び廃棄物対策 | 3 | 4 | 水道費の節減<br>廃棄物処分委託費の節減 | 水道使用削減によるCO$_2$排出量の低減(8.6 t-CO$_2$) ※<br>廃棄用紙の回収によるCO$_2$排出量の低減(29.9 t-CO$_2$) ※ | 24 | 23 | 0 | 0 | 森林資源の保全による生態系の維持資源の有効利用による資源枯渇の延命 |
| グリーン購入 | 4 | 4 | 再生トイレットペーパーの使用<br>再生コピー用紙の使用<br>外注印刷物への再生紙の使用削減<br>熱帯木材型枠の使用削減 | 再生紙の利用による衛生紙購入費の節約等<br>(1.7 t-CO$_2$) ※<br>熱帯木材型枠使用削減による森林のCO$_2$固定機能の保全<br>(0.07 t-CO$_2$) ※ | 0 | 0 | 0 | 0 | 熱帯林資源の保全による生態系の維持 |
| 環境マネジメントシステムの維持管理 | 19 | 16 | 電気料、燃料費、水道費等 | | 74 | 51 | 0 | 0 | 職員の環境意識向上による諸施策における環境負荷削減の実践 |
| 社会活動 | 9 | 6 | 見学案内 | | 0 | 0 | 10 | 9 | 地域の環境意識の向上 |
| 環境対策合計 | 1,049 | 983 | | | 487 | 401 | (効果合計：410百万円) |||

※は金額としては百万円に満たないため効果額に表れない。

注：1) 内部効果は、環境対策によって節減された費用や結果的に得られた収益。
　　2) 外部効果は、環境対策によって実現した環境負荷の低減や好ましい環境の創造。

出所：横須賀市 (2009)「横須賀市環境報告書　平成20年度版」〔庁舎、ごみ焼却、公共工事〕横須賀市、154-155ページ。

理」と「地域管理」に対応して,自治体環境会計もまた,庁舎管理型環境会計と地域管理型環境会計に大別される。前者は「庁舎を中心とした環境保全活動に関わる環境会計」,後者は「管轄する行政区域全体を視野に入れた環境会計」と捉えられる[23]。

庁舎管理型環境会計は,企業による環境会計に類似しており,庁舎等を会計実体として環境保全のために自治体が行った活動に要したコストと,そこから得られた効果とを明らかにする形式のものが多い。効果には節約等を通じて自治体自身が享受したもの(以下の横須賀市のケースでは「内部効果」)と,管轄行政区域または社会全体が享受したもの(同「外部効果」)とを分けて測定・開示するケースが多い。表6-3は,自治体環境会計をいち早く導入し,もっとも経験が蓄積している横須賀市の事例を示したものである。表6-3によれば,横須賀市が行った環境保全活動(表中「環境対策」と表現)を,公害防止対策,地球環境保全対策等の環境保全活動領域別に分類し[24],「環境対策のために当該年度に支出された額」を費用として計上し,その対策から得られた効果を,内部効果と外部効果に分けて金額で表示している。物量による効果は「主な外部効果」にカッコ書きで記されている。表6-3により,市としてどのような取り組みを実施し,そこからどの程度の物量の効果と金額による効果があるのかという点が明らかにされる。

他方,地域管理型環境会計の代表例として埼玉県の事例を表6-4に掲げた。それによれば,庁舎管理型と同様に,取り組みにかかわる費用とそこから得られた効果が対照表示されているが,それぞれの取り組みは,「計画」に掲げられた施策ごとに示されている点で庁舎管理型と異なる。前年度決算と当年度予算の双方の金額が費用として示されているが,これは,自治体の実施する(した)環境施策にかかわるすべての費用[25]であり,庁舎管理型のように自治体の

---

23) 河野 (2001) 前掲書, 123-149, 171, 174 ページ。
24) 同分類は,環境省の「環境会計ガイドライン」と同様の分類を自治体用に改めたものである(横須賀市(2009)『横須賀市環境報告書—横須賀市環境基本計画平成19年度年次報告書 平成19年度庁内環境活動の取組状況—』横須賀市,151ページ)。
25) ただし,埼玉県の環境会計に掲げられている費用には,環境負荷低減効果のある

第6章　自治体環境行政と環境会計　149

表6-4　地域管理型環境会計の例（埼玉県の事例）

<費用>

| 分　類 | 環境施策の費用（千円） | |
|---|---|---|
| | 平成18年度決算 | 平成19年度決算 |
| I 恵み豊かで安心・安全な地域社会の実現 | 7,645,514 | 8,057,729 |
| 1 大気環境の保全 | 201,410 | 848,994 |
| 2 化学物質対策の推進 | 38,474 | 292,254 |
| (1) 化学物質の適正な管理 | 162,936 | 88,838 |
| (2) 公共用水域・地下水及び土壌の汚染防止 | 30,647 | 203,416 |
| 3 騒音・振動・悪臭の防止 | 240,997 | 39,891 |
| 4 河川等の環境の保全，創造 | 6,427,134 | 344,828 |
| 5 森林，緑地の保全等の推進 | 557,880 | 6,363,921 |
| (1) 森林の整備・保全 | 5,869,254 | 779,166 |
| (2) 身近な田園・緑地空間の保全，創出 | 60,345 | 5,584,755 |
| 6 生物多様性の保全 | 67,248 | 74,388 |
| 7 環境と共生する地域づくりの推進 | 3,902,683 | 93,453 |
| II 持続可能な循環型社会の構築 | 1,447,067 | 4,870,811 |
| 8 地球温暖化防止対策等の地球環境問題への対応 | 78,146 | 2,164,330 |
| 9 ヒートアイランド対策の推進 | 1,370,203 | 74,203 |
| 10 廃棄物の3R及び適正処理の推進 | 904,086 | 1,698,982 |
| 11 水環境の健全化と地盤環境の保全 | 103,181 | 742,476 |
| 12 環境に配慮した産業の振興 | 6,146,537 | 190,820 |
| III 環境の保全と創造を推進する協働社会の構築 | 41,808 | 5,323,215 |
| 13 自然環境の保全と創造における協働体制 | 5,795,848 | 69,768 |
| 14 環境学習の推進 | 27,875 | 4,909,616 |
| 15 自主的な取組の推進 | 277,710 | 34,961 |
| 16 環境学習の場の提供と環境科学の振興 | 3,296 | 303,394 |
| 17 国際協力の推進 | | 5,486 |
| 環境費用の合計 | 10,290,806 | 11,636,439 |
| 一般会計決算・予算（人件費を除く） | 856,960,920 | 1,039,777,061 |
| 環境費用の一般会計決算・予算額に占める割合 | 1.20% | 1.12% |

<効果>

| 環　境　項　目 | 環境基本計画策定時値 | 平成18年度値 |
|---|---|---|
| I 恵み豊かで安心・安全な地域社会の実現 | | |
| エコカー（低公害車）導入割合（％） | 20 | 26 |
| リスク・コミュニケーション類実施事業所数（事業所） | 8 | 14 |
| 古綾瀬川のダイオキシン類常時監視3地点の水質環境基準適合率（％） | 0 | 0 |
| 公害防止主任者資格認定講習修了者数（人） | 10,581 | 10,802 |
| 良質な水質を維持している河川の割合（％） | 73 | 84 |
| 整備・保全されている森林等の面積（ha） | 68,278 | 70,566 |
| 緑の保全面積（ha） | 112 | 118 |
| 希少野生動植物の保護繁殖園所数（箇所） | 26 | 32 |
| 環境基本計画策定市町村数（市町村） | 43 | 44 |
| II 持続可能な循環型社会の構築 | | |
| 温室効果ガスの総排出量（$CO_2$換算）（千t） | 12,994[※1] | ―[※2] |
| 彩の国エコアップ宣言事業者数（事業者） | 406 | 535 |
| 1人1日当たりの一般廃棄物排出量（g） | 990[※3] | 1,003[※4] |
| 5年間の累積沈下量4cm未満の地盤観測基準点の割合（％） | 91 | 96 |
| 環境マネジメント取得事業所数（事業所） | 907 | 1,140 |
| III 環境の保全と創造を推進する協働社会の構築 | | |
| 彩りフォレスト主査の森づくり協会会員数（人） | 886 | 2,138 |
| 環境学習応援団支援学校数（校） | 8 | 55 |
| グリーン調達推進方針策定市町村数（市町村） | 34 | 35 |
| 環境科学国際センターのホームページ年間アクセス数（件） | 49,837 | 52,769 |
| 海外との環境分野の研究交流のための県派遣者数（人） | 77 | 90 |

注：※1と※3は平成16年度の数値，また※4は平成17年度の数値です。
また，※2は，最新値（平成17年度値）が未確定です。

注　この表では，「環境施策の費用」について，再掲した事業を除いた額も併せて記載しているが，省略した。
出所：埼玉県環境部環境政策課（2007b）『平成19年版 埼玉県環境白書』埼玉県，216-217ページ。

環境保全活動のみではない。表6-4では，効果を金額測定せず，物量による指標のみを掲げているが，そこでの指標は「計画」策定時のものと，最新の値が対照表示され，「計画」の進捗状況が把握できるようになっている。

そのほか，庁舎管理型と地域管理型の双方を統合した形の環境会計として，たとえば神戸市や2003年版までの横須賀市などの事例がある。こうした自治体の環境保全活動の二面性を考慮すると，庁舎管理型と地域管理型の双方が必要となると考えられる。ただし，環境政策に焦点を当てると，管轄行政区域における環境改善「計画」の進行管理等が重要になると考えられるため，地域管理型がより重視されるべきであろう。そのため，次節では，「計画」を中心とする環境政策と，とくに地域管理型の環境会計とのかかわりを論じ，より環境政策に資する環境会計のあり方について考察することにしたい。

## 4. 環境基本計画と環境会計

「計画」においては，PDCAサイクルをきちんと機能させることが重要であり，そのためには，とくにCとAが重要であることを指摘してきた。現在，自治体ではどのように「計画」の進行管理を行っているのであろうか。すべての自治体の動向を把握しているわけではないが，ここでは，「計画」の進行管理を積極的に実施し，その状況を環境白書で開示するとともに，地域管理型環境会計を導入している埼玉県の事例を取り上げて，「計画」と環境会計とのかかわりのあり方を考えることにしたい[26]。なお，埼玉県では，上述した温対法にもとづく「地域推進計画」をすでに策定しており，そこでもPDCAサイクルの徹底が図られているが，本章では，同計画を参照しつつ，主として環境

---

事業であってもそれを主な目的としない道路整備事業や治山事業にかかわる費用は除かれている。以上，埼玉県環境部環境政策課（2007b）『平成19年版 埼玉県環境白書』埼玉県，216ページ。

26) 埼玉県では，平成20年版の環境白書から環境会計情報が掲載されなくなっている。この点は，自治体における（地域管理型）環境会計の自治体内外での役立ちが明確にならなかったためと推察される。しかし，「計画」と環境会計を結び付けてきた希少なケースであることから，平成19年版の環境白書にもとづいて検討することにしたい。

第 6 章　自治体環境行政と環境会計　151

図 6-1　埼玉県環境基本計画の推進・管理システム

```
                     計画推進・管理システム

                       埼玉県環境基本計画

     県民参加              計画推進              計画管理
                            P

    県 議 会           環境政策推進会議            環 境 部
                       事業の推進・調整    A    環境基本計画の
                      ●環境の保全と創造を目的と      進行管理
                       する事業の推進・調整     ●各部局の自己評価結果
                      ●環境に影響を及ぼす事業の      の評価・取りまとめ
                       環境基本計画との整合に関    ●全庁的な計画の推進状
                       する調整              況等の管理

    環境審議会
           A                【指示】

    県 　 民            各 部 局              各 部 局
                      環境基本計画に沿った       実施した事業の
    意見・提言・推進       各種事業の実施          自己評価
   ●環境の保全と創造に    ●環境の保全と創造を目的と    ●実施した事業の推進
    関する意見・提言      する事業の実施          状況や環境に影響を
   ●環境の保全と創造に   ●環境に影響を及ぼす事業の      及ぼす事業の環境の
    関する協働の推進      環境の保全と創造         保全と創造について
                            D            の自己評価      C
```

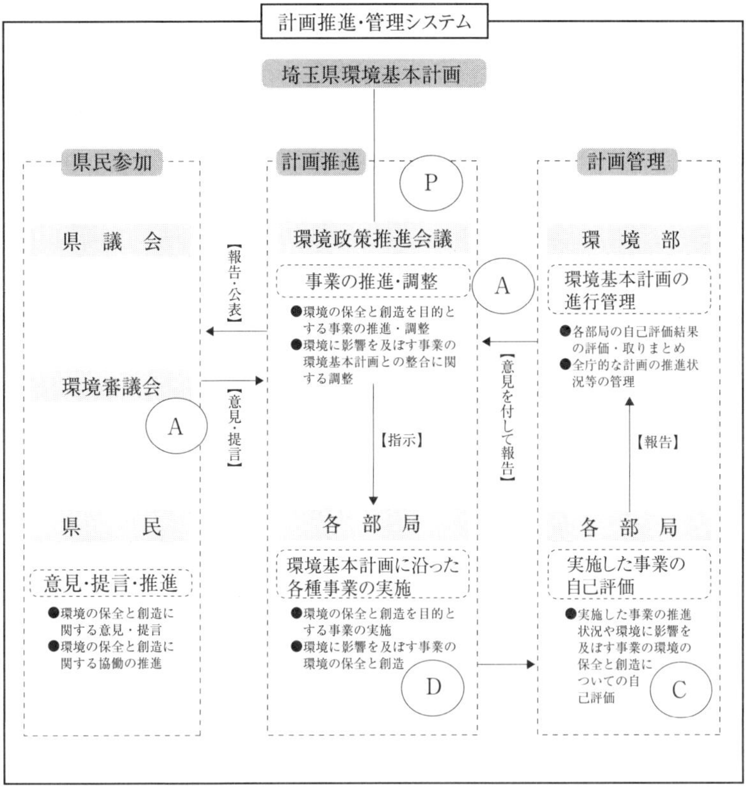

出所：埼玉県環境部環境政策課（2007 b）『平成 19 年版　埼玉県環境白書』埼玉県, 19 ページを一部加筆修正。

基本計画について考察する。

　埼玉県の「計画」[27)] は，「Ⅰ　恵み豊かで安心・安全な地域社会の実現」,「Ⅱ　持続可能な循環型社会の構築」および「Ⅲ　環境の保全と創造を推進する協働社会の構築」という 3 つの長期的目標を掲げ，各長期目標を達成するための 17 の施策を掲げている。計画の推進・管理システムの仕組み自体に PDCA サイクルが構築されており，図 6-1 のように示されている。

---

27)　1996 年 2 月策定, 2001 年 3 月第 2 次環境基本計画策定, 2007 年 3 月第 3 次環境基本計画策定。第 3 次計画は, 埼玉県環境部環境政策課（2007 a）『埼玉県環境基本計画』埼玉県を参照。

図6-1によれば,「計画」の総合的な推進を直接担うのが「環境政策推進会議」という自治体内部の組織である。そこで行政内外の意見を集約して計画が立案され（Plan），自治体各部局において事業が実施される（Do）。次に,「計画」に掲げられた環境指標（重点取組施策指標を含む）と照らし合わせて自己評価が行われる（Check）。その後，環境部が自己評価結果を取りまとめるとともに全体的な推進状況を把握した上で，意見を付して同会議に報告する（Act）ことになる。また，図中の左に示した「県民参加」として議会や環境審議会に報告するとともに，県民にも情報が開示される。その後，これらの主体からの意見を踏まえて同会議が新たな計画立案ないし改善行動へと至る（Act）というプロセスをたどる。

上記のPDCAサイクルは，上述した17の施策のすべてが対象となる。すでに計画において，それぞれの施策を代表する環境指標が列挙され，その経年の推移が明らかにされるとともに，重点施策については策定時（H17年度），最新値（H18年度）および目標値（H23年度）が比較・検証される。このうち，長期目標Ⅰに属する「5　森林，緑地の保全等の推進」施策を取り上げたものが表6-5である。同県では,「計画」の進行管理のためにその進捗状況を毎年検証し，各施策の実績値を基準年（策定年）の値とともに開示し，目標達成状況を明らかにしており，同表は，その進行管理の検証にもとづいている。同表で掲げられた指標を概観すると,「県産木材の供給量」と「間伐材の利用率」というフロー指標のみならず,「森林面積」等のストック指標を掲げている点で有益である。なぜなら，ストックの改善が管轄行政区域の環境状況または環境の質の向上に直結するからである。また，年々のフローは結局ストックの状態として現れることも，フロー指標とストック指標の双方が必要であることの意義を物語っている。

また，同県の環境白書では，各施策に対して行われた事業の内容とその決算・予算額を「環境の保全と創造に関する事業一覧」として開示している（表6-6参照）。これにより,「計画」で掲げた施策を具体的にどのような事業に展開し，それにどの程度の費用をかけたのか（決算），そして今後かけるのか（予

表 6-5 埼玉県の環境指標の推移と目標達成状況（一部抜粋）

5 森林，緑地の保全等の推進
(1) 森林の整備・保全

| 重点取組施策指標 | 単位 | 策定時（平成 17 年度） | 最新値（平成 18 年度） | 目標値（平成 23 年度） |
|---|---|---|---|---|
| 整備・保全されている森林等の面積 | ha | 68,278 | 70,566 | 78,752 |

| 環境指標 | 単位 | H 13 | H 14 | H 15 | H 16 | H 17 | H 18 |
|---|---|---|---|---|---|---|---|
| 森林面積 | ha | 123,355 | 122,807 | 122,807 | 122,545 | 122,545 | 122,545 |
| 蓄積 | 千 $m^3$ | 28,766 | 29,555 | 29,555 | 30,563 | 30,563 | 30,563 |
| 整備・保全されている森林等の面積（うち，森林面積） | ha | 55,914 (55,818) | 59,205 (59,100) | 62,561 (62,450) | 65,901 (65,790) | 68,278 (68,167) | 70,566 (70,448) |
| 県産木材の供給量 | 千 $m^3$ | 34 | 39 | 47 | 50 | 54 | 59 |
| 間伐材の利用率 | % | 33 | 26 | 24 | 30 | 27 | 33 |

出所：埼玉県環境部環境政策課 (2007 b)『平成 19 年版 埼玉県環境白書』埼玉県，208 ページ。

算）が明らかにされる。さらに，上述したとおり，環境会計情報（表 6-4 参照）を開示しており，たとえば，表 6-4 の「5 森林，緑地の保全等の推進」の「(1) 森林の整備・保全」では 557,880 千円（平成 18 年度決算）の費用をかけ，「整備・保全されている森林等の面積（ha）」において 70,566 ha という結果を残している。この結果から，策定時の値との差額をとれば（70,566–68,278），事業に投じた費用によって 2,288 ha 分の効果があったと理解することができる。よって，同県の環境会計は，事業に要した自治体の費用と，そこからもたらされた管轄行政区域全体の効果とを対照表示することによって，自治体の環境にかかわる費用の意義，さらにいえば環境行政の意義を行政内外に明らかにする役割を担っていると解することができる。

表 6-4〜表 6-6 で開示されている情報を総合することによって，計画にもとづく事業の内容およびその費用，そこから得られた効果，および目標達成状況を各施策について横断的に概観することができる点で，計画の進行管理にこれらの情報は有益であると考えることができる。以上から，同県では，計画にもとづく環境政策パッケージを策定・執行し，その進捗状況の把握に努めるとともに，環境会計を導入して翌年度以降の改善を図ろうとしていると理解できる。

表 6-6 埼玉県の事業と予算・決算額一覧（一部抜粋）

5 森林，緑地の保全等の推進
(1) 森林の整備・保全

(単位：千円)

| 事 業 名 | 事 業 内 容 | H18年度決算額 | H18年度関連決算額 | H19年度予算額 | H19年度関連予算額 | 担当課室 |
|---|---|---|---|---|---|---|
| 木質バイオマスエネルギー利用促進事業 | 未利用木質資源（バイオマス）の有効活用を図る。 | 10,585 | | 37,778 | | 木材利用推進室 |
| 木のある生活空間づくり事業 | 県産木材の供給・加工・流通体制を整備し，PR効果の高い公共施設・土木工事や木材需要の多い民間住宅等での利用を促進する。 | 6,796 | | 6,432 | | |
| 「埼玉の木」施設整備促進事業 | 質・量の安定した県産木材を供給するため，加工・流通体制の整備を進めるとともに，民間利用への波及効果をねらい，公共施設等への利用促進を図る。 | － | | （新規）142,360 | | |
| 山村等振興対策事業 | 山村等の特性に応じた農林業の振興，生活環境の整備等を促進し，山村地域の活性化を図る。 | 72,533 | | 50,531 | | 森づくり課 |
| 中山間地域等支援事業 | 中山間地域の農業生産活動者を支援し，活力ある中山間地域農業及び多面的機能の維持を図る。 | | 27,834 | | 32,429 | |
| 森林機能保全特別対策事業 | 森林の持つ水土保全機能や生活環境保全機能を高めるため，水源地域の手入れの遅れている森林の間伐やスギ等の抜き伐りなどの森林整備を実施し，公益的機能の早期回復を図る。 | 204,521 | | 234,616 | | |
| 県営林事業 | 森林の持つ公益的機能を高度に発揮させるとともに森林資源の充実や山村地域の活性化を図るため，県営林の維持管理を行う。 | 163,712 | | 176,687 | | |
| 治山事業 | 山地治山，保安林改良，保育 | | 767,055 | | 738,080 | |
| 以下省略 | | | | | | |

注：関連決算額（予算額）とは，環境保全・創造経費のみを算出することが困難な事業が対象である。
出所：埼玉県環境部環境政策課（2007b）『平成19年版 埼玉県環境白書』埼玉県，197ページ。

しかし環境会計情報（表6-4）においては，費用に関してはフロー情報のみが掲載されるのに対し，効果に関してはフロー指標とストック指標の双方が掲げられており，フローとストックの明確な関連付けが図られていない。ストッ

クは，現状の把握と将来の環境状況を予測する上で重要な情報となりうることから，フローとストックの連携を環境会計の上で表現することが必要ではないだろうか。

そこで，次節では，フローとストックの連携を考慮した環境会計の展開をマクロ環境会計の成果に求め，現在行われている自治体環境会計とマクロ環境会計とを結び付ける方策を検討する。また，表6-4～表6-6の情報からは，「誰の」「どのような活動」が「どの程度」環境改善または環境悪化に寄与しているのかということは明らかにならない。さらに，環境政策が他の政策に優先する[28]のであれば，とくに（地域）経済政策とのかかわりも明らかにされることが必要となろう。事実，埼玉県の計画では，施策Ⅱ「持続可能な循環型社会の構築」という長期目標を達成するための施策の1つとして「環境に配慮した産業の振興」が掲げられており，管轄行政区域または地域社会において「環境保全と経済の活性化を一体化させる」ことが志向されている[29]。環境と経済の双方の関係をみることは，環境白書を中心とする既存の情報源からは入手できない現状にあり，環境会計もまたそのための貢献はできていない。よって，次節では，これらの課題を克服するために，現在自治体（ミクロまたはメゾ）環境会計とは別々に展開しているマクロ環境会計のフレームを取り入れ，より政策立案や「計画」の進行管理等に寄与する環境会計モデルを考察することにしたい。

また，埼玉県の計画の推進・管理システムにみられるようなPDCAサイクルは有益であるが，その仕組みをもう一歩進め，より実効あるものとするために，エコバジェットにおけるいくつかのプロセスを導入することを第7節において提案することにしたい。

## 5．マクロ環境会計と自治体環境会計

本節では，一国経済または一地域経済全体を会計実体として行われるマクロ

---

28) 宇都宮，前掲書，130ページ。
29) 埼玉県環境部環境政策課，前掲書，63-64ページ。

会計(国民会計)のうち,環境にかかわる要素を取り入れたマクロ環境会計の取り組みを,自治体環境会計に導入することによって,より環境行政に寄与する会計情報を提供することが可能になることを明らかにする。

マクロ環境会計の代表的な仕組みとして環境・経済統合会計(System of Integrated Environmental and Economic Accounting : SEEA)がある。SEEAに関する詳細な検討はここでは行わない[30]が,日本では国民会計(国民経済計算)情報の作成と公表に責任を負っている内閣府経済社会総合研究所において1990年代中葉からSEEAの研究が進められてきた。現在内閣府では,国連等が発行しているSEEAのハンドブック(SEEA 2003)[31]に依拠して日本全体のSEEA(以下,日本版SEEA)の推計を行うとともに,近年では,兵庫県をモデルとして地域版のSEEA(以下,地域版SEEA)の推計も試みている。以下,地域版SEEAを取り上げてその概略を述べるとともに,そのどのような点が自治体環境会計に結び付けられる必要があるかということを明らかにする。

SEEA 2003では,一定期間における一国経済(または一地域経済)の経済活動(生産,所得の分配・使用および蓄積活動)と,期首と期末の資産・負債等のストックの状態を明らかにする伝統的な国民会計情報(金額で測定)と,これらの経済活動がもたらす環境負荷やその改善を明らかにする環境に関する情報(物量で測定)とを統合して1つの勘定表として表現するハイブリッド勘定の作成を重視している[32]。同時に,環境負荷低減を意図した活動にともなう支出を識別する環境保護支出勘定(とくに環境保護財・サービスの供給・使用表)もま

---

[30] SEEAの概要や展開の方向性については,拙稿(2008 b)「マクロ環境会計の展開方向―SEEA 1993からSEEA 2003へ―」(『横浜経営研究』第29巻第1号),109-141ページ,を参照されたい。

[31] United Nations, European Commission, International Monetary Fund, Organisation for Economic Co-operation and Development and World Bank (2003), *Handbook of National Accounting : Integrating Environmental and Economic Accounting 2003, Final draft circulated for information prior to official editing,* United Nations. 同文献は「最終公開草案」であるが,現在では正式版が確定している。しかし,現状では未刊行であるため,本章の記述は当該草案による。

[32] *Ibid.*, para. 1.115.

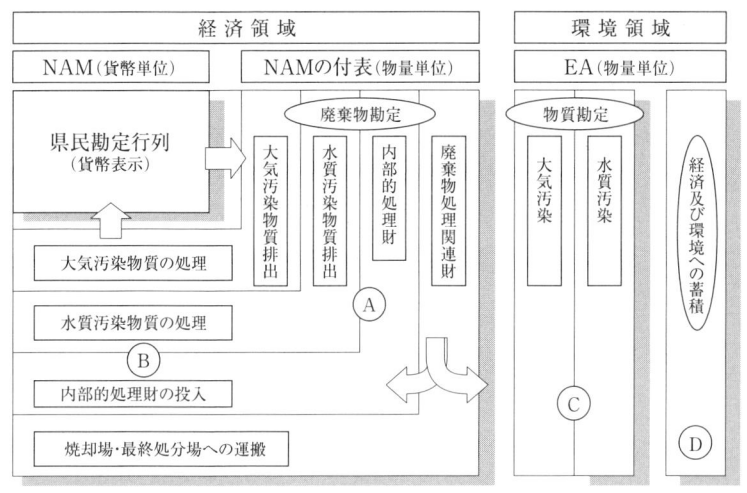

第 6 章　自治体環境行政と環境会計　157

図 6-2　ハイブリッド勘定の概念図（地域版 SEEA）

| 経済領域 | | 環境領域 |
|---|---|---|
| NAM（貨幣単位）／NAMの付表（物量単位） | | EA（物量単位） |

県民勘定行列（貨幣表示）

廃棄物勘定：大気汚染物質排出／水質汚染物質排出／内部的処理財／廃棄物処理関連財

物質勘定：大気汚染／水質汚染

経済及び環境への蓄積

大気汚染物質の処理
水質汚染物質の処理
内部的処理財の投入
焼却場・最終処分場への運搬

Ⓐ　Ⓑ　Ⓒ　Ⓓ

出所：内閣府経済社会総合研究所国民経済計算部（2007）「『地域における環境経済統合勘定の推計作業』地域版ハイブリッド型統合勘定作成マニュアル」（『季刊国民経済計算研究』第 133 号），39 ページ。

た，環境保護に向けた一国（または一地域）の努力または対応を示す指標の 1 つになりうるとして，高い優先順位が置かれている[33]。日本版 SEEA も地域版 SEEA もともに，ハイブリッド勘定とその詳細を示す環境保護財・サービスの供給・使用表の作成が試みられているが，本章では，経済と環境のかかわりを明らかにするハイブリッド勘定に焦点を当てる。

　ハイブリッド勘定（地域版）の概念図は，図 6-2 のように示される。勘定は「経済領域」と「環境領域」に大別され，経済領域は，県民（国民）勘定行列（National Accounting Matrix : NAM）とその付表である「廃棄物勘定」から構成される。NAM は，地域（一国）経済の経済活動，すなわち生産，所得の分配・使用および蓄積活動というフローと，その結果として得られるストックを行列形式で表現した勘定であり，いうまでもなく金額で測定・開示される。したがって，NAM では，地域（一国）経済の経済的業績とその経済状態が明らか

---

33)　*Ibid.*, para. 1.48.

にされる。他方「廃棄物勘定」は，NAMで表現される地域（一国）の経済活動によって生み出された廃棄物が，その後再利用，焼却，最終処分，および処分場からの汚染物質の環境への流出にどのようにつながっているのか，また，企業などの組織内部における環境負荷低減努力（「内部的処理活動」）がどの程度行われているのか，ということが明らかにされる。なお，ここで用いられる単位は物量単位である。

廃棄物勘定は，経済活動による大気汚染物質の排出と処理，水質汚染物質の排出と処理，組織内部で利用される内部的処理財の産出・投入および最終処分される財を明らかにする。他方，環境領域は，「物質勘定」と「経済及び環境への蓄積」から構成される。両者とも物量で測定・開示されるが，前者には，経済領域において取り除けなかった汚染が示され，後者には，経済領域または環境領域にストックとして残る環境負荷が示される[34]。

実際に兵庫県と岩手県が，地域版SEEAの試算を行っているが，そこで作成される勘定はやや複雑であるため，当該勘定のアイディアを提案した有吉範敏（2005）に掲げられた仮設例に沿って若干説明する[35]（表6-7参照）。

まず，地域経済の活動全体を表すのはNAM（1～14行×1～14列）である。そこでは，900（4行1列）の一般財が生産され[36]，それが，生産活動に520（300

---

[34] 以上の説明は地域版SEEAであるが，これは地域特性を考慮して廃棄物勘定を重視した形式であるため，日本版SEEAに掲げられている「環境問題表」は省略されているが，同勘定を取り入れる場合図2の右側に挿入されることになる。なお，環境問題表は，「環境問題別に地球環境への負荷量を推計したもの」（佐藤勢津子・杉田智貞（2005）「新しい環境・経済統合勘定について―経済活動と環境負荷のハイブリッド型統合勘定の試算―」『季刊国民経済計算』第131号），26ページ）であり，環境指標として位置付けられる。環境基本計画においても，環境指標を目標として取り入れる自治体が多いため，同表の導入は地域においても必要であると考えられる。

[35] 表6-7の解説は，有吉範敏（2005）「環境経済統合環状におけるフレームワークを地域に適用した場合の問題点」（『季刊国民経済計算』第131号），13-15ページを参照した。

[36] 一般的生産活動によって生み出される一般財は，一般財300（1行4列），廃棄物処理サービス170（2行4列），内部的処理サービス90（3行4列）を中間投入し，付加価値340（10行4列）を生み出してもたらされたものである。

第6章 自治体環境行政と環境会計　159

表6-7　地域版SEEAのハイブリッド勘定の例示

注：本表では、簡単化のため、右端にあるべき環境問題表を省略している。
太字数字：廃棄物の中間処理・最終処分の明示（物量表示）
囲み数字：内部的処理活動（脱硫装置）の用例（物量単位）
*印点数：内部処理活動（脱硫装置）を地域に適用した場合の問題点（物量単位）
出所：有吉範敏（2005）「環境経済統合勘定のフレームワークを硫黄酸分の勘定に適用した場合の問題点」『季刊国民経済計算』第131号、14ページ。

+120+20+20+60)（1行4～8列））投入され，200（1行9列）が家計や政府によって最終消費され，そして，180（1行13列）だけ固定資産として蓄積される。NAMにおいて特徴的なのは，廃棄物処理サービスや内部的処理サービスといった環境保護財・サービスを一般的な生産活動から識別して計上していることである。これによって，地域（一国）内での環境保護財・サービスの生産と消費の状況が明らかになるとともに，どの程度環境保護が一国（地域）内で進展しており，それが地域経済に貢献しているのか（10行5～8列の付加価値＜域内総生産＞）ということを明示できる点である。これは，自治体の環境行政によって，地域の環境保護に向けたビジネスがどの程度進展しているかということを表すため，経年比較を通じて政策が機能しているかどうかを検証する際に役立つと考えられる。

次に廃棄物勘定（15～20行×15～20列）に目を転じよう。一般的生産活動から，汚染物質（この場合はSO$_x$）が500，再生利用財60，焼却財120および最終処分財100が排出されたが（順に4行15列，17～19列），汚染物質500は，組織内部において脱硫装置を通じて内部的処理活動へと振り向けられる（15行8列）ことを示す。脱硫装置を通じて40の内部的処理財（硫黄）が産出され（8行16列），一般的生産活動にそのまま投入される（16行4列）[37]。生産活動と消費活動から生み出された廃棄物は，再利用に向かう80（4行17列＋9行17列，17行5列）と焼却に向かう220（4～5行18列＋9行18列，18行6列）および最終処分場へ向かう280（4～6行×19列＋9行19列，19行7列）に分かれる。最終処分された280は経済領域への蓄積として，20行23列に記録されることになる。

また，上記の脱硫装置にかけられた500のうち，硫黄分が取り除かれて（再利用40）大気の放出された460は，環境領域の物質勘定に記録される（8行21列）。この物質勘定では，一般的生産活動から250，再生利用活動から10，焼却活動から90，最終処分活動から30,そして家計・政府等の最終消費から50

---

37) たとえば，脱硫から生み出された硫黄分は，化粧品会社や化学メーカーで中間消費されることが想定される。

の大気汚染物質が環境領域に放出された（順に4～7行21列および9行21列）ことが明らかにされる。また，最終処分場という固定資産（非金融資産）から，20の有害物質が漏出したことが明らかにされ，それが物質勘定の水質汚染・その他に記録される（13行22列）。大気汚染物質の排出総量890（4～9行21列）と水質汚染物質の排出量20（13行22列）は，それぞれ環境領域に蓄積されたものとして経済及び環境への蓄積に記載される（21～22行23列）。この環境領域における物質勘定や経済及び環境への蓄積勘定は，地域の経済活動がもたらす一定期間における社会的費用を表すと理解することもできる。将来的に，たとえば，信頼できる除去費用原単位等の貨幣換算数値が開発され，それに対する社会的合意が形成された場合には，地域における社会的費用の金額による測定を行うことも可能となりうる。

　以上の説明から，ハイブリッド勘定ないし地域版SEEAによって，NAMで表現される経済活動からどのような環境負荷（廃棄物）がもたらされ，それがどのように経済活動に投入されて環境負荷の低減が行われているか，また，浄化しきれないでそのまま環境領域へと向かってしまった環境負荷または汚染がどの程度あり，それはどのような経済活動からもたらされているかということが明らかになる。このことは，「誰の」「どのような活動」が，「どのような環境負荷」を引き起こしているかという関係を明らかにすることに貢献する。すなわち，自治体の環境行政において，どの活動や部門に対して環境負荷低減の政策を適用していくべきかという政策立案への貢献が期待されるのである。

　これまでの自治体環境会計においては，費用をかけた効果の側面を明らかにすることに腐心する傾向にあった[38]が，マクロ環境会計（とくに地域版SEEA）をこの範疇に取り入れることによって，地域の経済活動と環境負荷の状況がより明確となり，ある特定の部門や活動に対する政策を講ずる際の説明材料として説得力を高める役割も期待される。事実，SEEAを試算した兵庫県では，地域版SEEAに対して以下の5つの役立ちを期待している[39]。

---

38) この傾向は，企業による環境会計実務においても顕著であると考えられる。
39) 兵庫県県民政策部政策局統計課（2006）『平成12年度　兵庫県環境経済統合勘定

(1)「時系列表の作成により過去から現在に至るまでの環境と経済の関係の推移を把握できる。」

(2)「過去に実施した環境政策の政策目標（環境負荷の程度，$CO_2$排出量など）の達成度の把握及び当該政策の経済全体への影響度合いを把握できる。」

(3)「個々の環境政策の評価とそれに基づく将来の政策立案への活用が可能である。」

(4)「新たな環境政策の政策目標及び経済全体に対するシミュレーション分析ができる。」

(5)「経済と環境の現状及び環境政策の成果に関する住民への説明責任を履行できる。」

表6-7の経済領域における蓄積勘定（13〜14行×13〜14列），廃棄物勘定（15〜20行×15〜20列）および環境領域における蓄積勘定（経済及び環境への蓄積）（21〜22行×21〜23列）の各勘定は，本来，ストックとつながるフローが記録される勘定であるが，表6-7（地域版SEEA）ではストックとのかかわりの部分が省略されている。これはデータの制約のためと考えられるが，日本版SEEAでは，経済領域に対しても環境領域に対しても期首ストックと期末ストックを挟む形で蓄積勘定というフロー勘定が関連付けられているように，地域版SEEAにおいても，基礎データを整備しストック情報を取り入れる方向に展開するのが望ましいといえよう。

また，上述したように，地域版SEEAで省略されている環境問題表は，「計画」に掲げた目標値を取り上げる形で導入することによって，「計画」の進行によって地域の環境指標がどのように改善したのかということが明らかにされることになろう。

## 6. 環境予算手法の活用

自治体の「計画」はPDCAサイクルから構成されるべきであることはすで

---

（試算値）の概要』兵庫県，2ページ。

に指摘したとおりである。埼玉県では,「計画」で長期目標を設定し,「白書」においてその進捗状況を明らかにし,目標達成に向けた是正措置を講ずるとともに,実施する事業の改善を通じて「計画」に掲げた目標達成への仕組みが整っているように思われる。同時に,環境会計等の手法を導入するとともに進捗状況も公表しており,住民参加と議会のある程度の関与を果たしてきている。実は,同様の仕組みは,エコバジェット（ecoBUDGET®）[40]と呼ばれる環境予算を活用したマネジメント手法において推奨されているものである。エコバジェットの全体像を図6–3に掲げた。当該図6–3と前出の図6–1を比較すると,いずれもPDCAサイクルの活用を志向しているという点で,埼玉県の「計画」の仕組みがエコバジェットの仕組みと類似していることが分かるであろう。

ここで,図6–3に示したエコバジェットについてみてみる。図6–3は,エコバジェットの一巡を表しており,①準備面,②実施面および③評価面というPlan–Do–Seeの特徴を具備している。評価面がcheckとactの機能を受け持つと考えれば,PDCAサイクルを構成する。これら3局面は9つのステップで構成され,各ステップをたどることでエコバジェットが一巡し,翌年度に向けた継続的改善が意図される。

各局面を簡単に解説すれば,準備面（図6–3の1)～4))は,エコバジェットの運営体制を整備し,準備報告書を作成して地域の環境状態等の現状を把握した上で,物量による短期および中・長期目標を設定した環境予算を策定し,議会の承認を得る局面である。実施面（図6–3の5)と6))は,議会で承認された環境予算を実行に移す局面である。ここでいう「会計」とは,施策の実施状況と環境改善の状況を表現する「勘定」（accounts）への物量での記録,分析および報告等の行為の総称である。評価面（図6–3の7)～9))は,実施面で作成し

---

[40] ecoBUDGET®は,ICLEIヨーロッパ事務局の登録商標である。以下本章では,「エコバジェット」と記す。本章におけるエコバジェットの記述は,ICLEI- Local Government for Sustainability (2004), *The ecoBUDGET Guide : Methods and Procedures of an Environmental Management System for Local Authorities : Step by Step to Local Environmental Sustainability,* ICLEIによる。

図6-3 エコバジェットの全体像

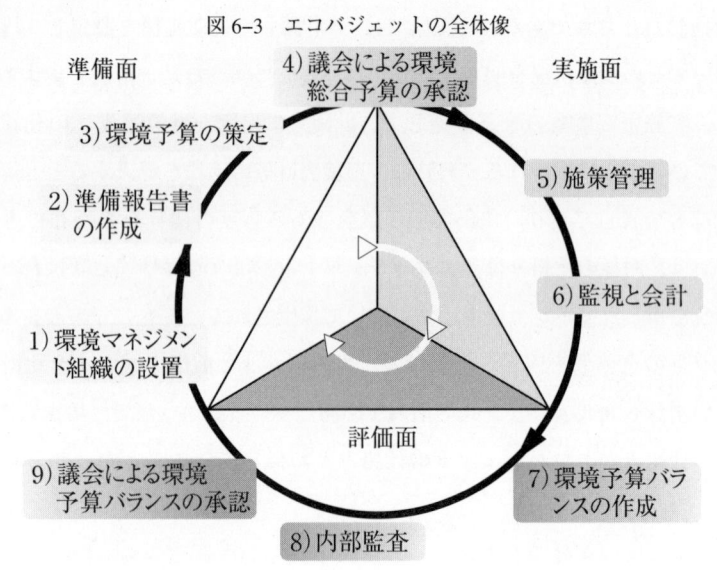

準備面
4) 議会による環境総合予算の承認
3) 環境予算の策定
2) 準備報告書の作成
1) 環境マネジメント組織の設置

実施面
5) 施策管理
6) 監視と会計

評価面
9) 議会による環境予算バランスの承認
8) 内部監査
7) 環境予算バランスの作成

出所：ICLEI- Local Government for Sustainability (2004), *The ecoBUDGET Guide : Methods and Procedures of an Environmental Management System for Local Authorities : Step by Step to Local Environmental Sustainability*, ICLEI, p. 22. 一部加筆修正。

た環境予算に当該年度の実績値を加えた年次バランスを作成し，当初設定した目標への達成度を把握するとともに，議会での承認を得る局面である。

この一巡においてさまざまな計算書類が作成されるが，準備面においては，環境総合予算，環境資産表（予算）および環境ベネフィット分析表（予算）が，また，評価面では環境予算バランスが期末時点における「決算書」として作成される。環境予算バランスは，年次バランス，環境資産表（実績）および環境ベネフィット分析表（実績）から成る。この中でとくに重要な地位を占めるのが，環境総合予算とそれに実績値を加えた年次バランスという2つの計算書である。年次バランスに関しては，自治体が，住民，行政および議会（の委員会）で設定した指標に対する中・長期目標と短期目標が掲げられる（環境総合予算と同一）とともに，当該年度の実績とその目標達成状況が明らかにされる。また，環境資産表を作成し，これらの実績値の背後にある地域の環境ストックが明らかにされる。

以上で簡単にエコバジェットについて説明したが，上述のとおり，埼玉県の「計画」とその進行管理はエコバジェットの仕組みに類似している。埼玉県がエコバジェットを模して仕組みを導入したというわけではないだろうが，予算管理的手法，すなわち定量的な目標を指標として設定し，その目標を達成するように計画（事業）を立案・実施し，内部監査（進行管理）を行って結果を「決算書」（白書）として開示し，翌年度以降の改善につなげるという仕組みを採用することが環境行政にとって有益であることを物語っているといえよう。そこで，エコバジェットにあって，日本の「計画」や進行管理の仕組みにないものに焦点を当ててみよう。

　「計画」では，とくに重点施策に対して中・長期目標という形で目標値が定量的に設定されることが多い。「計画」の進行管理においては，上述の埼玉県の事例のように，中・長期目標値に照らした現状値が明らかにされていた。エコバジェットでも同様に目標値に照らして現状値を明らかにする「決算書」を作成するが，エコバジェットでは，予算策定段階において長期目標を達成するための定量的な短期目標（通常1年間）を設定し，現状値を短期目標と中・長期目標の双方に照らして政策の有効性を判断する。日本の「計画」は中期計画であることから短期目標を設定する余地は少ないが，それでも毎年の進行管理において，短期目標値を予算期間が始まる前に設定し，中・長期目標とあわせてその達成状況を把握することが望ましいであろう。毎期の短期目標の達成を通じて中・長期目標が達成されると単純に想定すれば，短期目標値の達成状況の適切な把握によって，「計画」に示した中・長期目標の確実な達成を担保するといえよう。

　次にエコバジェットの最大の特徴である，環境予算案と「決算書」の議会での承認という点（図6-3の4)および9))に注目する。日本の「計画」は，議会に報告はされてもそこで審議されることは少ないと考えられる。そのため，住民の代表であり，環境行政の方向性を規定すべき政治家は，住民に対する環境面にかかわるアカウンタビリティの意識が希薄になりかねないと懸念される。政治家が地域の環境行政により一層関心を持ち，環境行政の努力とその結果が

明らかにされる自治体環境会計やマクロ環境会計による情報を得るとともに，上述のエコバジェットの一巡に示したような環境予算と「決算書」によって「計画」の進捗状況を把握することは，環境行政にかかわる政治家の住民に対するアカウンタビリティ意識を向上させることに寄与するとともに，環境行政の結果を単に行政（事務方）の責任とするのではなく，自身の責任として捉えることへとつながると期待される[41]。

また，河野（2005 a）で指摘されているように，「決算書」の議会での承認は，環境予算実行の包括的評価を意味し，議会で承認された環境予算に対する行政責任者のアカウンタビリティの履行にもつながると考えられる[42]。行政と議会の負うアカウンタビリティ概念の考察[43]は別の機会に譲るが，自治体の環境会計は，住民に対するアカウンタビリティに貢献するだけでなく，上記のように機能することも求められるのである。

次に，エコバジェットと環境会計との関連性について考えてみる。エコバジェットは環境予算手法の1つと位置付けられ，「予算」(budget) と命名されているが，そこで作成される計算書類は物量だけであり，金額による財務予算との明確な関連付けは行われていない。他方，第3節で検討した自治体の環境会計は，物量のみならず金額情報も表示されるが，両者には，表6-8に記したような相違点がみられる。

表6-8に示したように，エコバジェットはEMSなどの他の手法との連携が図られるとともにPDCAから構成されるマネジメントシステムとして位置付

---

41) 同様の趣旨は，河野正男（2005 b）「エコバジェットと自治体の環境会計」『中央大学経済学部創立100周年記念論文集』115-116ページに述べられている。

42) 河野正男（2005 a）「地域の環境基本計画とエコバジェット」（『中央大学経済研究所年報』第36号），106ページ。

43) 環境行政にかかわるアカウンタビリティ概念は宇都宮，前掲書，144-146ページ，および拙稿（2004）「環境会計の意義と現状―我が国地方自治体における環境会計の将来―」（『会計と監査』第55巻第3号），26-30ページを，行政一般にかかわるアカウンタビリティ概念は，陳琦（2001）『米国地方政府会計システムの再構築―アカウンタビリティ概念を基軸として―』（神戸商科大学研究叢書第LXV号）神戸商科大学経済研究所，8-38ページおよび小林麻理（2002）『政府管理会計―政府マネジメントへの挑戦―』敬文堂，25-39ページ等を参照されたい。

表6-8 エコバジェットと（自治体）環境会計の相違点

|  | エコバジェット | 環境会計 |
|---|---|---|
| 測定単位 | 物量 | 金額と物量 |
| 測定対象 | フローとストック | フローに主眼（ストックは部分的） |
| 他の環境マネジメントツールとの連携 | 連携あり | 独立した手法 |
| 政治的プロセス | 予算（環境総合予算）および決算（環境予算バランス）の議会での承認 | 自主的な取り組みゆえになし |

出所：河野正男（2005 b）「エコバジェットと自治体の環境会計」（『中央大学経済学部創立100周年記念論文集』），114-115ページにもとづき，筆者作成。

けられるのに対し，既存の自治体環境会計はそこまで至っていない。しかし，両者は相互補完関係にあると考えられ，両者を結び付けることによるメリットとして以下の点が指摘されている[44]。

 i．環境問題に関する財務面での重要性と，経済と環境との相互依存関係が明らかになる。

 ii．財務予算のみでは伝統的な施策等に埋没していた隠れた環境コストを顕在化させることを通じて，政策意思決定に資する情報を提供する。

 iii．物量指標によるエコバジェットに欠如していた財務予算との連携が考慮される。

 iv．エコバジェットプロセス（図6-3）における目標設定に役立つ情報を提供する。

 v．自治体の施策に対する財政面の透明性をもたらす。

環境会計が有する上記の利点と，エコバジェットが有する行政プロセスと政治プロセスを結び付けることによって，行政責任者は，財務と物量の双方の情報を見据えた包括的な意思決定を行うことが可能になると期待されるとともに，両者のシステムを導入することによって，自治体では，地域の物的な環境資源を管理する仕組みと，環境にかかわる財務情報を管理する仕組みの双方の内部管理システムを保有することができる。第4節で指摘したとおり，既存の

---

[44] ICLEI- Local Governments for Sustainability, *op. cit.*, pp. 101-103.

環境会計は，環境会計情報が政策立案や自治体内部の管理に有効に利用されていないように見受けられること，および環境会計情報は環境施策の結果を示すにもかかわらず財務予算との関連性が薄いことなどの問題点が指摘されている[45]。なお，上記5つの利点は，第5節で取り上げたマクロ環境会計における手法を活用してはじめて実現すると考えられる。

また，エコバジェットは環境面に係る予算管理手法の一形態であるため，同じ予算管理手法である財務予算という既存の制度との結び付きが不可欠となる。そのための方策として，財務予算とともに環境総合予算等を添付書類として議会に提出する方法や，環境総合予算等を財務予算から抽出して再編成して財務予算とともに議会に提出する方法が提案されている[46]。

以上から，「計画」にエコバジェットのマネジメント手法を取り入れるとともに，有用な環境情報提供ツールとして既存の自治体環境会計およびマクロ環境会計の仕組みを導入し，さらに，自治体マネジメントの本流部門である財務予算と関連付けるという方向に展開することが望ましいといえよう。

## おわりに

本章では，マクロ環境会計の取り組みの1つである地域版SEEAを自治体環境会計に取り入れることによって，既存の環境会計を地域管理にとってより有効なものへと発展させる方向性を説くとともに，「計画」にエコバジェットの手法を導入することを提案した。さまざまなツールが本章において取り上げられたので，最後に，若干の整理を試みるとともに，今後の課題を明らかにして本章を締めくくることにしたい。

まず，環境会計を除く他の仕組み（「計画」，EMS，エコバジェット，財務予算）は，ともに目標管理型のマネジメントシステムであり，当初設定した目標の達

---

45) 河野（2005b），前掲書，115ページ。
46) 同書，115–116ページ。なお，スウェーデンのベクショー市では，すでに前者の手法が導入されている（ICLEI– Local Governments for Sustainability, *op. cit.*, pp. 108–109）。

成に向けて PDCA サイクルを機能させ，継続的な改善を図っていくことが主眼となる。そのため，事前管理的な手法として位置付けられる。他方，環境会計は，会計期間中に行われた自治体および地域における環境関連の諸活動を金額および物量によって測定し，情報化する事後的な仕組みである。本章では，さまざまな事前管理型の手法を「計画」に統合する一方で，事後的な仕組みである環境会計との連携を強化することを主張した。また，環境会計においても，地域を対象とした環境会計であるマクロ環境会計を自治体環境会計に統合することを提案した。事前管理と事後管理は車の両輪のように機能させることが必要なのである。

現在，EMS は，ISO 型から自治体の性質に応じたものへの移行が進みつつあり，早晩，「計画」との統合が図られるであろう。その際に，エコバジェットの仕組みから援用可能な部分を取り入れる方向での展開が期待される。一方，兵庫県や岩手県における SEEA の試算のように，マクロ環境会計は自治体の統計課を中心とした業務として捉えられるのに対し，既存の自治体環境会計は，環境部局の業務として行われることが多い。両者とも，環境政策さらには，環境に配慮したその他の（経済等の）政策の立案とその検証に資する情報を提供することにあることを考慮すれば，部局横断的に環境会計に取り組む必要があろう。その際に，「計画」等の事前管理型の仕組みについても，同様の連携が必要となるのはいうまでもない。

最後に，本章で提案した事項の実現に向けた大きな課題としては，まず，エコバジェットの仕組みにあるような政治プロセスを介在させることの問題がある。これは，地域の環境改善という大きな目標に向けたマネジメントシステムを機能させるということが目的であるにもかかわらず，政治的な利害が優先されてしまう懸念である。また，政治プロセスを通すことによって，「計画」の立案・実行・内部監査・見直しという一連のプロセスに時間がかかるという懸念もある。

また，マクロ環境会計を取り入れるという点に関しては，第 5 節で指摘した技術的な問題に加え，そもそも地域における各経済主体の環境にかかわるデー

タが十分に整備されていないという問題もある。

このように，克服すべき課題は山積しているものの，さまざまなツールを「計画」と環境会計に統合していく方向性は，自治体の負担軽減も含め，地域におけるより効率的かつ有効な環境マネジメントに貢献していくと考えられる。今後，この方向性により具体性を持たせる方策を検討する必要があろう。

【付記】本章は，日本学術振興会科学研究費補助金基盤研究(C)(課題番号：20530404)の支援を受けた。記して謝意を表します。

### 参考文献

ICLEI-Local Governments for Sustainability (2004), *The ecoBUDGET Guide : Method and Procedures of an Environmental Management System for Local Authorities : Step by Step to Local Environmental Budgeting*, ICLEI- LocalGovernments for Sustainability.

Shaltegger, S. with K. Müller and H. Hindrichsen (1996), *Corporate Environmental Accounting*, Wiley.

United Nations, European Commission, International Monetary Fund, Organisation for Economic Co-operation and Development and World Bank (2003), *Handbook of National Accounting : Integrating Environmental and Economic Accounting 2003, Final draft circulated for information prior to official editing*, http : //unstats.un.org/unsd/envaccounting/seea 2003. pdf.

有吉範敏（2005）「環境経済統合勘定におけるフレームワークを地域に適用した場合の問題点」(『季刊国民経済計算』第131号)，9-17ページ。

宇都宮深志（2006）『環境行政の理念と実践―環境文明社会の実現をめざして―』東海大学出版会。

宇都宮深志・田中　充編著（2008）『事例に学ぶ自治体環境行政の最前線―持続可能な地域社会の実現をめざして―』ぎょうせい。

河野正男（1998）『生態会計論』森山書店。

河野正男（2001）『環境会計―理論と実践―』中央経済社。

河野正男（2005 a）「地域の環境基本計画とエコバジェット」(『中央大学経済研究所年報』第36号)，89-109ページ。

河野正男（2005 b）「エコバジェットと自治体の環境会計」(『中央大学経済学部創立100周年記念論文集』)，105-117ページ。

環境省（2006）『環境基本計画―環境から拓く　新たなゆたかさへの道―（平成18年4月閣議決定第3次計画』ぎょうせい。

環境省（2008）『地方公共団体における地球温暖化対策の推進に関する法律 施行状況調査結果』環境省。

環境省総合環境政策局（2008）『環境基本計画で期待される地方公共団体の取組についてのアンケート調査—地方公共団体調査の結果　平成19年度調査—』環境省（http://www.env.go.jp/policy/kihon_keikaku/lifestyle/h 1907_02.html）。
環境省地球環境局地球温暖化対策課（2007）『地球温暖化対策地域推進計画策定ガイドライン（第3版）』環境省。
北村喜宣（2003）『自治体環境行政法　第3版』第一法規。
小林麻理（2002）『政府管理会計—政府マネジメントへの挑戦—』敬文堂。
埼玉県環境部環境政策課（2007 a）『埼玉県環境基本計画』埼玉県。
埼玉県環境部環境政策課（2007 b）『平成19年版　埼玉県環境白書』埼玉県。
佐藤勢津子・杉田智貞（2005）「新しい環境・経済統合勘定について—経済活動と環境負荷のハイブリッド型統合勘定の試算—」（『季刊国民経済計算』第131号），24–48ページ。
四方徳子（2008）「EMS普及状況の把握と全庁各所の特徴に応じた多様なEMSのあり方—多様化する自治体EMSと今後の展望—～平成18年度調査報告書『自治体の環境マネジメントシステムに関する調査研究』より～」（『地域政策研究』第42号），56–68ページ。
鈴木明彦（2008）「自治体環境行政のマネジメント」宇都宮深志・田中　充編著（2008），110–134ページ。
鈴木隆之（2008）「ISO 14001から"YES"への移行」（『地域政策研究』第42号），40–45ページ。
総務省（2008）『地方財政白書（平成20年版）』日経印刷。
田中　充・中口毅博・川崎健次編著（2002）『環境自治体づくりの戦略—環境マネジメントの理論と実践—』ぎょうせい。
田中　充（2008 a）「自治体環境行政の条例と計画」宇都宮深志・田中　充編著（2008），38–79ページ。
田中　充（2008 b）「転換期にある自治体環境政策の戦略—環境政策マネジメントの展開—」（『地域政策研究』第42号），6–13ページ。
知識経営研究所（2008）『地方自治体の環境マネジメントに係わる調査研究（報告書）』知識経営研究所。
陳　琦（2001）『米国地方政府会計システムの再構築—アカウンタビリティ概念を基軸として—』（神戸商科大学研究叢書第LXV号），神戸商科大学経済研究所。
内閣府経済社会総合研究所国民経済計算部（2007）「地域における環境経済統合勘定の推計作業」地域版ハイブリッド型統合勘定作成マニュアル」（『季刊国民経済計算研究』第133号），1–273ページ。
中口毅博（2002）「自治体におけるISO 14001の導入」田中　充・中口毅博・川崎健次編著（2002），105–125ページ。
兵庫県県民政策部政策局統計課（2006）『平成12年度兵庫県環境経済統合勘定（試算値）の概要』兵庫県。
水越　敦（2008）「市民参加の環境マネジメントシステム『LAS-E』—八王子市の取り組み—」（『地域政策研究』第42号），34–39ページ。

横須賀市（2009）『横須賀市環境報告書―横須賀市環境基本計画平成 19 年度年次報告書平成 19 年度庁内環境活動の取組状況―』横須賀市。

拙稿（2004）「環境会計の意義と現状―我が国地方自治体における環境会計の将来」（『会計と監査』第 55 巻第 3 号），26-30 ページ。

拙稿（2008 a）「自治体環境行政における環境会計の役割」（『公営企業』第 40 巻第 5 号），2-15 ページ。

拙稿（2008 b）「マクロ環境会計の展開方向―SEEA 1993 から SEEA 2003 へ―」（『横浜経営研究』第 29 巻第 1 号），109-141 ページ。

## 参照 URL

United Nations Statistic Dicision, "Integrated Environmental and Economic Accounting 2003（SEEA 2003）" ホームページ（http://unstats.un.org/unsd/envaccounting/seea.asp）

環境自治体会議ホームページ（http://www.colgei.org/LAS-E/status.htm）

埼玉県環境基本計画ホームページ（http://www.pref.saitama.lg.jp/A 09/BA 00/keikaku/bep_1903.html）

総務省ホームページ（http://www.soumu.go.jp/iken/zaisei/H 18_chiho.html）

知恵の環「地域環境行政支援システム」データベース（http://www.env.go.jp/policy/chie-no-wa/mana/index.php）

財団法人地球環境戦略機関ホームページ（http://www.ea 21.jp/list/ninsho_list.php）

内閣府経済社会総合研究所ホームページ（http://www.esri.go.jp/）

兵庫県「兵庫県環境経済統合勘定」ホームページ（http://web.pref.hyogo.jp/ac 08/ac 08_2_000000007.html）

横須賀市環境会計ホームページ（http://www.city.yokosuka.kanagawa.jp/k-kaikei/）

# 第 7 章

## 環境監査の現状と期待ギャップの問題
──ISO 14001 における環境監査を中心として──

### はじめに

　アダム・スミスの『道徳感情論』における同感の理論は,『国富論』のなかに示された経済的調和の不可欠な前提である, といわれている[1]。つまり, スミスのいう「神の見えざる手」にたいする信頼は, その根本には, 同感という概念が横たわっているのである。環境監査も, 当初は組織の経営者が自己の利益を図るために実施する監査として出発したが, 今日では地球環境にたいするリスク低減を目指す, つまり環境問題にたいする真摯な取り組みを社会に示すことで一種の同感を得るための1つのツールにまで進化している。そのことが組織の存続を図るということでもあり, 自己の利益を追求している経営者にとっては, 彼はまた社会の利益も追求していることになる。

　環境監査という概念そのものは, 米国のスーパーファンド法（1980年制定）対応の監査に代表される, 法規制などの遵守をチェックする環境遵法性監査を起源としている。この場合, 法令を遵守しなかったことによるリスク回避のた

---

1) Glenn R. Morrow (1923), *The Ethical and Economic Theories of ADAM SMITH*, Longmans Green Company,『アダム・スミスにおける倫理と経済』(1992) 鈴木信夫・市岡義章訳, 76 ページ。

めのツールとして環境監査が導入されたのであり，それによって企業などの組織体の維持・存続が目的であった，とされている。汚染有害物質の処理に，直接・間接的に関与したすべての者にたいして浄化費用を負わせるもので，この法律の制定は，企業にとってはきわめて高いリスクを課し，場合によってはその存続をも危うくする性質のものであった。環境監査は，このように組織自身にとっての環境リスク低減を図るために，企業自らの意思により，その活動にたいして監査を実施したのである。

しかし，今日，環境監査は，上で述べたような文脈でのいわゆる組織自らの利益のためだけでなく，外部社会との関係において求められている[2]。これが，環境マネジメントシステム監査という環境監査である。自らが環境問題にたいして真摯に努力をしており，組織の環境に関するレベルが高いということを一般社会に示すことで，自らの存続を図る，そうした意味での環境監査が重要なこととして考えられるようになってきたのである。ここでいうマネジメントシステムとは，組織内に行動原理を定め，行動を誘導し，組織としての目的を遂行するための手法である。したがって環境を頭に付したマネジメントシステムでは，自らの環境リスク低減を目指すだけではなく，地球環境にたいするリスクの低減を目指すことが求められている。自らに降りかかるリスクを削減するために自ら求めて実施する監査ではなく，社会からの求めに応じて行う監査として，同じ環境監査でも考え方が大きく異なる点に注目すべきである。その意味では，環境監査は社会化され，進化していることになる。

ところで，1954年に「マネジメント」を発明したピーター・ドラッカーによれば，マネジメントとは市場の力にたいしてただ適応するのでなく，経済環境を支配し，意図的な行動によりそれを変えてしまう力のことである，といっている。つまり，市場という「神の見えざる手」ではなく，「見えざる良心」をもった「高潔な性格」の文明の守護神のような存在であり，公益に対する責任

---

[2] 環境監査に先立つ社会監査の歴史的発展については，次の拙稿で論じている。上田俊昭（1990）「社会監査の発展とその問題点」（『中央大学経済研究所年報』第21号），65–92ページ。

を意識した人々によってそれが担われる[3]，ということになるという。その結果として，ボトムラインとしての「利益」は，マネジメントにおける意思決定の原因ではなく，その「有効性を確認するテスト」を意味するものでしかない，という。

そうしたマネジメント思想を背景にしながら，当初の環境監査は，組織内のマネジメントの一環として環境監査が行われてきたが，それはあくまでも環境マネジメントシステムを組織内に導入するということの原型であった。アメリカのスーパーファンド法とそれに対応する形で誕生した環境監査，そこから大きな影響を受けつつ1990年前後の地球規模の環境問題を契機にして，国際商業会議所（ICC）は，1991年，環境マネジメント・監査に関するガイドラインを発表している。ICCの立場は，法規制を守るだけではなく，自ら定めた高い管理目標を達成すべく本格的にマネジメントシステムを導入して，その経営努力を求めるもので，環境監査もそのマネジメントシステムに組み込まれた目的実現のための1つのツールとして位置づけられている。そこで表明された環境監査に関する骨子の影響は大きく，その後，1992年のイギリス環境マネジメント規格7750や，1993年に制定されたヨーロッパの環境マネジメント・監査スキーム（EMAS），さらには1996年に環境マネジメント・監査の国際規格ISO 14001シリーズへと展開されていくことになる[4]。

ISO 14001の規格の要求事項そのものは，イギリスの「BS 7750」を起源とするもので，その規格の採用は，強制ではなく組織の自主性に委ねられている。ここでの環境監査は，従来型の単なるリスク削減のための遵法性監査では

---

[3] Jack Beatty (1998), *The World According to Peter Drucker*,『マネジメントを発明した男　ドラッカー』(1998) 平野誠一訳, 169–174ページ。
[4] 日本適合性認定協会（JAB）のISO 14001認証登録組織は，2009年11月20日現在，20,576件となっている。今年の2月20日20,866件をピークに，その後減少に転じている（http://www.jab.or.jap）。なお，この規格導入の効果としては，操業に要する原材料・資源の投入量減少によるコスト削減，また法令及び基準への適用，健康・安全，そして環境にたいするリスク低減など多面的である，と報告されている。倉田健児（2006）『環境経営のルーツを求めて―「環境マネジメントシステム」という考え方の意義と将来』, 284ページ。

なく，組織の環境に関する取り組み，別の表現をすれば「環境マネジメントシステム」という仕組みについての監査へと転換している。そこでは，環境マネジメントシステムの仕組みが規格の要求事項に適合しているかどうかの適合性が問題となっている。このような環境監査の現状を踏まえて，ISO 14001 環境規格を中心とした環境監査の目的と対象を確定し，環境監査の保証する環境マネジメントシステムの質とその問題点を指摘し，新たな環境監査の方向性について検討している。会計監査が外部環境である社会の求めに応じて進化してきたように，環境監査も同様に変化することが求められていることを指摘したうえで，さらには今後の内容豊かな会計のあり方の手がかりについても探ってみたい。

## 1. 環境監査の概念と内部環境監査

監査とは，ある特定の個人または経営の行為や業務について，それに利害関係をもつ個人または経営の要請にもとづいて，これを当事者以外の第三者が調査し，その結果を報告することである[5]。そしてそれが要請される背景としては，財産の委託受託関係のある場合はもちろんのこと，直接的な財産・用役をともなわなくとも，生活に重大な影響がある関係，たとえば企業と地域住民，公害被害者との関係がそれである。これらの関係があれば，企業と地域住民や公害被害者との間に重大な利害のコンフリクトが発生する。利害のコンフリクトの事態が根底にあって，一方に自己の利害を守るための1つの方法として監査が要請されてくる。

その意味では，環境監査は，企業を起因として一方の側に損害が発生したか，または将来の発生が予想される場合に，自己の利益を守るための1つの方法として考えられている。被監査側の行為や事実あるいは情報が，利害関係者におよぼす影響が重大であるとか（影響の重大性），また利害関係者への情報や説明が複雑で理解困難である場合（対象の複雑性），さらには経済的，時間的及

---

5) 高田正淳（1979）『監査論』，1ページ。

び能力的に直接調査できない場合（利害関係者の遠隔性），これらの状況下にある場合にはとくに監査が要請されてくる[6]。環境に関連していえば，その利害関係者の生活や生命への影響の重大性，企業規模の拡大や取引の複雑化にともなう環境マネジメントシステムと環境情報の複雑性，利害関係者の場所の遠隔性などの理由から問題が発生した場合にはじめて，第三者による調査と報告といういわゆる環境監査が不可欠となってくる。

その環境監査について明確に定義をしたのは，パリに本部を置く国際商業会議所（ICC）である。それによれば，環境監査について次のように定義している。

「環境監査とは，環境保全を促進するという目的のために，環境に関して組織・管理・設備がどのようにして適切に機能しているかを，体系的に文書化した形で，定期的，客観的に評価するための管理ツールであり，これにより(1)企業の環境慣行について経営者（management）のコントロールを促進するとともに，(2)法令遵守を含む当該企業の環境方針を遵守しているかどうかを評価することである。」[7]

このICCの定義のキーポイントは，体系的であること，文書化されていること，定期的であること，及び客観的であること，といった特徴を備えたマネジメントツールとしてとらえられている。したがって環境監査の対象は，明らかに環境マネジメントシスムそのものであり，その存在を前提にして，その仕組みの継続的改善を目的とした内部監査となっている。環境監査の実施によって環境マネジメントシステムそのものの信頼性を高めることが可能になる。つまりトータルな環境マネジメントシステムの一要素としての監査，換言すれば内部環境監査が力説されている。なお，この定義には，直接に独立した第三者

---

6) 同書，6ページ。
7) ICC Publishing (1991), *ICC Guide to Effective Environmental Auditing*, p. 3.
　ICCは，ヨーロッパにおいて経済人が社会的活動を推進するための組織として結成されたものである。日本では明治12年に，渋沢栄一がヨーロッパをまねて商法会議所を設立したのがはじまりで，現在はその活動は経済団体連合会や日本商工会議所に引き継がれている。

による「証明」という文言が無いところから，この段階では外部環境監査については企業の自主的な判断に任せられている。

　環境保全活動を推進するべく経営マネジメントシステムの信頼性を高めるために，環境監査としては，企業自体が経営トップのために実施する内部環境監査と，利害関係のない第三者の実施する外部環境監査とが必須である。この2つの環境監査は，一種の二輪車の両輪のようなものであり，同時に実施してはじめて有効に機能するものと考えられる。この仕組みをもつ環境マネジメントシステムとしては，ISO 14001 とその適合性について審査する「認証登録」制度が最も代表的である。

　ISO 14001 の基本となる環境マネジメントシステムの考え方は，PDCA サイクルの原則のなかで，P つまり計画の段階において環境問題の「汚染の予防」が重要視されていること，国や地域によって環境パフォーマンスの水準が異なることから，システムそれ自体の「継続的改善」を要求しており，結果としてパフォーマンスの向上に結び付けようとしている，というところに大きな特徴がある。

　さて，この ISO 14001 における環境マネジメントシステムと環境監査との関係性はきわめて重要である。ISO 14001 において，PDCA サイクルの中で C（Check）機能を果たすこと，つまり要求事項の「点検と是正処置」の一部に含まれるのが環境マネジメントシステムの監査，換言すればそれが内部環境監査である。これは，既述したように，遵法性監査として環境法令の遵守状況チェックなど企業自らの判断によって環境リスクを低減させる，という内部監査から出発したが，現在では環境マネジメントシステム監査の一部に組み込まれている。

　海外の事例でも，環境マネジメントシステムが有効に機能するためには，内部環境監査が鍵になると考えられている。1980 年代，重大な環境問題を内部環境監査により克服したノルウェーのノルスク・ハイドロ社の環境担当スタッフは，次のように述べている。「内部監査は管理システムの中心的な役割を果たし，それを通じて上級管理者は，組織の活動がどのように構成されているか

を常に知ることができるし，全体的な環境対応能力を継続的に高めていくことができる。」[8]つまり，端的に表現すれば，内部環境監査は，企業の環境対応力の向上に役立つ，ということである。

ISO 14001 の要求事項では，この内部監査は，定められた間隔で確実に実施すること，またその目的とするところは，

(1) 規格や組織の要求事項に対してシステムが適合しているか，及び適切に実施，維持されているかの評価（適合性の評価）をすること，

(2) この監査の結果に関する情報をトップマネジメントに報告すること，

となっている。このことから目的は，明らかに環境マネジメントシステムの適合性評価である。そのうえで内部監査責任者は，監査の結果を「内部鑑査報告書」にまとめて経営トップに提出することになる。1996 年版では，環境マネジメントシステム監査であった名称が，内部監査へと変更しているが，その監査対象は改訂前と同様に，環境マネジメントシステムそのもの，つまり「全体的なマネジメントシステムの一部で，環境方針を作成し，実施し，達成し，見直しかつ維持するための，組織の体制，計画活動，責任，慣行，手順，プロセス及び資源を含むもの」である。

重要な点は，内部監査は自らの環境マネジメントシステムの一要素であり，内部環境監査人は，環境マネジメントシステムを定期的に監査すること，組織内とはいえ独立した立場で，彼らは，そのシステムが要求事項や環境マニュアルなどの取り決めと合致しているか，また適切に実施・維持されているかについて判定し，その結果を経営トップに報告することである。具体的には，環境方針，体制・責任，法制度の登録と環境マニュアルの作成，運用管理，記録類の保持などの一連のサイクルのなかで，これらの設定された要素が適切かつ妥当かどうかを検証する，という任務を負っている。

さらに環境監査の指針である ISO 14011 では，環境監査目的の例として，以

---

8) Stephan Schmidheiny・BCSD (1992), *Changing Course – A Global Business Perspective on Development and the Environment*，『チェンジング・コース』(1992) BCSD 日本ワーキング・グループ訳，230–231 ページ。

下のように具体的に列挙しているが，これらすべては必ずしも認証取得の条件になるものではない。

(1) 環境マネジメントシステム監査基準に対して被監査者の環境マネジメントシステムの適合性を判定する。

(2) 被監査者の環境マネジメントシステムが適切に実施され維持されてきたかを判定する。

(3) 被監査者の環境マネジメントシステムの改善の可能性がある部分を特定する。

(4) 環境マネジメントシステムの継続的な適切性および有効性を確実にするために，経営層による内部見直しのプロセスの効力を評価する。

(5) たとえば将来の供給者または共同事業者と契約関係を結ぼうとする際，当該組織の環境マネジメントシステムを評価する。

上の文言から，監査対象は環境マネジメントシステムであることはここでも同様である。(1)の環境監査の目的は，これまで言及してきた適合性評価である。その判定のための基礎となるものは，規格の要求事項であり，また組織の環境マニュアルなどである。また，環境基準などは国や地域ごとに異なっており，国際的な統一基準を定めることは困難である。そうした理由から，この規格では監査の対象は環境パフォーマンスではなく，規格への適合性を監査するものである。いずれにしても，環境監査は，最終的にはシステムの構築状況とその有効性をチェックすることにより，経営トップによる環境パフォーマンスの向上にある，と考えられている。

## 2. 外部環境監査と「期待ギャップ」の問題

ISOの認証登録審査では，これまで論じてきたような環境マネジメントシステムの一要素としての内部環境監査に加えて，外部の独立した第三者による環境監査つまり外部環境監査が実施されている。組織自らが環境マネジメントシステムの適合性を宣言（自己宣言）する方法もあるが，審査登録機関など第三者が適合性を客観的に証明することで信頼性を付与する，という外部環境監査

が一般的である。しかしながらこの外部環境監査は，内部監査と同様にISO環境マネジメントシステムへの要求事項の適合性評価が中心であり，また時間及び資金の制約上，ある一部のサンプリング監査により母集団が判断されることになっている。

　したがって，ときには環境マネジメントシステムの構築と運用についての規格の要求事項の適合性を発見できない，つまり不適合を見逃すという事態もしばしばありうる。そこで，内部に精通したスタッフによる詳細な監査により要求事項の適合性監査が必要であり，外部環境監査の弱点を補強するためにも内部環境監査の存在意義がある。

　ところで会計監査では，社会が監査に期待する役割と実際に監査が遂行している役割との不一致を『期待ギャップ』と呼んでいる。監査は，そもそも企業不正を発見することへの要求から発生したといわれている。19世紀後半のイギリスでは，そのような不正発見が監査の中心目的だったといわれているが，しかし1960年代になって，アメリカでは企業倒産，不正会計が露見した際に，監査ではそれが発見されなかったことにたいし社会的な批判が発生した。これがここで問題にしている期待ギャップであり，これが拡大されれば，監査は社会からの期待を裏切り，その存在そのものの意義を問われることになる。

　会計は，本来，企業活動全体という本体にたいして貨幣という光を当てて，その影を把握することにあり，その影こそがいわゆる写体としての会計情報にほかならない。これまで会計監査は，財務諸表という写体にたいする監査つまり情報監査であるとする考え方が一般的になるにおよんで，実態監査は情報監査の適正性を確かめる二義的なものとして位置づけられている。そのことが，期待ギャップ発生の一因である。

　それでは，環境監査の場合はどうであろうか。すでに述べたように，環境監査は，米国のスーパーファンド法対応の監査に代表される，法規制遵守をチェックする環境遵法性監査から出発したが，このレベルではほぼ実態監査そのものであった。つまり監査対象である実態が，法律や規則及び条例などに対する準拠の度合いを監査するからである。現在では，それを含めた環境マネジ

メントシステム監査へと拡張しているが，その対象は環境マネジメントシステムであり，その仕組み自体が規格の要求事項に適合しているかどうか，そのことを判断することにある。この場合の監査基準として，ISO 14001 やそれに準じて制定された企業独自の環境マニュアルがそれに相当するが，この基準に合致しているかの適合性監査であるが故に，環境監査の対象は，やはり依然として実態そのものであり，したがってその性格は実態監査となる。

会計監査では，期待ギャップがもたらされる第一の原因として，財務諸表監査が情報監査としての機能にあまりにも特化しすぎる[9]ということであるとすれば，環境監査ではこの種の問題は現段階では発生しないことになる。その理由の1つとして，会計監査の対象である財務諸表に相当する，いわゆる環境会計報告書もしくはそれをも含めたに包括的な環境報告書が環境監査の対象となっていないことである。このような現状では情報監査の必要性がなく，したがって会計監査で問題になっている意味での期待ギャップが考えられない，といっても過言ではない。

もう1つの理由は，システムの構築では，PDCA の各プロセスでは，多くの場合，その手続の文書化（ドキュメンテーション）と維持が求められ，そのことから情報伝達の確実性，行為の定型化による責任の明確化，さらにシステムの安定性の向上も得られやすく，またそうした特徴があるからこそ監査に際しての検証可能な証拠が得られやすいということもある。さらには，構築されたシステムの運用状況の確認と称して，たとえば有機溶剤などの揮発物の保管場所や保管状況の確認，漏洩した場合の処理スペースの確保，廃棄物の分別状況や排水基準値の測定など，さまざまな現場審査が実施されている。まさに文書（手順）→現場→記録→文書（手順）のチェックによる実態監査であり，したがって，会計監査で問題となっているような意味での期待ギャップは発生しないといっても過言ではない。

しかし，環境監査では，別の意味での「期待ギャップ」問題が重要であると

---

9) 山浦久司（2001）『監査の新世紀』，82 ページ．

考えられる。現状の環境監査が，認証水準のレベルに関連して，社会のニーズを汲み取って機能しているかについての「期待ギャップ」の懸念がそれである。つまり，現行の ISO 14001 の想定している環境監査では，これまで言及したように環境マネジメントシステム監査であり，環境に関する情報監査にまで到達していない。規格の適用範囲では，「この規格は，組織が管理でき，かつ影響が生じる環境基準に適用する。この規格自体は，特定の環境パフォーマンス基準には言及しない」となっている。その意図は，システムの改善が継続的になされれば，結果的に目的・目標としている環境パフォーマンスは達成できる，という考え方である。しかしながら環境マネジメントシステムは，「仕組み」そのものであり，それ自身，環境保全水準を規定していない。

ただし，ISO の環境規格では，唯一の情報開示の対象になっている環境方針において，「組織の環境側面に関係して適用可能な法的要求事項及び組織が同意するその他の要求事項を遵守するコミットメントを含む」としているので，少なくとも法規制がクリアされているかの遵法性監査については踏み込んでいる。つまり，法規制などに関するパフォーマンスについては，結果やデータが法規制の定める数値基準の要求を充足しているかどうかを確認することになっている。その意味では，遵法性監査からさらに進化した今日の環境監査では，それを包含しながら自らの判断により，さらに厳しい数値基準を定めて自主的に地球環境問題に取り組むことが求められている。

しかしながら，継続的にシステムの維持・改善が遂行されたとしても，たとえば必ずしも省エネ対策が十分にとられている，という保証もない。社会のさまざまな利害関係者にとっては，システムそのものに関する情報よりも，実質的な成果である環境パフォーマンスに関する情報が重要である。ISO の環境規格は，発効してから 5 年以内に見直すというルールの関係で 2004 年に改訂されたものの，環境パフォーマンスについては文言が数箇所追加されただけで，その取扱内容については変更されていない。

その背景には，内容的正義と形式的正義の問題が横たわっているように思われる。つまり正しいという場合には，内容的に正しい意味と形式的に正しいと

いう意味がある。前者は「善にかなうこと」及び「各人にその権利を保障すること」に該当するが、善いものないしはふさわしいもの＝ある実質的価値を内容としている[10]。ただし、善となる内容については、共同体や時代によって異なるという。将来、動物や植物の権利を認めことが通念となれば、それらを殺傷したりすることが不正となるが、現在ではまだそれらへの侵害が著しく悪いことだとは受け止められていない。環境もかつては侵害したとしても、不正な行為ではなかった。

それに対して、形式的正義には、実質的な内容よりも「ルールを尊重すること」が該当する。たとえば、役員になりたい人が多い場合、「くじで決めよう」というルール（合意）により、くじで役員を決めることがある。この場合、適格でない人が役員になっても、一応は正しい結果とされる。現在のISOの環境規格では、結果の中身よりもプロセスを重視する形式的正義が支配的であるように思われるが、それは国際規格としての宿命でもある。何故なら、この規格の序文に明記されているように、「あらゆる種類・規模の組織に適用でき、しかも様々な地理的・文化的及び社会的条件に適応できるように作成された」からである。このように、この規格自体、特定の環境パフォーマンス基準に言及しないからといって、それらを軽視するのではなく、自主的な基準値を設定して積極的に取り組む必要がある。

外部環境監査が、適合性監査のみに止まれば、すなわち監査の実施が社会の価値を反映してなされる制度でないならば、将来、「期待ギャップ」が発生し、いずれは社会からその存在意義が問われることになるであろう。環境に関わる内容豊かな社会への情報公開といった対応があってはじめて、いわゆる環境監査での「期待ギャップ」の問題は解決されるであろう。

おわりに

これまでの考察から明らかなように、環境マネジメントシステムとは1つの

---

10) 笹倉秀夫（2002）『法哲学講義』、122ページ。

概念であり，考え方でもあり，もっといえば仕組みないしは「器」であり，したがってこれ自体は具体的な内容を規定するものではない。その内容については，各組織体が自主的に決めることである。このことから，このISOの環境規格にもとづく仕組みに対する効果について，とくに環境パフォーマンスに関する要求を明確に掲げるEMASやレスポンスブル・ケアとの比較では必ずしも十分ではない，という見方が多いといわれている[11]。法令遵守や文書化の向上には貢献しているものの，環境パフォーマンスについては今後の課題であり，このまま推移すれば，今後，上で述べたような意味での「期待ギャップ」の懸念が予想されるのである。以下では，経営トップの環境経営にたいする関わりを前提としたうえで，今後の課題と展望について整理してみることとする。

（1）監査の機能には，一般には批判的機能と指導的機能があるとされている。ここで批判的機能とは，外部監査としての会計監査についていえば，会計上の処理や報告の適否を，一般に公正妥当と認められている企業会計の諸基準に照らして判定すること，つまり財務諸表がルールに則って適正に表示しているかどうか，について判定をくだすことを意味する。他方，指導的機能とは，むしろ期中ないしは決算の過程において積極的に助言・勧告を行い，望ましい会計処理や財務諸表の作成へと積極的に導くことである。

これに関連して，「監査というものは，望ましい姿に合致しているかどうかを第三者的に見分ける行為，不幸にして合致していない場合には合致を促す行為，そしてなんのために合致させようと努めるのかといえば，利害をもち情報を欲するひとびとに対し，できるだけそれに叶ったものを与えるためにあり，……それを利用するひとびととの間の，架け橋の役割を果たそうとする存在にほかならない。」[12]とする主張があり，その主張の根底に流れているものは，批判性よりもむしろ指導性にある。

環境監査においても，この2つの機能がそのまま該当するものと考えるが，

---

11) 倉田, 前掲書, 285-287ページ。
12) 山桝忠恕（1970）『近代監査論』, 11ページ。

環境問題という性質上，事後的な批判に終始するだけでなく，上での指摘から明らかなように，企業の環境マネジメントシステムの改善に向けた建設的な助言，つまり指導性が重要であると思われる。たとえば実績値と目標値が連続して一致しない場合，その原因を特定しながら，環境マネジメントマニュアルにしたがって是正処置がとられたかどうか，またはそれに関するマニュアルが存在しない場合には，その根拠となる規定を示しながらその必要性を説得し，文書化することなどが大事である。とくに ISO 14001 規格では，外部監査人による監査報告書（正確に表現すれば審査報告書）は，外部に公表されることは無いために，監査の性格はとりわけ指導性に重点であると考えられる。

(2) 次に，内部環境監査と外部環境監査との関係についてである。現状では，内部環境監査も外部環境監査も，固有の役割を担いつつ，同一の監査基準にしたがって，別々に環境マネジメントシステムのチェックを実施するという，いわゆる二重チェック体制となっている。内部環境監査人は経営者に責任を負うのにたいして，外部環境監査人は外部の利害関係者に責任を負っている。とくに内部環境監査では，対象にたいする知識，入手できる情報，時間とタイミングについては格段に有利性がある。このことを認識したうえで，もし内部環境監査の有効性や客観性が確認できれば，その結果を活用して，外部環境監査では，その重複する工程について内部環境監査で代用することで，これまでの外部環境監査の一部を省略することもできる。また組織が，インセンティブとした自立的で効率的な内部環境監査システムを実現すれば，それを主体とした組織自体の自己管理の意識と組織のコストパフォーマンスの向上，という二重の効果も期待できる。

これまでの第三者による外部監査には，定められた手順とそれにともなう多額のコストを要していたが，このように内部環境監査の成熟度によって，それを外部環境監査にたいしても活用することで審査工数を省略し，審査費用を低減することが可能となる。もちろんこの導入には内部環境監査の一定程度の成熟度が前提であり，内部環境監査の信頼性を活用したいわゆる代替審査や成熟審査も検討していかなければならない。ISO 14001 の認証を取得したとして

も，そのシステムは持続的に有効性を発揮するわけではなく，その後も継続して毎年1回の外部環境監査を受ける必要がある。そうしたことから，システム維持のための増大するコストや，また外部監査による通常の業務停滞を回避する意味でも，内部環境監査と外部環境監査の協力は，これからの課題である。

(3) さらに，「情報開示」についてのISOの環境規格の問題点である。要求事項では，それには消極的であるが，しかし今日，環境の視点に立った企業とステークホルダーとの対話は，ますます重要性を増している。ステークホルダーからの苦情，要望，懸念および意見などに耳を傾け，それに応えることは，リスクマネジメントを強化し，企業価値を高めることになる。この対話の活発化には，まず企業側から内容豊かな環境情報を提供することである。ここで問題にしているISOの環境規格では，企業の情報開示として「環境方針」のみを要求しているが，その他には，たとえば「環境目的・目標一覧表」，「著しい環境側面登録表」，「法的およびその他の要求事項登録表」，「環境組織図」，「環境管理プログラム」，「さまざまな環境パフォーマンス一覧表」，および「産業廃棄物処理フロー表」などが考えられる。

ところで，この情報開示に関連して，ISOの環境規格の草案段階では，環境方針のなかに環境パフォーマンスの継続的な改善と環境目的の設定を求めていた[13]，とされている。環境目的とは，組織が自ら設定した環境パフォーマンスの到達点であることから，環境パフォーマンスの継続的な改善を定量的に約束することを環境方針のなかで示し，公表することが明確に求められていたことになる。しかし実際に策定された環境規格14001では，環境パフォーマンスという言葉は登場するも，その定義のみに言及するだけで，公表の対象にはなっていない。環境監査の対象も，これまで言及してきたようにマネジメントシステムであり，環境パフォーマンスではない。

草案段階では，さらに驚くべきことに環境報告を定義したうえで，その公表も要求事項としていた[14]。つまり，環境報告とは，組織の環境方針，活動内

---

13) 倉田，前掲書，222ページ。
14) 同書，226-227ページ。

容，組織の採用する環境マネジメントシステムの機能と効果の程度，さらには組織の環境目的に関連する環境パフォーマンスなどを含めた内容になっている。これらの状況だけでなく，環境マネジメントシステムの実施状況の記録についても，組織内部のみならず外部の利害関係者にたいして真実かつ公正に記載し，公開することとなっていた。こうした情報の公開に関するものは，実際の規格には存在することなく，その意味では大きく後退していることになる。1996年に発効された環境規格14001は，2004年に最初の改訂がなされたが，その主たる狙いは一部不明確な表現の明確化と品質規格9001との両立性の向上であり，残念なことに環境パフォーマンスも含めた情報公開に関する前進はなかったのである。

　したがって，今後の課題として，組織の持続可能な発展を可能にする環境方針の設定とその実行のために，さらには社会の要求に対応して，冒頭で述べたいわゆるアダム・スミスのいう同感を獲得するためには，行動結果が定期的に情報開示され，さらにそのフィードバックによる継続的改善が必要である。そこでは信頼性を担保するべく実態監査だけでなく，情報監査としての外部環境監査の果たす役割が大きなってくる。

　(4) 上でも述べてきたように，現在の認証登録制度での外部環境監査の対象は，主として環境マネジメントシステムという一種の「器」であり，規格の要求事項との適合性が問題となっている。環境方針に記載されることになっている「継続的改善」なる文言も，それは環境マネジメントシステムという「器」そのものの改善であって，その「内容物」である環境パフォーマンスの改善にはなっていない。環境パフォーマンスは目的としてではなく，あくまで環境マネジメントシステムの改善の結果として，二義的に位置づけられているにすぎない。

　このように監査の直接的な対象ではないにしても，しかし現実の先進的企業の多くは，環境リスクや環境影響管理に関する達成状況（環境パフォーマンス）について徐々に把握しつつある。環境マネジメントシステムの継続的な改善は，規格への適合性だけでは読み取ることができない。企業の設定する目標と

基準と実績の比較は，測定可能な数値，つまりこれまで強調してきた環境パフォーマンスが望ましいことはいうまでもない。その数値が改善されてこそシステムの改善も読み取ることが可能となる。その結果を外部に報告することで，それに対する利害関係者の反応をフィードバックし，より適切な経営トップのレビュー（見直し）が可能となる。

　こうした環境パフォーマンスはいわば「環境的にどの程度優れているか」という当該組織の成績表でもあり，したがって当初設定目標との比較，時系列変化の比較だけでなく，企業外部に情報開示されれば同一産業間の比較も期待される。いずれにしても ISO 14001 と同様に，ISO 14031 においても環境パフォーマンスの PDCA サイクルによる継続的改善が意図されており，組織の能力を見極めながら優先度の高い活動，製品及びサービスからさまざまな指標を適用していくことが必要である。

　さて，今後，企業などの組織の多くは，環境報告書などの情報開示の規格化に先行して，競争優位を確保するという視点から，こうした報告書を自主的に公表していくものと思われる。その場合，現在の環境マネジメントシステムの適合性評価に関わっている外部環境監査人では，信頼性の保証という点では対応できないということが予想される。環境報告書にたいする保証の実務がすでに普及しつつあるが，その保証には会計専門職が広く関わっているという現実がある。

　こうした最近の動向をにらみつつ，会計監査と環境監査との発展の類似性から判断しても，情報利用者が，財務諸表監査の監査人である会計専門職にたいして，信頼性の観点から環境に関わる報告書の保証を求めていくことは，今後，十分に期待されるところである。企業など組織体の環境保全に関する報告書が，社会に認められた「環境基準」に準拠して妥当であるかどうかの意見を「環境監査基準」に準拠して監査し，利害関係者に信頼性を付与することが予想される。その場合には，これまでの環境監査の対象は，環境マネジメントシステムの質の保証から，環境報告書の質の保証へと進化することになる。その場合の環境監査の機能は，財務諸表監査における会計士と同様に，既述したよ

うに，環境マネジメントシステム全般にたいして批判的に分析・検討し，誤謬・虚偽などを指摘するという批判的機能に止まらず，さらに整備改善について進言または勧告を行う，という指導的機能も忘れてはならない。

（5）さらに，これからの効率的な環境経営のためには，環境パフォーマンス，さらには環境コストなど財務的指標の導入を前提とした有効な環境改善活動が必要である。そしてその情報開示とその信頼性向上のためには環境監査がセットとして組み込まれること，それがこれからの課題である。経営トップは環境方針を策定し，年度ごとに具体的な環境目標を設定するが，それを確実に実行していくためには企業は環境予算を設定して計画的にコストを配分していくことになる。また，環境コストの問題から，さらには環境コストに対して効果がどの程度あったのかという費用対効果ということが問題になってくる。環境マネジメントシステムの成熟化とともに，こうした費用対効果も含めた環境パフォーマンス情報の向上は，必然的に環境会計情報にリンクしていくことが予想される。

今日の会計の目的は，意思決定に有用な情報提供であるとされ，それが中心課題となりつつあるが，今日の情報ニーズの高まりのなかで，ディスクロージャーの拡大傾向がより一層顕著である。この拡大傾向には，制度の枠内での拡大とその枠を超越した拡大の2つがある。このうち制度枠内での拡大化は，会計監査の対象となる情報の量的拡大である。それに対して後者の拡大化について，現行制度上はディスクロージャーが要請されない任意の開示情報であり，現行制度とは別の枠組みでの情報拡大である。これまで論じてきた内容は，ほぼこれに属するものと考えられる。

企業行動の経済的な側面を中心とした財務報告書と，環境的側面を中心とした財務も含めた環境に関わる報告書，この2つが今後とも別々の目的と役割を担って推移していくことになるのか。あるいは上で述べた意味でのリンク，つまり有機的な連携を深めていくとすれば，これまで論じたような「潤いをもた

---

15）原田富士雄（1995）「動的社会と会計学の課題」『動的社会と会計学』，232ページ。

らす文化の充実」，つまりアメニティを目標とした会計[15]の実現を見据えて，今後とも慎重にかつ地道に構想されなければならない。

## 参 考 文 献

岩田　巖（1954）『会計士監査』森山書店。
上田俊昭（1990）「社会監査の発展とその問題点」『中央大学経済研究所年報』第21号）65-92ページ。
河野正男（1998）『生態会計論』森山書店。
環境省（2005）『環境会計ガイドライン2005年版』。
倉田健児（2006）『環境経営のルーツを求めて─「環境マネジメントシステム」という考え方の意義と将来』(社)産業環境管理協会。
笹倉秀夫（2002）『法哲学講義』東京大学出版会。
高田正淳（1979）『監査論』中央経済社。
日本電気（2004）「代替監査─その目的は果たしてコスト減だけなのか」『月刊アイソス』9月号，No. 82号。
原田富士雄（1995）「動的社会と会計学の課題」『動的社会と会計学』中央経済社。
水野建樹・横山　宏（2001）『ISO 14031/JIS Q 14031 環境パフォーマンス評価─ガイドライン─』(社)産業環境管理協会。
山浦久司（2001）『監査の新世紀』税務経理協会。
山桝忠恕（1970）『近代監査論』千倉書房。
吉田敬史・寺田　博編著（2005）『ISO 14001 : 2004 要求事項の解説』日本規格協会。
吉澤　正・福島哲郎編著（1996）『企業における環境マネジメント』日科技連。
吉澤　正編著（1997）『ISO 14000 環境マネジメントシステムの国際規格─ISO 規格の対訳と解説』日本規格協会。
吉澤　正編著（2005）『対訳 ISO 14001 : 2004 環境マネジメントシステム』日本規格協会。
Glenn R. Morrow (1923), *The Ethical and Economic Theories of ADAM SMITH*, Longmans Green Company,（『アダム・スミスにおける倫理と経済』（1992）鈴木信雄・市岡義章訳，未来社。
International Chamber of Commerce (1991), *ICC Guide to Effective Environmental Auditing,* ICC Publishing S. A.
Jack Beatty (1998), *The World According to Peter Drucker,* The Free Press,『マネジメントを発明した男　ドラッカー』（1998）平野誠一訳，ダイヤモンド社。
Michael Renger (1992), *Environmental Audit,* Accountancy Books,『環境監査手続きの実際』（1993）佐藤　博・中田智夫訳，パンリサーチ出版局。
Stephan Schmidheiny・BCSD (1992), *Changing Course − A Global Business Perspective on Development and the Environment,* MIT Press,『チェンジング・コース』（1992）BCSD 日本ワーキング・グループ訳，ダイヤモンド社。
Thornton, R. V. (2000), "ISO 14001 Certification Mandate Reaches the Automobile. Industry," *Environmental Quality Management,* Autumn.

# 第 8 章

## トライアングル体制の一解釈
──ポジションの観点から──

は じ め に

わが国には「金融商品取引法会計（以下，金商法会計とよぶ）」「会社法会計」「税務会計」という3つの企業会計制度が存在する[1]。これらの会計制度は密接に結びつき，わが国の企業会計制度の特徴をなしているが，このことはトライアングル体制とよばれる。本章ではトライアングル体制の状況および変化について考察する。具体的には，金商法会計・会社法会計・税務会計の関係はどのようなものであり，相互にいかなる影響を及ぼしあい，その関係はどのように変化したのか，という点について検討する。考察にあたっては「ポジション」という視点を導入する。これは，トライアングル体制を簡単な図を用いて表現するという1つの試みである。

本章では個別財務諸表を前提として議論を展開する。金商法会計のディスクロージャーは連結が主，個別が従という位置づけであるにもかかわらず，個別を前提とするのは，会社法における配当規制および法人税法における課税所得

---

1) 金融機関はこれら以外に，自己資本比率規制などの「監督目的会計」が存在する。

計算が個別ベースであるからである。会社法には連結配当規制，法人税には連結納税制度が存在するが，それらを導入するかどうかは企業の任意である。

本章のあらましは次のとおりである。1では3つの企業会計制度の概要を示す。2では「ポジション」という分析手法を説明する。3では各会計制度が相互に接近していった状況を取り上げる。4では各会計制度の最近の動向を整理し，5で会計制度間の最近の相互関係について検討する。なお，金融商品取引法の前身は証券取引法，会社法の前身は商法である。本章では，会計制度の名称は過去の議論であっても「金商法会計」「会社法会計」という現在の用語で統一するが，法律名は必要に応じて「証券取引法」「商法」という旧名称を用いる。

## 1. 企業会計制度の概要

ここでは，金商法会計・会社法会計・税務会計の概要，ならびにトライアングル体制の基本構造を示す。

【金商法会計】　金融商品取引法には，投資家の適正な意思決定を可能にし，証券市場を有効に機能させるという目的がある。投資家は自己責任で投資を実施するが，それは意思決定に有用な情報を投資家が入手できることが前提となる。企業と投資家の間には情報の非対称性が存在するが，それを緩和するため，金商法会計には企業内容を開示させるという役割がある。証券市場は発行市場と流通市場からなり，発行市場の開示例として有価証券届出書，流通市場の開示例として有価証券報告書・四半期報告書がある。投資家は EDINET を通じてそれらを入手できる。

企業会計においては，一般に公正妥当と認められる会計基準が存在し，企業はそれに準拠して会計処理ならびに財務諸表の作成を行う必要がある。これらの会計基準は，基本的には金商法会計の範疇に属するものである。

【会社法会計】　会社法および会社計算規則は会社法会計に関する規制を設けているが，それは配当規制と開示規制に分けられる。まず配当規制であるが，株式会社が出資者である株主に対して利益の配当を行うことは会社にとって当

然の行為である。ただ，株式会社には株主有限責任という法的特徴があり，債権者の担保となるのは会社の財産だけである。そこで，会社法は配当を無制限に行うことを認めておらず，一定の規制を設けている。次に開示規制であるが，会社法会計には株主・債権者などに対して会社の情報提供を行うという役割がある。貸借対照表・損益計算書・株主資本等変動計算書・個別注記表および事業報告[2]は株主総会招集通知とともに株主に直接送付され，附属明細書は会社の本支店に備え置かれる。

【税務会計】　法人税は企業の所得に対して課される国税である[3]。法人税法は課税の公平性を確保し，租税回避を防止することを重視している。法人税の課税所得は「益金－損金」という式で求められるが，課税所得の算定については詳細な規定が存在する。主たるものは法人税法で，その他に租税特別措置法・法人税法施行令・法人税基本通達などがある。

　企業のもうけを，金商法会計と会社法会計では利益，税務会計では課税所得と表現する。利益は「収益－費用」という式で求められる。益金と収益は企業のもうけのプラス要因，損金と費用は企業のもうけのマイナス要因というように，基本的には同じ概念であり，それらの差額である課税所得と利益も，基本的に同じ概念である。しかし，利益と課税所得の額は現実には一致しない。利益と課税所得の相違は，①収益であるが益金でない，②収益でないが益金である，③費用であるが損金でない，④費用でないが損金である，という4項目に分類できる。課税所得は「利益＋②＋③－①－④」という式で算定され，このことは申告調整とよばれる。税法は益金と損金について網羅的にではなく，利益と課税所得の相違点を中心に規定している。

【トライアングル体制の基本構造】　金商法会計・会社法会計・税務会計の3つの会計制度のうち，基本となるのは会社法会計である。個別財務諸表を前提とすると，会社法会計で作成された計算書類の表示を組み替えることによっ

---

[2]　旧商法では営業報告書は計算書類に含まれていたが，会社法では事業報告は計算書類に含まれていない。
[3]　企業の所得を課税ベースとする租税は，法人税以外に住民税・事業税がある。

て，金商法会計の財務諸表が作成される。また，会社法会計で算定された当期純利益に申告調整を行うことによって，税務会計の課税所得が算定される。

## 2. 分析手法

　本章では考察にあたり「ポジション」という視点を導入する。トライアングル体制は金商法会計・会社法会計・税務会計について
　　　・3つの会計制度の間の距離
　　　・3つの会計制度の位置関係
というように論点を整理することができる。これらの内容を図で表現するのが「ポジション」という手法である。「3つの会計制度の間の距離」とは，換言すると「各会計制度の結びつきの強度はどのようなものか」ということである。また「3つの会計制度の位置関係」とは，換言すると「各会計制度が相互に影響を及ぼしている場合，どの影響が強いのか」ということである。

　以下の議論では三角形の図を説明に用いる。議論の出発点として，3つの会計制度がそれぞれ完全に独立しており，他の会計制度を無視して自己の役割だけを考えた場合の「本来の位置」というものを想定する。各会計制度の概要については本章の1で示したが，それぞれ次のように役割が異なる。
　　　金商法会計：投資家保護のための情報開示
　　　会社法会計：債権者保護のための配当規制および株主・債権者への情報開
　　　　　　　　　示
　　　税務会計　：公平な課税の達成
役割が異なると，それを果たすための最適な手段は異なることになる。各会計制度の本来の位置はその役割によって決まると考えられるが，それは図8-1のように，三角形の頂点になるとする。金商法会計はA，会社法会計はB，税務会計はCがそれぞれ，本来の位置に該当する。そして，3つの各会計制度が他の会計制度と関わり合うことによって，A・B・Cという本来の位置から，どのように移動するのかをみていく。

図 8-1　各会計制度の本来の位置

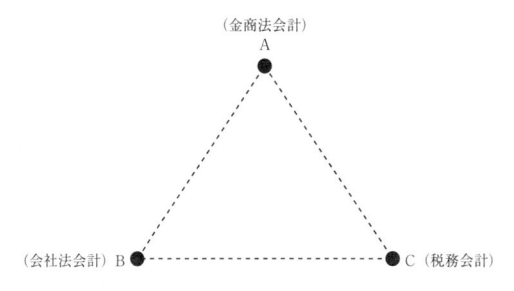

（金商法会計）A

（会社法会計）B　　　　　　　　　C（税務会計）

## 3．各会計制度の接近

ここでは，3つの会計制度がお互いに接近していった状況について整理する。

### 3–1　金商法会計と会社法会計の接近

1949年（昭和24年）に「企業会計原則」が公表された。企業会計原則は商法に対する指導機能を有している。そのことは前文において「企業会計原則は，将来において，商法，税法，物価統制令等の企業会計に関係ある諸法令が制定改廃される場合において尊重されなければならないものである」と示されている。その指導性は商法改正において発揮された。その代表例として，商法は以前，資産の評価基準として時価以下主義を採用していたが，1962年（昭和37年）改正で，取得原価主義に改められたことがある。

また，商法には会計に関する基本的な規定が存在したが[4]，網羅的に規定していたわけではない。ただ，商法は1974年（昭和49年）改正で「商業帳簿ノ作成ニ関スル規定ノ解釈ニ付テハ公正ナル会計慣行ヲ斟酌スベシ」という，いわゆる斟酌規定を設けた（旧商32②）[5]。ここで，公正なる会計慣行とは，企業

---

4) 2002年（平成14年）の改正で，商法の会計規定の多くは商法施行規則に委任された。
5) 会社法431条にも「株式会社の会計は，一般に公正妥当と認められる企業会計の慣行に従うものとする」という同様の規定が設けられている。

会計原則などの会計基準が主たるものであると理解されており，会社法会計においても会計基準を遵守する必要がある。

このように，会社法会計は金商法会計に接近していったという側面がある。しかし，金商法会計と会社法会計の関係は，これとは逆方向のものが存在した。1974年の商法改正で，既に実施されていた証券取引法監査に加えて，商法監査が新たに導入されることになったが，その際，金商法会計と会社法会計の財務諸表を一元化する必要性が生じた。当該改正前は，金商法会計は当期業績主義，会社法会計は包括主義をそれぞれ採用するという，重大な相違点が存在した。企業会計原則の指導機能の趣旨からすると，会社法会計が金商法会計に歩み寄るはずであったが，両会計の一元化の際には，金商法会計が会社法会計に歩み寄るという逆の事態が起きた。金商法会計が当期業績主義から包括主義へと変更したのである。金商法会計と会社法会計の一元化により，両会計の財務諸表は表示面で若干の違いはあるものの，実質的な内容は同じになった。

さて，会社法会計には配当規制という役割があるが，金商法会計と会社法会計が一元化している状況（以下では，この状況を「金商法会計・会社法会計」と表記する）では，金商法会計の利益についても配当として社外流出させることの是非が問われた。というのは，わが国の配当規制は「金商法会計・会社法会計」における留保利益の額が配当可能限度額と密接に関わっていたため，金商法会計の利益計上についても配当適状にかかる判断が要請され，利益の裏付けとなる資産性を厳格に吟味する必要があったのである。そのことは，換金能力を有するものだけを資産，法律上の債務だけを負債として計上するという考え方につながり，この点で会社法会計の影響が強くあらわれていたといえる。ただ，会社法会計は期間損益計算を重視する金商法会計の考え方を尊重し，換金能力を有さない繰延資産，および債務性のない引当金を計上することを認めた。こちらについては，金商法会計の影響があらわれている。

以上の内容をポジションの観点から整理する。企業会計原則の指導機能および商法に設けられた斟酌規定の存在についていえば，会社法会計は金商法会計に接近している。図8-2に即していうと，会社法会計は本来の位置であるB

図 8–2　金商法会計と会社法会計の接近

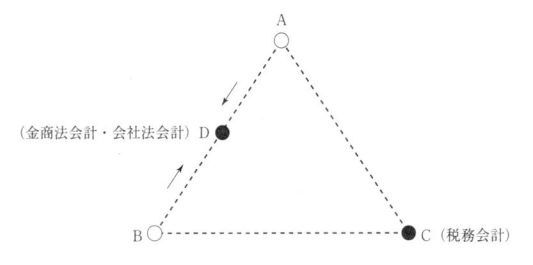

```
                        A
                        ○
                       ╱ ╲
                      ╱   ╲
                     ↙     ╲
       (金商法会計・会社法会計) D ●
                   ╱ ↖       ╲
                  ╱            ╲
                 ╱               ╲
                B ○- - - - - - - - ● C (税務会計)
```

から，金商法会計の本来の位置である A の方向に移動している。この点だけに着目すると，金商法会計は本来の位置である A にとどまり，会社法会計だけが移動したようにみえる。しかし，配当規制のあり方，および商法監査の導入にともない，金商法会計が会社法会計の方に歩み寄るかたちで，両会計の一元化が行われた。図 8–2 に即していうと，金商法会計の方が本来の位置である A から，会社法会計の本来の位置である B の方向に移動した。そして，金商法会計と会社法会計は A と B を端点とする線分上の D において，一致することになったのである。

### 3–2　「金商法会計・会社法会計」と税務会計の接近

わが国の法人税法は確定決算主義を採用している。確定決算主義には広義と狭義の 2 種類がある。広義の確定決算主義は，会社法上の決算にもとづく課税所得の算定方式を意味する。法人税法は「内国法人は，各事業年度終了の日の翌日から 2 月以内に，税務署長に対し，確定した決算に基づき次に掲げる事項を記載した申告書を提出しなければならない」と規定している（法法 74）。また，狭義の確定決算主義は，内部取引等の特定事項について確定決算において所定の経理を行った場合にのみ課税所得の計算上これを認める方式を意味する[6]。狭義の確定決算主義は，法人の意思決定によって成立する内部取引等について，株主総会等の承認により確定した決算を重視する方法である。なお，

---

6)　中村（利）(1992)，144 ページ。

狭義の確定決算主義は損金経理要件を含む。損金経理とは確定した決算において費用または損失として経理することである。

さて，3-1で示したように，企業会計原則の指導機能は税法にも向けられている。その結果，税務会計は「金商法会計・会社法会計」に接近していった。その例として引当金をあげることができる。法人税法は損金の認識基準として債務確定主義という法的基準を採用しており，損金の計上は償却費を除き，債務の確定が要件とされる（法法22③）。債務が確定していない費用は発生の見込みと金額が明確でないため，損金算入を認めると所得計算が不正確になり，所得金額が不当に減少するおそれがあるというのが，債務確定主義を採用している理由である[7]。引当金は債務が確定しておらず，債務確定主義を適用すると，税務会計では引当金の計上が不可能になる。しかし，金商法会計では，期間損益計算の適正化をはかるため費用収益対応の原則が基本原理として存在し，一定の要件を満たす将来の費用については引当金が計上される。そこで，費用収益対応の原則の考え方を税務会計にも導入し，法人税法は別段の定めを設けることで，債務確定主義の例外として引当金の計上を限定的に認めたのである。金商法会計は引当金の種類を限定していないが[8]，1998年度（平成10年度）税制改正が実施される前の時点で計上が認められていた税務上の引当金は，貸倒引当金・返品調整引当金・賞与引当金・退職給与引当金・特別修繕引当金・製品保証等引当金の6種類である。

確定決算主義は税務会計が「金商法会計・会社法会計」に依存するというかたちをとっている。しかし，実際には逆の効果，すなわち税法規定が会計処理を拘束するという逆基準性が生じている。引当金についていえば，引当金繰入額を税務会計上で損金算入するには，「金商法会計・会社法会計」でも，確定した決算で費用または損失を計上するという損金経理を行う必要がある。損金経理を行わずに，法人税申告書で減算することは認められない。引当金の繰入

---

7) 金子（2008），254ページ。
8) 企業会計原則注解18で規定されている要件を満たすものは，引当金として計上しなければならない。

図 8-3 「金商法会計・会社法会計」と税務会計の接近

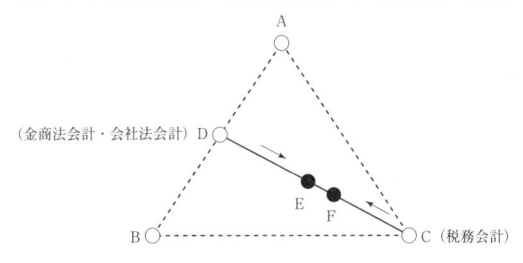

```
                       A
                       ○
                      ╱ ╲
                     ╱   ╲
                    ╱     ╲
  (金商法会計・会社法会計) D ○──→────────
                    ╲   ● ●   ╲
                     ╲  E  F   ╲
                      ╲         ╲
                    B ○───────────○ C (税務会計)
```

は内部取引であり，確定した決算における費用性の有無の判断を税務上も受け入れるというのがその理由である。損金経理要件が存在するため，「金商法会計・会社法会計」で妥当と考えられる引当金繰入額が税務上の繰入限度額を下回っている場合，税務上の恩典を受けるため，「金商法会計・会社法会計」の引当金を税務上の繰入限度額まで計上するという事態が起こった。なお，引当金については，以前はこのような処理も監査上，妥当な会計処理として取り扱われていた[9]。わが国では税法規定が企業の会計処理を事実上拘束するという事態が生じていたのである[10]。

　以上の内容をポジションの観点から整理する。図8-3に即していうと，法人税法が確定決算主義を採用しており，課税所得は利益に調整を加えて算定されること，および企業会計原則の税法に対する指導性によって，税務会計は本来の位置であるCから，税務会計を考慮しない場合の「金商法会計・会社法会計」の位置であるDの方向へと移動した。しかし，逆基準性が存在するため，「金商法会計・会社法会計」も，Dから税務会計の本来の位置であるCの方向へと移動した。ただ，法人税については受取配当金の益金不算入や交際費・寄付金の損金不算入などの規定があり，それらは決算に反映されるものではなく，申告調整項目であるため，「金商法会計・会社法会計」と税務会計は

---

9) 例として，監査委員会報告第5号「貸倒引当金に関する会計処理及び表示と監査上の取扱い」があるが，2000年に廃止された。
10) 「金商法会計・会社法会計」と税務会計が相当部分で重なり合う確定決算主義には，企業の計算手続のコストが節約されるというメリットが存在する。

完全には一致していない。「金商法会計・会社法会計」はE、税務会計はFとなり、異なる位置にある。それでも、「EとFの距離」は「DとCの距離」より小さくなっている。

なお、企業の会計選択行動についても簡単に触れておく。企業の経営者には、税金対策としては利益を抑制したいが、投資家や銀行向けには利益を拡大したいという、反対方向のインセンティブが働くことが多い。「金商法会計・会社法会計」がE、税務会計がFというように両者間の距離が小さい状況では、利益が上方向あるいは下方向のいずれか一方に極端に偏ることが防止され、その結果、利益は適当な値に落ち着きやすいといえる。

### 4. 企業会計制度の最近の動向

本章の1で各会計制度の概要を示したが、ここではそれらの最近の動向を整理する。

【金商法会計】　金商法会計をとりまく環境はかなり変化している。まず、わが国の金融システムは間接金融から直接金融へシフトしている。また、経済の国際化がすすむにつれて、日本の会計基準が他国と異質であることの弊害が問題視されるようになった。これらを受けて、「会計ビッグバン」とよばれるように、わが国では国際的な基準にあわせる方向での新会計基準の設定が次々となされた[11]。その例として、研究開発費会計・退職給付会計・金融商品会計・減損会計・企業結合会計・事業分離会計などがある。また、利益処分計算書にかえて、株主資本等変動計算書が基本財務諸表に含められた[12]。

【会社法会計】　2005年には商法のうちの会社に関する部分を中心として、会社法が制定された。会社法のもとでは、会計規定の多くが会社計算規則に委任されている。会社法では最低資本金制度が廃止され、資本金および準備金の減

---

11) 会計基準そのものではないが、その基礎となる「財務会計の概念フレームワーク」がわが国でも2004年に公表され、2006年に改訂版が出された。
12) キャッシュ・フロー計算書は連結ベースについてのみ公表すればよいが、連結財務諸表を作成しない企業は個別ベースで公表する必要がある。

少制限も撤廃された。資本金および資本準備金減少差益については資本準備金ではなく，その他資本剰余金になり，配当可能である。また利益準備金は，それ単独ではなく，資本準備金とあわせて資本金の4分の1まで積み立てればよくなった。資本準備金と利益準備金は，会社法上の取扱いとしては準備金に一本化された。そして，利益配当・中間配当・資本金および準備金の減少にともなう払戻しという株主への金銭等の分配，ならびに自己株式の有償取得については，分配可能額として統一規制が設けられた[13]。なお，純資産額が300万円未満の場合，配当を認めないという純資産額基準が導入された。

【税務会計】　法人税法は毎年改正が行われているが，税務会計にとってとくに重要なものは1998年度（平成10年度）税制改正である。わが国の法人税率は諸外国に比べて高いと指摘され，税率を引き下げることにしたが，財政上の理由から税収の減少をもたらすわけにはいかず，課税ベースを拡大する必要が生じた。ここで，課税ベースの拡大とは，益金の早期計上ならびに範囲の拡大，あるいは損金の遅延計上ならびに範囲の縮小を意味する。税務上の引当金はそれまで6種類が認められていたが，返品調整引当金以外の5種類が縮減の対象となった。また，建物の減価償却方法は，それまで定額法と定率法が認められていたが，1998年以降に取得したものは定額法しか認められなくなった。さらに，請負工事に関する収益については，それまで工事完成基準と工事進行基準の選択適用が認められていたが，長期大規模工事は工事進行基準の適用が義務づけられた[14]。なお，2001年度（平成13年度）改正で合併・分割・現物出資・事後設立に関わる組織再編税制が導入された[15]。

## 5. 各会計制度の関係の最近の動向

本章の4で各会計制度の近年の動向を整理したが，ここでは，それらの相互

---

13) 現行の会社法に限定するならば，「配当規制」よりも「分配規制」と表現する方が妥当であろう。
14) 金商法会計でも2007年に「工事契約に関する会計基準」が公表され，一定の条件を満たすものについては工事進行基準が強制されるようになった。
15) さらに，2002年度（平成14年度）改正で連結納税制度が導入された。

関係が最近どのようになっているのかという点を取り上げる。

### 5-1 「金商法会計・会社法会計」と税務会計の分離

わが国は，以前は「金商法会計・会社法会計」と税務会計の結びつきが強く，会計利益と課税所得の差異は小さかった。しかし近年は両者の差異が拡大し，申告調整項目が増大している。その理由として次の2点をあげることができる。1つ目は，経済活動のグローバリゼーションが進展するなか，わが国の会計基準を国際的な基準に調和させる必要性が高まり，新会計基準の公表が相次いだことである。金商法会計は国際的動向を意識せざるをえないのに対し，税務会計はどちらかというと国内問題という色彩が強く[16]，両者の一致は難しくなってきた。2つ目は，税率の引下げと課税ベースの拡大を意図した，1998年度（平成10年度）の法人税法の改正である。新会計基準の公表と法人税法の改正があわさって，「金商法会計・会社法会計」と税務会計は大きく乖離した。それゆえ，税法規定に準拠した会計処理は，実態開示の点で容認することができなくなった。

ここで，「金商法会計・会社法会計」と税務会計の間に存在する質的相違を取り上げる。金商法会計（およびそれと一元化している会社法会計）は，投資意思決定に有用な情報を提供するという役割から将来指向的になり，予測数値という要素が入り込みやすい。近年公表された会計基準にはその傾向が顕著である。予測数値を多く導入することで，会計情報の信頼性が揺らぐおそれはあるが，意思決定有用性は上昇すると考えられる。一方，税務会計に予測数値がとりいれられることは少ない。納税者間における租税負担の公平性を保持するためには，個別納税者の過度の主観的判断の介入による恣意的な計算を排除し，計算の適正性を確保する必要がある[17]。予測数値の導入は恣意的な処理につながりかねず，課税の公平性を損なう危険性が高い。

また，会計基準が会計実務における実践的な役割を果たすためには，詳細か

---

16) ただし，税制についても他国の動向を無視していいわけではない。
17) 富岡（1985），85ページ。

つ具体的なものであることが要求される。わが国では以前は詳細な会計基準が存在しなかった。企業会計原則も会計全般に関わるものであって，具体的なものになりえなかった。一方，税法規定は課税の公平性を確保するため，施行令・施行規則・通達を含めると明確かつ詳細なものとなっている。したがって，企業の会計処理が税法規定に相当程度依存してきたのは，やむをえないことであった。その結果，税法規定が事実上の会計基準として機能し，税法に準拠した会計処理が広く採用されてきた。このような逆基準性には批判が存在したが，逆基準性が生じた理由は会計実務にたえうる程度に詳細な会計基準を設定しなかった会計サイドにもある[18]。近年，会計基準のあり方として，細則主義と原則主義の対比ということがしばしば議論の対象となっている。詳細な会計基準が存在しなかった時代には税法規定が会計実務の具体的指針を提供してきたが，それは「税法基準による細則主義」が採用されていたと解釈できる。しかし，近年，「金商法会計・会社法会計」と税務会計の分離傾向が生じていることもあって，わが国では会計基準そのものの細則主義化がすすんでいる。

なお，会計利益と課税所得の差異が拡大すると，税引前当期純利益・法人税等・税引後当期純利益の3つの関係は歪んだものになるが，それについては税効果会計で調整することにした。1998年に「税効果会計に係る会計基準」が公表された。税効果会計は以前は連結財務諸表においてのみ任意に適用されてきたが，現在では個別・連結とも適用が義務づけられている。

「金商法会計・会社法会計」と税務会計が明確なかたちで分離した例として，退職給付，合併の2つのケースを以下で示す。

【退職給付】　退職一時金・退職年金という退職給付は，内部引当により従業員に直接給付する部分と，金融機関への外部拠出による部分からなる。金商法会計では以前は，内部引当については退職給与引当金を負債の部に計上し，外部拠出については掛金支払時に費用計上するという方式が一般的であった。ま

---

[18]　会計基準が過度に詳細なものになることについて，著者は多少疑問をもっている。

た，税務会計では以前は，内部引当については一定限度額まで退職給与引当金の繰入額の損金算入が認められ，外部拠出については掛金支払時に損金算入が認められた。

ただし，金商法会計と税務会計はそれぞれ，1998年に大幅な改正がなされた。金商法会計では1998年に「退職給付に係る会計基準」が公表された。そこでは内部引当と外部拠出を統一的にとらえ，数理計算により期末時点における退職給付債務を算定し，そこから年金資産の時価を控除した額を退職給付引当金として負債の部に計上するという手続がとられることになった。それは，多くの企業で引当金計上額が増大するという状況をまねいた。一方，税務会計では，内部引当については1998年度（平成10年度）税制改正で，退職給与引当金の繰入限度額が期末退職給与の要支給額[19]の40％から段階的に20％に引き下げられた。その後，2002年度（平成14年度）改正で退職給与引当金の制度自体が廃止された。なお，税務上の外部拠出については掛金が損金算入されるという点で，基本的に従来と同じである。

このように，退職給付に関し，従業員に対する支給時よりも早い時点で費用ないし損金を見積計上することについて，「金商法会計・会社法会計」は積極的であるのに対し，税務会計は消極的であり，両者の改正は正反対であるといえる。

【合併】　わが国では以前は合併について，明確な会計基準が存在しなかった。ただ，合併時に評価益を計上すると課税するという取扱いが税務上でなされていたため，「金商法会計・会社法会計」では，合併会社・被合併会社のいずれかが欠損金を有する場合を除き，被合併会社の資産を簿価で引き継ぎ，のれんを計上しないという会計処理が一般的であった。評価益課税という税法規定が存在する状況で，特定の合併にパーチェス法を強制適用するという会計基準を設定することは，事実上不可能であった。2001年度（平成13年度）税制改正で組織再編税制が導入され，一定の条件を満たす合併については適格合併とし

---

[19]　税務上の退職給与引当金の計上基準として，要支給額基準，累積限度額基準，給与総額基準があった。

図 8-4 「金商法会計・会社法会計」と税務会計の分離

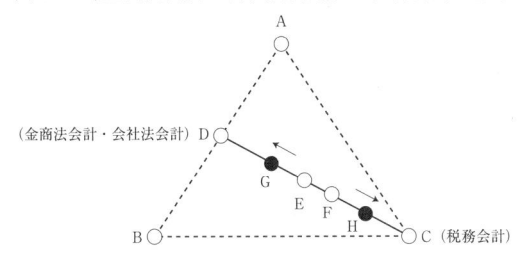

て，課税の繰延が認められるようになった。組織再編税制の導入により，合併において「金商法会計・会社法会計」が税務会計から受ける影響の度合いは小さくなり，会計基準の設定に関する自由度は高まった。すなわち，会計処理上，受入資産の評価益を計上すべきかどうかを課税所得計算から切り離して議論することができるようになったのである。そして，2003年に「企業結合に係る会計基準」が公表され，合併は企業結合の一形態として扱われるようになった。企業結合を経済的実態によって取得と持分の結合に分類し，取得にはパーチェス法を，持分の結合には持分プーリング法をそれぞれ適用する[20]。

以上の内容をポジションの観点から整理する。1998年までは図8-3でみたように，「金商法会計・会社法会計」と税務会計をできるだけ調整するという方針がとられていたが，1998年以降は両者の間に分離傾向がみられる。図8-4に即していうと，「金商法会計・会社法会計」はEからGへと移動している。また，税務会計はFからHへと移動している。「GとHの距離」は「EとFの距離」より大きくなっている。退職給付にかかる費用・損金を見積計上することについては，上述したように，金商法会計は積極的であるのに対し税務会計は消極的であり，両者は逆方向である。それは図8-4の状況を明確に示している。

---

20) 企業結合については，会計基準のコンバージェンスの観点から，2008年に「企業結合に関する会計基準」が公表され，持分プーリング法を排除するという，さらなる改正が行われた。

### 5-2 「金商法会計・会社法会計」と税務会計の近年の調整

5-1 で記したように,「金商法会計・会社法会計」と税務会計は 1998 年以降,分離傾向にある。しかし,両者がそれぞれ自由に会計基準あるいは税法規定を設定し,拡大した会計利益と課税所得の差については税効果会計で処理すればよいといった単純な状況ではない。現在でも会計基準と税法規定はしばしば調整が行われ,「金商法会計・会社法会計」と税務会計の間には微妙な関係が保たれている。両者の調整としては,①税務会計が「金商法会計・会社法会計」に配慮する,②「金商法会計・会社法会計」が税務会計に配慮する,という 2 つのパターンがある。①の例としてリース取引,役員賞与,②の例として減価償却がある。

【リース取引】 1993 年に公表された「リース取引に係る会計基準」はファイナンス・リースについて,賃借人に対し,リース資産およびリース負債をオンバランス化することを原則としつつも,所有権移転外ファイナンス・リースは注記を条件に,オフバランス処理することを容認していた。しかし,2007 年に公表された「リース取引に関する会計基準」は,所有権移転外ファイナンス・リースについて例外処理を排除し,オンバランス化することを義務づけた。ただ,会計基準だけを変更して税法規定を変更しなければ,リース取引について会計処理と税務処理にズレが生じ,実務上,非常に面倒なことになる。そこで 2007 年度(平成 19 年度)税制改正では,新リース会計基準の内容にあわせるように,税務上,ファイナンス・リース取引を売買処理に一本化し,所有権移転外リース資産の償却方法としてリース期間定額法を採用した[21]。

【役員賞与】 わが国では従来,役員報酬は費用処理,役員賞与は利益処分という会計処理が採用されてきた。だが,会社法が制定され,役員報酬と役員賞与が同一の手続で支給されることになった等の理由から,会計処理方法を見直す必要が生じた。そして,2005 年に「役員賞与に関する会計基準」が公表され,役員賞与についても役員報酬と同様に,費用処理することが義務づけられ

---

21) かりに賃借人が支払リース料として会計処理していても,税務上は償却費として扱うことにした。

た。法人税法はそれにともない，2006年度（平成18年度）税制改正で役員報酬と役員賞与をあわせて「役員給与」という概念に整理し直した。役員給与については，以前の役員報酬分にあたる定期同額給与の部分だけでなく，以前の役員賞与の部分についても事前届出分などは損金算入を認めるようにした。役員賞与は，以前は全額が損金不算入であったが，一定の条件を満たすものについて損金算入されるようになったのである。

【減価償却】　有形固定資産については税務上，従来，残存価額は取得原価の10％と規定され，残存価額到達後も使用し続けた場合，取得原価の5％まで償却することが可能であった。しかし，税務上の償却可能額が取得原価の100％となっている国が多いことなどを考慮し，2007年度（平成19年度）税制改正により，有形固定資産の残存価額はゼロとされた。当該税制改正は定率法に対して特に大きな影響を及ぼした。税務上の新しい定率法によると，ある事業年度までは償却費は逓減するが，それ以降の事業年度は均等償却されることになる。会計理論的にみると変則的といえる償却方法であるが，このような税法規定にしたがった会計処理も，監査・保証実務委員会報告第81号「減価償却に関する当面の監査上の取扱い」で容認されている。これについては逆基準性が維持されていると解釈できる。

　以上の内容をポジションの観点から整理する。1998年を機に「金商法会計・会社法会計」と税務会計は，図8-3が示すような調整の方針から，図8-4が示すような分離の方針へと，両者の関係は変化している。しかし，現在でも両者はある程度の調整が行われている。つまり，図8-4において「金商法会計・会社法会計」はEからDまで移動するのではなく，Gの位置にとどまっている。また，税務会計もFからCまで移動するのではなく，Hの位置にとどまっている。さらにいうと，「金商法会計・会社法会計」はGを，税務会計はHをそれぞれベースとして，両者とも，あるときはD方向に，あるときはC方向にと，微妙に揺れ動いていると理解できる。

### 5-3　金商法会計と会社法会計の最近の関係

　金商法会計と会社法会計の財務諸表は実質的に一致しており，その一致した「金商法会計・会社法会計」が配当規制のあり方ゆえに，商法から強い影響を受けていたことは 3-1 で指摘した。ただし，このような金商法会計と会社法会計の関係には批判的な意見が以前から存在した。役割が異なるのであれば両者は分離すべきであるという主張である[22]。そして，その意見にそったかたちで制度改正がなされた。

　分離の手段であるが，配当規制のあり方を変化させ，「金商法会計・会社法会計」の留保利益の額と配当可能限度額の関係を薄くするという方法がとられた[23]。商法改正および会社法制定という一連の流れをみると，「払込資本と留保利益」という会計理論上の区分と「配当の可否」という会社法(商法)上の区分の関係が希薄化していることがわかる。その顕著な例が，資本金および資本準備金減少差益をその他資本剰余金として扱い，配当可能にしたことである。留保利益を財源として株主に金銭等を支払う「利益配当」という概念は，払込資本の払戻も含めた「剰余金の配当」という概念に変容している。

　一方，開示面については金商法会計と会社法会計の調整がはかられた。その例として，1999 年に「金融商品に係る会計基準」が設定され，金商法会計では金融商品の一部を時価評価するようになったが，会社法会計もそれを受け入れたことがある。また，会社法会計における貸借対照表の資本の部の表示は，以前は「資本金・法定準備金・剰余金」という商法上の拘束度の強弱にしたがったものであったが，改正後は「資本金・資本剰余金・利益剰余金」という会計理論上の区分によるものである。なお，会社法制定にともなって会計基準が変更され，従来の「資本の部」は「純資産の部」になり，純資産の部の変動は株主資本等変動計算書で開示されるようになった。

---

22)　例として神田 (1992)，116 ページ。
23)　分離の手段として，金商法会計の財務諸表について，会社法会計のものから表示を組み替えるだけでなく，利益変更をともなう調整を認める方法も，理論上は考えられる。ただし，会社法会計と金商法会計で異なる利益が開示されると，実務上は混乱をまねく。

図 8-5 会計基準のコンバージェンス

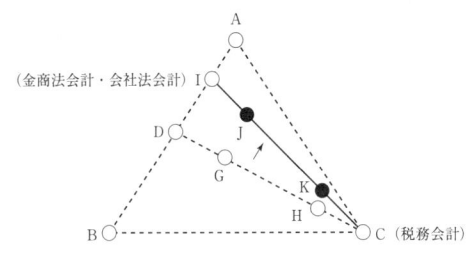

 以上のことからわかるように、配当規制のあり方を主因とする「金商法会計・会社法会計」に対する会社法（商法）の影響は弱まり、会計利益について配当適状に関する判断の必要性は低下した。会社法では配当規制と開示規制の間で乖離が生じている。会社法会計と金商法会計の関係としては、開示規制については会社法会計が金商法会計へ歩み寄る方向に改正されたのに対し、配当規制については会社法会計が金商法会計から離れる方向に改正されたといえる。

 これらのことをポジションの観点から検討する。金商法会計に関し、会計基準の設定については国際的動向を考慮しなければならないが、それは投資意思決定に有用な情報を提供するということである。図 8-5 に即していうと、税務会計を無視した場合の「金商法会計・会社法会計」はDからIに移動し、その移動後の位置であるIと税務会計の本来の位置であるCを結ぶ線分は、それまでのDCからICにシフトしている。そして、税務会計を考慮した場合の「金商法会計・会社法会計」はGからJに移動している。また、「金商法会計・会社法会計」を考慮した場合の税務会計はHからKに移動している。このように、3つの企業会計制度を総合的にみた場合、いずれの制度も、会計基準のコンバージェンスがすすむことにより、金商法会計の本来の位置であるAに近づいていると理解できる。

 会計基準のコンバージェンスがすすんだ状況における「金商法会計・会社法会計」の位置であるJは、コンバージェンスが進展する前のGと比較すると、会社法会計の本来の位置であるBとの距離が拡大している。ここだけを取り

図 8-6 開示規制と配当規制の二重構造

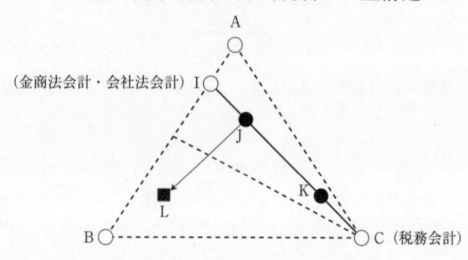

上げると，債権者保護という会社法会計の目的の達成は難しくなっているようにもみえる。しかし，会社法会計は開示面については金商法会計にあわせつつも，配当面については会社法独自の規制を置いている。その例として繰延資産がある。旧商法は繰延資産について 8 項目に限定していたが，会社法は種類を限定しておらず，繰延資産の計上については金商法会計にゆだねている[24]。ただし，会社法は繰延資産および資産計上したのれんに関して，のれん等調整額というかたちで配当制限を設けている。図 8-6 に即していうと，会社法会計は開示面については J という位置にありながら，配当面については L という位置を採用している。L は J と比べて，会社法会計の本来の位置である B に近づいている。このように，会社法会計は，開示面では J において金商法会計と一致させつつ，配当面では L という独自の位置をとるという，いわば二重構造をとっているのである。

## おわりに

本章ではトライアングル体制の概要とその変化について，図を用いて解釈するという試みを行った。金商法会計と会社法会計は開示面では調整がすすみ，実質的に一致しているが，配当面では会社法は独自の姿勢を貫くという姿勢がみられる。また，「金商法会計・会社法会計」と税務会計については，以前は両者を接近させるよう調整が行われていたが，近年は基本的に分離傾向にあ

---

24）　企業会計基準委員会は 2006 年に，実務対応報告第 19 号「繰延資産の会計処理に関する当面の取扱い」を公表したが，そこでは繰延資産を 5 項目に限定している。

る。ただし,「金商法会計・会社法会計」と税務会計の調整は現在でも行われる場合があり,本章ではその例としてリース取引・役員賞与・減価償却を取り上げた。トライアングル体制は解消されつつあるといわれることがあるが,金商法会計・会社法会計・税務会計の結びつきは現在でも残っており,3者の関係はかなり複雑である。

なお,本章の考察にいくつかの問題が存在することは否定しない。第1は,議論の出発点として,他の会計制度を全く無視した場合の「本来の位置」というものを図8–1で想定したが,本来の位置そのものが変化している可能性があるということである。会社法は債権者保護に関し,資本維持ということを旧商法ほど重視していないように思われるが,それはBの位置自体が変化していると理解できる。第2は,3つの会計制度の相互関係を説明の便宜上,「金商法会計と会社法会計」「金商法会計・会社法会計と税務会計」というように,いくつかの論点に分けて検討を行った。しかし,各会計制度は複雑に絡み合っており,議論を分割することが妥当であるのかということである[25]。以上の問題はあるが,本章のような図解による考察もトライアングル体制というものをビジュアルに理解するという点において,それなりに意味はあろう。

## 参 考 文 献

新井清光・白鳥庄之助(1991)「日本における会計の法律的及び概念的フレームワーク」『JICPAジャーナル』第3巻第10号。
今福愛志(2000)『年金の会計学』新世社。
金子宏(2008)『租税法(第13版)』弘文堂。
神田秀樹(1992)「情報開示会計と債権者保護会計との分離を」(伊藤邦雄・醍醐聰・田中建二編『事例研究 現代の企業決算'92』中央経済社,所収)。
近藤光男・志谷匡史(2002, 2004, 2005)『改正株式会社法Ⅰ・Ⅱ・Ⅲ・Ⅳ』弘文堂。
斎藤静樹編著(2007)『詳解「討議資料 財務会計の概念フレームワーク」(第2版)』中央経済社。
武田昌輔(1999)『会社合併の税務(新版)』税務経理協会。
富岡幸雄(1985)『税務会計学(第5版)』森山書店。
中村忠(1997)『新版 財務会計論』白桃書房。

---

[25] 特定の時点において,3つの各会計制度は均衡状態にあるという解釈をするならば,すべての会計制度を同時に検討する必要がある。

中村利雄（1992）「我が国における確定決算基準について」『第 13 回日本公認会計士協会研究大会研究発表論文集』。
山田淳一郎監修（2004）『企業組織再編の会計と税務』税務経理協会。

# 第 9 章

## 会計概念フレームワークの再検討

### 1. 会計システムの多様化と概念フレームワークの必要性

本章は,アメリカ財務会計基準審議会[1](FASB)が公表した財務会計に関わる概念フレームワークを手がかりに,会計概念のフレームワークを検討する。その際に対象とする会計領域としては,図9-1に示したミクロ会計,メソ会計そしてマクロ会計を含む会計の体系を想定している。

近年,FASBが1978年から2000年にわたって公表した「財務会計の概念フレームワーク(FASB-CF)」[2]が起爆剤となって,会計学におけるメタ理論(meta-theory)の研究が再び活発になっている。このFASB-CFに触発されて,わが国の企業会計基準委員会[3](ASBJ)は,全体の構成も取り上げる項目もFASB-CFに対応した日本版の概念フレームワーク(ASBJ-CF)を討議資料として2004年に公表し,さらに2006年にその改訂版を公表した(斎藤,2007)。また,国際会計基準審議会[4](IASB)はFASBと共同プロジェクトを組んでIASB-CF

---

1) Financial Accounting Standards Board
2) FASBによる財務会計の概念フレームワーク(conceptual framework)については,平松・広瀬訳(2002)によった。
3) Accounting Standards Board of Japan
4) International Accounting Standards Board

図 9-1　会計の体系

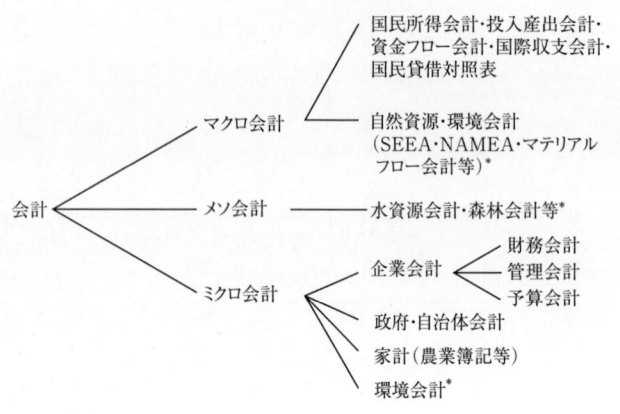

```
                        ┌─ 国民所得会計・投入産出会計・
                        │   資金フロー会計・国際収支会計・
                        │   国民貸借対照表
              マクロ会計 ─┤
                        │   自然資源・環境会計
                        └─ （SEEA・NAMEA・マテリアル
                            フロー会計等）*

会計 ─┼─ メソ会計 ─── 水資源会計・森林会計等*
                                    ┌─ 財務会計
                        ┌─ 企業会計 ─┼─ 管理会計
                        │           └─ 予算会計
              ミクロ会計 ┤
                        ├─ 政府・自治体会計
                        ├─ 家計（農業簿記等）
                        └─ 環境会計*
```

＊印のついている分野は，物量を含む。

(IASB, 2006) の開発に着手しており，財務会計概念フレームワークの研究は，世界的規模で活発になっている。

　会計学におけるメタ理論の研究に関しては，1960年代にその黄金時代と呼ばれるほど多彩な研究が展開された。アメリカ公認会計士協会による会計公準論と会計原則論の研究や，マテシッチそして井尻による会計公理論が展開されるとともに，測定論，科学哲学，言語学そして行列や集合論など，従来，会計学とは縁遠いと思われていた分野の成果が会計学に適用され，科学史家クーン (T. Kuhn) のいう新しいパラダイム形成が期待された。合崎 (1966，232 ページ) は，「アメリカにおける会計学方法論の展開の見事さはまさに目をみはるばかりのものがある。その幅の広さと層の深さにおいて近来まれなるものであるとおもう」と述べている。この時期に展開されたさまざまな会計学方法論を見事に整理したヘンドリクセンの著書 (Hendriksen, E., 1970) は，理論的なテキストとして一世を風靡した。

　ところが，70 年代に入ると，黄金の 60 年代に展開されたこれらの基礎的研究は，当時の一般に認められた会計実務とあまりにもかけ離れているという理由で，あるいは，いずれの理論もただ 1 つの基礎的理論へと理論終結をもたらすことに失敗したという理由から，普遍的に妥当する理論を探求することは無

益であり，そのような壮大な理論を求めることはやめるべきであるという反動がわき起こった[5]。とりわけ，会計理論形成における意思決定有用性アプローチを提唱してその後の財務会計研究の潮流に決定的な影響を与えたアメリカ会計学会の『基礎的会計理論に関する報告書（AAA, 1966）』いわゆる ASOBAT さえも，同学会自身が77年年に公刊した『会計理論及び理論承認（AAA, 1977）』によって，普遍的理論を提示するものではないと批判されたことが，その後の会計学者の研究方法に大きな影響を及ぼし，基礎研究への反動を加速したと思われる。

　このような潮流のなかで，再び会計学基礎論ないしメタ理論研究を復活させた FASB の活動は高く評価されてよいであろう。FASB-CF は，会計基準の適否を判断するためのいわば憲法として機能する基礎理論を形成しようとする試みである。FASB によれば，財務会計の「概念フレームワークは，首尾一貫した会計基準を導き出すと考えられ，かつ財務会計および財務報告の本質，機能および限界を規定する相互に関連する基本目的ならびに根本原理の整合的な体系である（平松・広瀬訳，2002，47ページ）。」ここで，「基本目的とは，財務報告の目標および目的を明らかにするもの」であり，「根本原理とは，財務会計の基礎的諸概念，すなわち会計処理の対象とされるべき取引，事象および環境要因の選択，それらの認識および測定，ならびに利害関係者集団に対してそれらを要約および伝達する手段の指針となる概念である（平松・広瀬訳，2002，47ページ）」と規定されている。FASB-CF は，まさに個別の財務会計基準とその実務の基礎となる財務会計基礎理論の探求を目指した研究成果である。

　しかし，FASB-CF およびそれに依拠した IASB-FC や ASBJ-FC は，いずれも会計の一分野である財務会計のみを対象にした研究である。図9-1に示したように，会計領域は財務会計だけに限られない。会計領域はミクロ会計，メソ会計そしてマクロ会計と多岐にわたる。しかも90年代以降はこれら3領域

---

[5] たとえば，Nelson (1973)。また，「公準・原則アプローチは，基本的に，1970年までにすたれてしまった（Wolk, H., J. Dodd & J. Rozycki, 2008, p. 135）」との評価がある。

のいずれにおいても自然資源会計や環境会計がめざましい発展を遂げ，NAMEA やマテリアルフロー会計のような物量を含んだ会計も具体化されている[6]。公会計においては従来の単式簿記による現金基準会計から複式簿記による発生基準会計へと発展し，東京都をはじめ多くの自治体で新制度の導入が進んでいる。図 9-1 はマテシッチの図式（Mattessich, R., 1964, p. 139）を基礎にしたものであるが，その 40 数年前に比べると会計領域は拡大し，それぞれの分野の研究が多様になるとともに深化を遂げ，実践への適用も進んでいる。

新しい会計システムが開発されて会計領域の多様化が進むと同時に，会計実務家や会計研究者の出身領域の学際化が進んでいる。とりわけ環境会計の分野ではこの傾向が著しく，伝統的な会計教育を受けた実務家や研究者よりも経済学，統計学，情報科学，化学，物理学，工学そして生物学など，社会科学のみならず自然科学系の専門家の活躍が顕著になっている。会計領域が時代とともに多様化し，さまざまな専門分野の研究者や実務家が会計に関わりを持つようになっていることは，会計が持つ社会的役割が次々と再発見され社会のインフラストラクチャーとしての役割が高まっていることを示している。

その反面，井尻の次のような危惧を見過ごすことはできない。すなわち，「会計学における研究と業績数が飛躍的に増加していることは望ましいことであり，それらの質的な多様性が爆発的に拡大していることもまた歓迎したいと思う。しかし，会計学者を結びつけている知識，経験そして関心の共通基盤が崩れてゆくことは，21 世紀における会計学研究にとって危険な兆候である。この共通基盤が失われた時，会計学もまた崩壊する。この結合力は，過去 50 年間，弱まる一方であったと思われる（Ijiri, 1996, 85 ページ）。」会計領域の拡張は，同時にコアとなる会計固有の方法を探求することを求める。さもなけれ

---

6) 図 9-1 において，SEEA は，国連が開発を進めているマクロ環境会計システムである「環境・経済統合会計システム（System for Integrated Environmental and Economic Accounting）」を，NAMEA は，オランダが開発したマクロ環境会計システムの「環境勘定を含む国民会計行列（National Accounting Matrix including Environmental Accounts）」をさす。これらを含めて，ミクロ会計，メソ会計およびマクロ会計における自然資源・環境会計の発展については，小口（2002）を参照されたい。

ば，学問として収斂する方向性を欠いたまま拡散してしまうからである。それには，井尻のいう共通基盤を，ミクロ会計，メソ会計そしてマクロ会計を含む会計一般理論として築くことが必要である。

本章の目的は，財務会計だけではなく，図9-1に示した会計領域のすべてを含む広義の「会計概念フレームワーク」を検討することにある。したがって，本章における会計概念フレームワークとは，前述したFASBの定義や，ASBJ-CFの「概念フレームワークは，企業会計（特に財務会計）の基礎にある前提や概念を体系化したもの（斉藤編著，2007，274ページ）」よりも広い。それは，マテシッチが提起した，ミクロ会計からマクロ会計にいたる多様な会計システムを包含するほど一般的で，しかも新しい単一目的会計システムが機能分化してゆくことを可能にさせる柔軟性を持った「会計の統一的構造（Mattessich, 1964, p. ix.）」を意味している。本章は，FASB-CF，IASB-CFおよびASBJ-CFそれ自体を検討することを目的にしてはいない。しかし，これらの研究は会計一般の概念フレームワークを形成するための重要な論点を提起しており，これらの成果を手がかりとして会計の統一的構造について改めて検討したい。

## 2. 会計概念フレームワーク研究の視点

図9-2から図9-4は，FASB-CF（FASB, 1980），FASBとIASBの共同プロジェクト（FASB, 2006）およびASBJ-CF（2007）であげられている，会計情報が具備すべき最も基本的な質的特性と，それらの特性間の関係を示している。これらの特性は，会計一般の概念フレームワーク形成にとっても重要な検討課題である。本章ではこれらの質的特性のなかでも特に重要と考えられる「表現の忠実性（representational faithfulness）」と，この特性に密接に関わる会計測定すなわち「評価」[7]について考察する。

会計概念フレームワークを形成しようとする研究は，FASBやASBJだけで

---

7) 評価問題は，FASBの財務会計概念ステートメント第5号（1984）「営利企業の財務諸表における認識と測定」で扱われており，ASBJ-CFでは第4章「財務諸表における認識と測定」で論じられている。

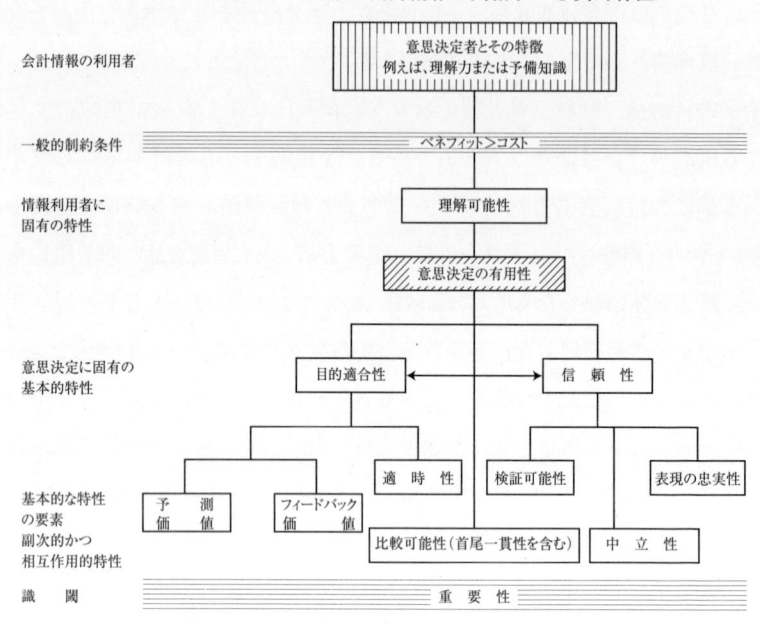

図 9–2　FASB–CF における会計情報が具備すべき質的特性

| 会計情報の利用者 | 意思決定者とその特徴<br>例えば、理解力または予備知識 |
|---|---|
| 一般的制約条件 | ベネフィット＞コスト |
| 情報利用者に固有の特性 | 理解可能性 |
| | 意思決定の有用性 |
| 意思決定に固有の基本的特性 | 目的適合性　　信頼性 |
| 基本的な特性の要素<br>副次的かつ相互作用的特性 | 予測価値　フィードバック価値　適時性　検証可能性　表現の忠実性<br>比較可能性（首尾一貫性を含む）　中立性 |
| 識　閾 | 重　要　性 |

出典：平松・広瀬訳（2002），77 ページ。

図 9–3　ASBJ–CF における会計情報が具備すべき質的特性

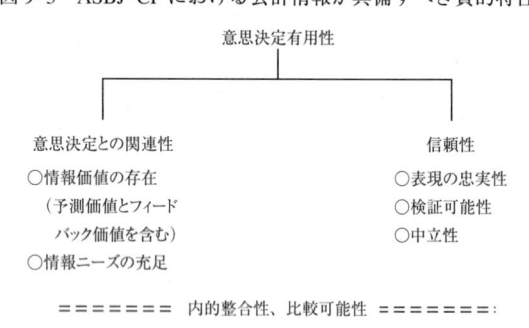

意思決定有用性

意思決定との関連性
○情報価値の存在
　（予測価値とフィード
　バック価値を含む）
○情報ニーズの充足

信頼性
○表現の忠実性
○検証可能性
○中立性

＝＝＝＝＝＝＝　内的整合性、比較可能性　＝＝＝＝＝＝＝

出典：斉藤静樹編著（2007），73, 294 ページ。

図9-4　FASBとIASBの共同プロジェクトにおける会計情報が具備すべき質的特性

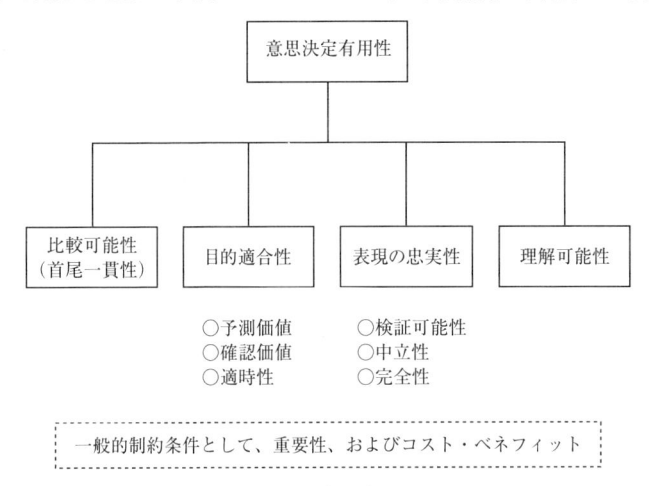

```
                          意思決定有用性
                               │
        ┌──────────────┬──────────────┬──────────────┐
    比較可能性        目的適合性      表現の忠実性    理解可能性
    (首尾一貫性)
                      ○予測価値      ○検証可能性
                      ○確認価値      ○中立性
                      ○適時性        ○完全性
```

　　　　　一般的制約条件として、重要性、およびコスト・ベネフィット

出典：FASB（2006）およびIASB（2006）。

表9-1　会計概念フレームワークに関する主要な研究

| 著者・機関(注) | Frisch(1) | Aukrust(2) | Moonitz(3) | Mattessich(4) | ASOBAT(5) | Ijiri-ver.1(6) | Ijiri-ver.2(7) | B&M(8) | FASB(9) | ASBJ(10) |
|---|---|---|---|---|---|---|---|---|---|---|
| 年 | 1943/49 | 1955 | 1961 | 1964 | 1966 | 1967 | 1979 | 1991 | 1978-2000 | 2007 |
| 対象領域 ミクロ会計 | ○ | ○ | ○ | ○ | ○ | ○ | ○ | ○ | ○ | ○ |
| 　　　　 マクロ会計 | ○ | ○ | | ○ | | | ○ | | | |
| 理論の特徴 機能 | ○ | ○ | ○ | ○ | ○ | ○ | ○ | ○ | ○ | ○ |
| 　　　　　 構造 | ○ | ○ | | ○ | | ○ | ○ | ○ | | |

注）　関連する文献は以下のようである。
　(1) Frisch, Ragnar (1943).
　　　Aukrust, O., P. J. Bjerve and R. Frisch (1949).
　(2) Aukrust, Odd (1955).
　(3) Moonitz, Maurice (1961).
　(4) Mattessich, Richard (1964).
　(5) American Accounting Association (AAA) (1966). 表1ではASOBATと表記。
　(6) Ijiri, Yuji (1967).
　(7) Ijiri, Yuji (1979).
　(8) Balzer, Wolfgang and R. Mattessich (1991). 表1ではB&Mと表記。
　(9) Financial Accounting Standards Board (1978/80/84/85/2000).
　(10) 斉藤静樹編著（2007）。

はなく，さまざまな先行研究が行われている。それらの内，どれを取り上げるかは見解の分かれるところである。本章では，表9-1に示した10の研究を，概念フレームワークに関する先駆的研究として取り上げる。もちろん，これですべてを網羅しているというわけではない。シュマーレンバッハ (Schmalenbach, E.) やペイトン・リトルトン (Paton, W., and Littleton, A. C.) の共同研究は，費用動態論あるいは発生基準会計のパラダイムを形成した記念碑的成果であり，まさに会計概念フレームワークの先駆けといえよう。また，チェンバース (Chambers, R. J.) やスターリング (Sterling, R.) の研究を含めるべきかもしれない。

しかし，本章は学説研究ではなく，ミクロ会計，メソ会計そしてマクロ会計を会計領域に含める会計観に立って改めて会計概念フレームワークを検討することを目的にしている。会計をミクロ会計に限定しないこのような会計観は，早くからマクロ会計を会計領域に含めて計算経済学を提唱した黒沢清（たとえば，黒沢，1951）やその学統を継承する合崎堅二（たとえば，合崎，1966），そして，ミクロ会計とマクロ会計を含む会計一般理論を展開したマテシッチ（たとえば Mattessich, R., 1956, 1964）等の会計観に立つものである。この目的にとって重要と思われる研究として，表9-1に掲げた10の研究を選択した。表9-1では，これらの研究を，対象とする会計分野，および，当該理論が会計の機能と構造についての分析を含んでいるかどうかの視点から分類している。

表9-1にあげた10の研究の内，ムーニッツ (Moonitz, 1961) の研究は，財務会計における公準論研究の先駆けである。ところがこの公準体系は，取得原価会計に基づく当時の一般に認められた会計原則とあまりにもかけ離れているという理由で，早くも出版直後の62年に，彼に研究を委託した AICPA 自身によって承認を拒絶された (Wolk, H., et al., 2008, p. 61.)。それにもかかわらず，財務会計概念フレームワークについての先駆的研究としての意義は失われないと思う。

ASOBAT は，『会計理論及び理論承認 (AAA, 1977)』による前述したような批判にもかかわらず，会計の定義と方法論に革新をもたらし，それ以後の会計思想に決定的な影響を及ぼした。たとえば，わが国の代表的な教科書は「ASO

BATの定義の影響力はすさまじく，その後の代表的な会計関連の文書に基本的に引き継がれた（伊藤，2008，47-48ページ）」と表現している。ASOBAT以前における会計の代表的な定義は，会計担当者の業務や技量を強調したAICPAの会計用語公報第1号における次の定義であろう。すなわち「会計は，少なくとも一部は財務的性質を有する取引や事象を，有意義な方法と貨幣計算によって記録，分類，要約し，その結果を解釈する技術である（AICPA, 1953, para. 9）。」これに対してASOBATは，会計を「情報の利用者が情報に精通した上で判断と意思決定ができるように，経済情報を識別し，測定し，伝達する過程である（AAA, 1966, p. 1）」と定義し，会計方法論を意思決定有用性アプローチ（decision-usefulness approach）へと大きく方向転換させた。

ASOBATの目的は，このアプローチに基づいて，ある情報が会計情報であるかどうか，さらにその会計情報が有用であるかどうかを判別できる会計の基礎理論あるいはメタ理論を提起することであった。この判別のための基準体系を形成するために，情報の有用性を包括的な基準として設定し，さらに，会計情報が有用であるために満たすべき基準として，次の4つの基準を勧告した。

　目的適合性（relevance）
　検証可能性（verifiability）
　不偏性（freedom from bias）
　数量化可能性（quantifiability）

情報が有用であるためには，先ず目的適合性がなければならないことから，4つの基準のなかでも目的適合性が最も基本的とされ，これら4つの基準が基礎的会計理論を構成する必要かつ十分条件と考えられている。これらの基準を会計情報が満たすべき質的特性と考えれば，それらの関係は図9-5のように表せよう。

これらの基準で構成されるメタ理論によって，以下の4つの課題を達成することがASOBATの狙いであった（AAA, 1966, p. 1）。

(1) 会計の領域を識別し，それについての有用な一般化と1つの理論を展開すること。

図 9-5　ASOBAT における会計情報が具備すべき質的特性

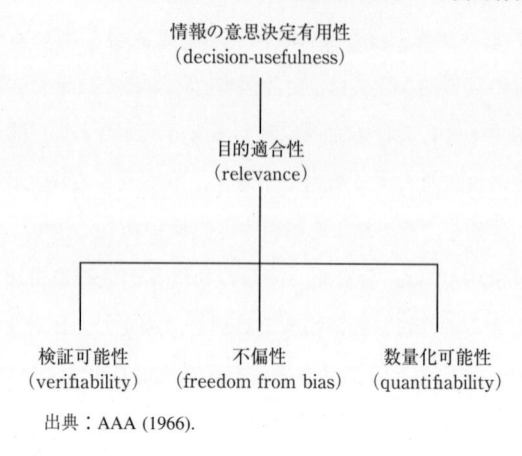

```
            情報の意思決定有用性
           (decision-usefulness)

                目的適合性
                (relevance)

   検証可能性      不偏性       数量化可能性
 (verifiability) (freedom from bias) (quantifiability)
```

出典：AAA (1966).

(2)　会計情報であることを判断することのできる基準を確立すること。
(3)　会計実務について実行可能な改善策を示すこと。
(4)　会計に対する社会の要求の拡大に伴って，会計の利用と会計が関わる範囲を拡張しようとしている会計研究者に役立つ枠組みを提示すること。

しかし，ASOBAT は，このような理論構成によってその課題を達成できたであろうか。かつて原田は，ASOBAT を次のように評価した。「会計の定義づけと合わせて考えてみても，ASOBAT が描き出す『会計情報』とは，せいぜい経済的かつ数量的情報であって偏りがなく根拠を立証できるもの，といった程度のイメージしか浮かんでこないのである（原田，1978，60 ページ）。」さらに，「ASOBAT の出現は，これらの努力をむしろ拡散的な方向へと導いてしまった。・・・現代の模索の時代において情報会計論に課せられた第一義的課題ともいうべきものが次第に鮮明に浮かび上がってくるように思われる。それは，拡散的に働く力をいっそう効果的ならしめるところの共通の関心をまず確認することである（原田，1978, pp. 75-76）。」このような ASOBAT の問題点は，会計構造論の欠如にあるというのが原田の結論である（原田，1978，83，252 ページ）。この指摘は，先に述べた井尻の危惧と共通している。

井尻（1984，161-162 ページ）は，ASOBAT に言及して次のように述べてい

る。取得原価主義には会計記録の重視という意義があったが，経済理論の影響によって時価主義が主張され，数理的分析手法の導入によって会計情報の有用性が課題とされるようになると，これらは新しい分野を切り開くという役割を果たす一方，記録の重要性，記録間の因果関係を軽視するという副作用をもたらした。とくに ASOBAT が出るころにはすっかり報告書中心の考えになってしまい，「このころから会計に広く利用されだしたコンピュータのおかげで会計記録に関する内部統制が，それ以前とは比較にならないくらい落ちてしまった。この点からも，記録に重点をおかない考え方，むしろ記録を無視した考え方は，実務の面からも都合がいいという素地があったように思われます。こう考えると『試案』や『序説』から ASOBAT への流れは，たんに原価主義から時価主義へといったものより，もっと深いところで会計をひっぱっていったように見えるのであります（井尻，1984，162 ページ）。」この潮流が，会計学者を結びつけていた共通基盤の崩壊を招き，ASOBAT がそれを一層加速したというのが井尻の認識であると思われる。

　共通基盤の崩壊をもたらす一因は，会計理論における構造論の希薄化にあるのではないだろうか。井尻は，概念フレームワークは意思決定有用説ではなく会計責任説に立脚し，記録と報告の両側面を含むべきであると主張している（Ijiri, 1983, p. 76）。この主張は，会計報告書の基礎となる会計記録を生み出す，会計システムの構造と情報処理プロセスを重視しているからである[8]。原田や井尻が指摘する ASOBAT の問題点は，それが会計の定義と方法論にすさまじい影響を与えただけに，それ以降の会計構造論の軽視あるいは欠如を加速し，会計における共通基盤の崩壊をもたらす一因になったということではないだろ

---

8）　井尻（1968，147 ページ）は，複式簿記と歴史的原価主義とは論理的につながっており，「前者は後者を表現するために生まれてきたものであり，後者は前者によってさらに発展させられたという形式と内容の関係に立つものであるといえる」と述べている。また，「財務諸表は氷山の一角にしかすぎない。会計責任の履行者の財務活動を記録するシステムの方が，財務諸表よりも遙かに重要なのである（Ijiri, 1981, p.79）」とも主張している。このように井尻は，報告書の基礎となる会計記録とそれを生み出す一定の構造を持った会計システムの重要性を絶えず強調している。

うか。

　FASB-CF や IASB-CF が掲げる質的特性の階層構造は，基本的に ASOBAT の意思決定有用性アプローチと質的特性とを継承し洗練させたものといってよいであろう。ASBJ-CF は，体系も内容もこれらの先行する概念フレームワークにできるだけ近づけることを方針の1つ（斉藤，2007，4ページ）としてまとめられたため，期せずして ASOBAT の系譜を引き継いだことになる。事実，ASBJ-CF は次のように述べている。「会計情報に求められる最も重要な特性は，その目的にとっての有用性である。この概念フレームワークでは，この特性を意思決定有用性と称している。これは，すべての会計情報とそれを生み出すすべての会計基準に要求される規範として機能する（斉藤，2007，285ページ）。」表9-1で，これら3つの研究を，ミクロ会計の機能面に集中した概念フレームワーク研究に分類したのはこのためである。

　図9-1に示した広義の会計に関する概念フレームワークを検討する本章は，ミクロ会計とマクロ会計を視野に入れ，会計の機能と構造の両面にわたって分析したフリッシュ，オークルスト，マテシッチ，井尻そしてバルツアー・マテッシチの5つの研究を手がかりに，主として「表現の忠実性」と「評価」問題の2つを検討する。これは同時に，ASOBAT が掲げた4つの課題についても再考することになる。

## 3．表現の忠実性

**3-1　表現の忠実性とレリバンス**

　「表現の忠実性」という質的特性は，会計概念と測定対象とを関連づける要の概念である。ゼフ（Zeff, 1999, p.103）によれば，この特性は，ASOBAT における「不偏性」よりもエレガントで包括的な概念だとしてソロモンズ（Solomons, D.）によって考案された。この特性は，FASB-CF と ASBJ-CF では信頼性（reliability）を支える特性として設定されている。現在進行中のFASBとIASBの共同プロジェクトでは，この特性はさらに重視されて，図9-4に示したように4つの基本的特性の1つにあげられている。しかし，「表現の忠実性」

は「不偏性」や「信頼性」とはかなり異質な概念であるばかりか, その他の質的特性と比較しても独自の意味を持つ概念である。この点を, レリバンス (relevance) 概念を分析した科学哲学者ブンゲの所説によって明らかにしよう。

レリバンス (関連性) は, ASOBAT 以来, 目的適合性を意味する概念として会計理論形成の中心概念になっている。意思決定有用性を達成するためには目的適合性がなければならないという ASOBAT の伝統に沿って, 図 9-2 から図 9-4 に示したように, レリバンスはいずれの概念フレームワークにおいても「目的適合性」あるいは「意思決定関連性」と解釈されて質的特性の中心に据えられている。ところが, 目的適合性はレリバンスの中の 1 つである語用論関連性であり, そのほかにも数種の関連性がある。

ブンゲ (Bunge, 1974, pp. 75-77.) は, レリバンスは関係 (relation) であると定義し, 以下のような 6 種類の「関連性」を区別している。

(i) 概念関連性 (conceptual relevance) あるいは構文論関連性 (syntactical relevance) または形式関連性 (formal relevance)
(ii) 意味論関連性 (semantical relevance)
(iii) 指示関連性 (referential relevance)
(iv) 証拠関連性 (evidential relevance) あるいは方法論関連性 (methodological relevance)
(v) 語用論関連性 (pragmatic relevance)
(vi) 事実関連性 (factual relevance)

これらの関連性の内, (ii) と (v) を除く 4 つの関連性を図示したものが図 9-6 である。

さて, これらの関連性を ASOBAT が掲げる会計情報の質的特性に関連づけてみよう。目的適合性は, ある理論の概念と行動との関連性である語用論関連性である。検証可能性は, 観察や実験によって得られた証拠と概念間の関係である証拠関連性である。不偏性は, 会計情報が特定の情報利用者グループの利害に偏らないことを要請しており, これも語用論関連性に関係している。数量化可能性は, 取引あるいは活動のある属性に数を割り当てることとされている

図 9-6 レリバンスの種類

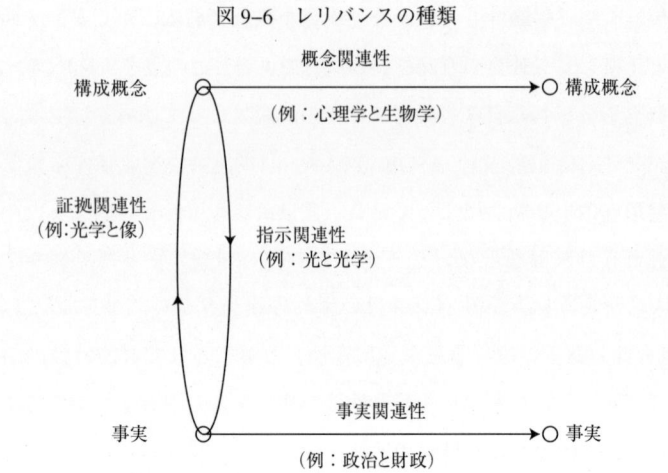

```
                    概念関連性
  構成概念 ○────────────────────────→○ 構成概念
          │    （例：心理学と生物学）
          │
  証拠関連性│
 （例：光学と像）│    指示関連性
          │    （例：光と光学）
          │
          │
          ↑
          │    事実関連性
   事実  ○────────────────────────→○ 事実
               （例：政治と財政）
```

出典：Bunge, M. (1974), p. 75.

ことから，概念とその指示対象との関連づけに関わる指示関連性を意味すると解釈できるが，属性と数という概念間の関連性である構文論関連性あるいは証拠関連性を意味しているとも解釈できる。さらに FASB-CF や IASB-CF であげられている比較可能性や理解可能性は，得られた測定値間の関係および測定値と利用者との関係に関わることから，それぞれ構文論関連性と語用論関連性に関係しているといえよう。以上の質的特性における共通点は，語用論関連性に重点が置かれすぎて，会計の理論概念とその表現対象である本体としての指示対象（referents）との関連性である，意味論関連性と指示関連性についての問題意識が希薄なことである。

ブンゲ（Bunge, 1974, p. 76）は，意味論関連性と指示関連性を次のように定義している。

<u>意味論関連性</u>：概念 c と c' が構文論関連性を有しており，両者がある理論の指示対象を共有している場合，その場合に限り c と c' は意味論関連性を持っている。ここで両概念の指示対象を $R(c)$ と $R(c')$ とすれば，この関連性は $R(c) \cap R(c') \neq \emptyset$ を表している。

<u>指示関連性</u>：概念 c は，もし事実 f（物，状態，事象，過程）が c の指示対象

のクラスに属する場合，すなわち f∈R (c) の場合そしてその場合に限り事実 f と指示関連性がある。

意味論関連性は，共通する指示対象を有する概念間の関連を表すので，理論構成に当たっては，理論が対象とする実在の範囲と特性を規定する指示関連性が先ずなければならない。ここで特に注意しなければならないことは，指示関連性が証拠関連性に先行するということである。すなわち，図 9-6 に示したように，理論の指示対象が明確になっていなければ理論の検証可能性はあり得ないということである。これを逆転してしまうと，命題の意味は検証可能性に依存し，検証不可能な理論は経験的に無意味であるという操作主義の理論観につながる。

会計の機能面だけを強調しては，原田や井尻が指摘するように，会計の領域を画定したり会計情報を他の情報と識別できる基準を確立したりすることは困難である。ASOBAT が掲げた 4 つの目的を達成するためには，機能面に加えて構造面を含んだ会計理論を構成することが必要であり，そのためには意味論関連性と指示関連性の重要性を認識し，さらに指示関連性と証拠関連性との違いを認識することが重要である。「表現の忠実性」は，まさにこの指示関連性と証拠関連性という科学の意味論に関わる特性である。それは，不偏性よりもエレガントで包括的な概念というよりは，他の特性とは異なる関連性を持つ概念であり，科学理論にとって不可欠の関連性に関わっている。

ASOBAT 以来，会計学は測定科学であることを目指してきたが，操作主義の影響を強く受けているためか，いずれの概念フレームワークも語用論関連性に偏りすぎており，また指示関連性がなければ証拠関連性は関連づけられないという点を見落としていると思われる。このような理論形成は，測定についての誤解を含んでいる。次にこの点を検討する。

### 3-2 表現の忠実性と測定の構造

FASB-CF は，「表現の忠実性」という質的特性を次のように規定している。「表現の忠実性とは，ある測定値または記述と，それらが表現しようとする現

象とが対応または一致することをいう。会計においては，表現されるべき現象は，経済的資源および債務ならびにそれを変動させる取引および事象である（平松・広瀬訳，2002, 92ページ）。」FASBとIASBの共同プロジェクト版では「実世界の経済事象（the real-world economic phenomena）の忠実な表現（FASB, 2006, IASB, 2006, QC16）」となっているが，当初の定義と実質的な変更はない。ASBJ-CFでは，「事実と会計上の分類項目との明確な対応関係（斉藤, 2007, 288ページ）」と定義している。さらに「同様の事実（対象）には同一の会計処理が適用され，異なる事実（対象）には異なる会計処理が適用されることにより，会計情報の利用者が・・・事実の同質性と異質性を峻別できるようにしなければならない（斎藤, 2007, 290ページ）」[9]と述べている。

これらの定義が意味するところは，井尻（1968, 1-41ページ）のいう，実世界の現象という「本体」を，会計システムという「写体」で「表現」することに他ならず，まさに会計測定そのものに関係している[10]。井尻は，測定に関して注意すべき点を次のように指摘している。「会計システムから生まれてくるものは本質的にはすべて写体であるということを強調しておこう。すなわちそれらが有用なのはそれらが主体の経済事象という本体を表現しているからだ（井尻, 1968, 5ページ）。」さらに，「測定に関する・・・誤解は，測定の問題と実世界の現象を把握するという問題とがしばしば混同されていることである。把握されていない現象を数字で表現することは不可能である。厳密にいって測定問題は物の間の関係がはっきりと理解されたのちに起こるところの表現の問題である。そういう物の間の関係，もっと一般的にいうと実世界の現象の把握

---

9) ASBJ-CFでは，47ページ余りの討議資料において「事実」という用語が20数回にわたって使用されているが，それがどのような内容なのかに関しては特段の分析がなされていない。ただ解説において，「企業の投資そのものは現実世界（real world）の話であるのに対して，それを何らかの認識・測定のルールに従って写像したものが投資のポジションである（斎藤, 2007, 101ページ）」と説明されていることから，ASBJ-CFにおける「事実」あるいは本体関係は，「企業の投資活動」を指すと推測される。
10) FASB-CFは，財務諸表における見出しおよび数値は，営利企業の「写像」である（平松・広瀬, 2002, 73ページ）と述べている。

図 9-7 測定の構造

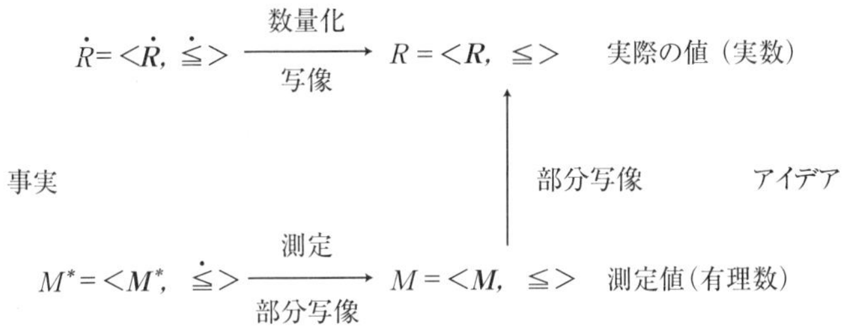

$$\dot{R} = <\dot{R}, \dot{\leqq}> \xrightarrow[\text{写像}]{\text{数量化}} R = <R, \leqq> \quad 実際の値（実数）$$

事実　　　　　　　　　　　　　部分写像　　　　アイデア

$$M^* = <M^*, \dot{\leqq}> \xrightarrow[\text{部分写像}]{\text{測定}} M = <M, \leqq> \quad 測定値（有理数）$$

出典：Bunge, M. (1998 b), p.248.

なくして測定システムは成り立たないのである。これは会計測定においてとくに重要なものである。有用な会計システムはビジネスの現象の底に流れる関係を把握する努力なしには決してできないのである（井尻，1968，39ページ）。」

この指摘は，ブンゲのいう指示関連性と意味論関連性の重要性を強調するものといえる。そうであれば，表現の忠実性とは，理論の指示対象である「本体」関係を「写体」関係に「忠実に対応あるいは一致」させることを要求する特性と解釈できる。この解釈が妥当であれば，「表現の忠実性」は，信頼性を担保する1要因であるというよりは，会計測定の最も基本的な特性である。この点を明らかにするために，再びブンゲによる測定構造の図式を見てみよう。

ブンゲによれば，測定の構造は図9-7に示したように4つの関係系と3つの写像から構成される。図の左半分は事実関係系（factual relational system）を表わし，右半分は概念関係系（conceptual relational system）を表す。測定とは，図の下半分にあるように，測定器具の示度の集合 $M^*$ とそこに定義された物理的な順序関係 $\dot{\leqq}$ から構成される事実関係系 $M^*$ を，有理数の集合 $M$ とその集合に定義された順序関係 $\leqq$ からなる概念関係系 $M$ に写像する経験的操作である。しかし，このような測定が可能になるためには，ある実在の物理的特性の集合 $\dot{R}$ とそこに定義された物理的な順序関係 $\dot{\leqq}$ から構成される測定対象である事実関係系 $\dot{R}$ の存在が仮定され，これらの物理的特性が実数の部分集合 $R$ とそこに規定された順序関係 $\leqq$ の集合からなる概念関係系 $R$ に写像された量

概念が規定されていなければならない。ブンゲは，$\dot{R}$から$R$への写像を数量化と呼んでいる。測定は$M^*$から$M$への部分写像であるけれども，$M$は$R$への部分写像であり，さらに$R$自体は$\dot{R}$の写像である。したがって，測定それ自体は$M^*$を$M$に写像する経験的操作であるとはいっても，この部分だけを切り離すことは無意味である。$\dot{R}, R, M^*$そして$M$の4つの関係系と3つの写像のいずれか1つでも欠けると他の要素もたちまち存在意義を失う。測定は，概念操作と経験的操作の連鎖から成り立っているのである。表現の忠実性とは，これら7つの要素を含む概念であると考えることが必要であろう。

　ASOBATが描いたように，会計学を測定の科学として形成するためには，測定対象とする実世界の経済事象あるいは実在がどのような構造を持った関係系なのかを分析し，それを写像するのに適した構造を備えた概念系を構成することが基本になる。しかしASOBAT以来の財務会計理論は，意思決定有用性，目的適合性という語用論中心の観点から理論構成をしてきたために，理論の指示対象を解明することが軽視され，会計構造論を持たない概念フレームワークになってしまったと思われる。実際，FASB–CFもIASB–CFも，指示対象となる実世界の経済事象については，「経済的資源および債務ならびにそれらを変動させる取引やその他の事象と環境（FASB, IASB, 2006, Q16）」であると述べているにとどまっている。さらに，忠実に対応あるいは一致させるとはどのようなことなのかについても，上述した規定以上のことは明らかにしていない。

　図9–1に示したように，会計領域の拡大とともに，会計学が対象とする実在の範囲も拡大し多様化している。以下では，財務会計の領域にとらわれずに会計の指示対象を分析したフリッシュ，オークルストそして井尻の研究と，「表現」問題を精緻に分析した科学哲学者バルツアーとマテシッチとの共同研究を取り上げて，先ず「忠実に表現されるべき指示対象とは何か」を，次いで「評価」問題を検討する。

## 4. フリッシュ・オークルスト理論

**4-1 フリッシュのエコサーク**

なにを忠実に表現するのか。会計測定の対象となるこの本体関係を詳細に分析した研究が,ラグナル・フリッシュ(Frisch, R., 1943, 1949)とオークルスト(Aukrust, O., 1949, 1955)である。フリッシュはノルウェーの経済学者で,計量経済学の開拓者である。この分野への貢献によってオランダのティンバーゲンとともに第1回ノーベル経済学賞を受賞した。彼は,マクロ会計が計量経済学のデータベースとして不可欠であると考えて,研究者としての早い段階からマクロ会計の開発に携わっていた。フリッシュからマクロ会計の研究を引き継いだのが経済統計の専門家であるオークルストである。オークルストはノルウェー中央統計局や国連を舞台にして,マクロ会計開発の先駆者として活躍した。

フリッシュは,1930年代当時は未開拓の分野であったマクロ経済学を形成するために,国民所得をはじめとするさまざまな集計概念を定義し,それらの概念間の関係を代数的に定式化しようと努力していた。同時に,この関係を図9-8に示したような民間部門と政府部門の2部門からなるエコサーク(Økosirk graph:経済循環図)としてモデル化した。曲線と結節点からなる経済循環図は,数字と記号によって合計72の経済変数を示しており,図の左半分が実物対象のフローとストックからなる実物循環を,右半分が金融対象のフローとストックからなる金融循環を表している[11]。この実物循環と金融循環の二分法は,フリッシュから出発したノルウェーのマクロ会計における重要な特徴である。各結節点では,投入と産出が等しくなると仮定されており,フリッシュはこの等価関係を「交換における価値保存の原則」と呼び,複式簿記の原理を一般化した重要な原則と考えていた。この経済循環構造は,マクロ経済だけではなく,家計や企業にも等しく妥当すると考えられている(Frisch, 1943, p.106)。循

---

11) フリッシュ理論の詳細については,小口(1997)を参照されたい。

234

図9-8 ラグナル・フリッシュのエコサーク・システム

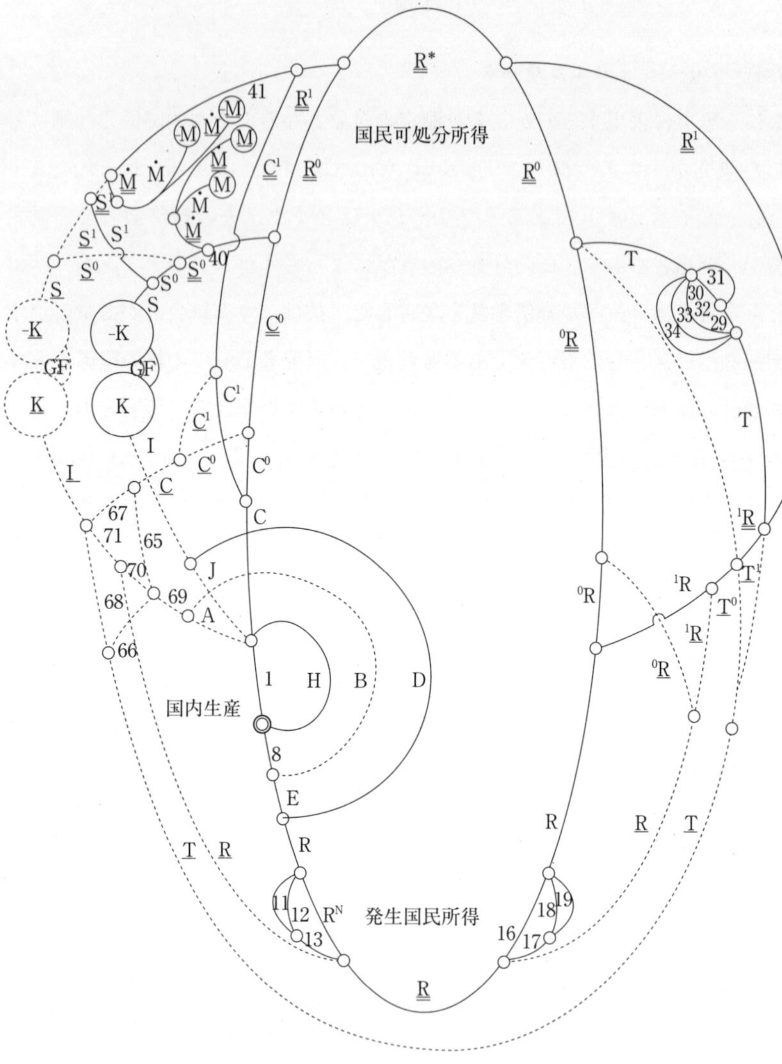

出典：Aukrust, Bjerve and Frisch (1949), p. 21.

環図の各結節点に勘定を対応させれば，図表方式は容易に勘定方式に変換できる。フリッシュは，勘定方式を用いた体系も作成したが，フローの方向と変数間の関係を明確に表現できる図表方式を好んでいた。

このフリッシュの経済循環モデルの目的は，マクロ経済とミクロ経済における循環構造を，論理的に関連づけられた経済変数によって捉えることにある。そのため彼は，この体系の論理構造を定式化するには，公理的方法が最善の方法であると考えていた。すなわち「論理的に完全であるためには，公理的方法によって定義がおこなわれなければならない。この公理的方法の重要な部分は，変数間の定義関係を構成することである。この論理構造が確立されてしまえば，具体的にどのようなデータをそれぞれの変数に与えるかを決定することは実際上の課題であり，コンベンションの問題である（Aukrust, et al., 1949, p. 18）。」このフリッシュのアイデアを継承して，経済循環体系を勘定体系で捉え，その構造を公理系として定式化したのがオークルストである。

オークルスト（Aukrust, 1955）が措定する勘定体系の基本構造を示したものが表9-2である。公理系で定式化すべき経済的実体は，フリッシュの経済循環図が捉えた経済諸量間の関係である。この表9-2は，エコサークの概念的枠組みのなかに，1940年代後半当時に展開されつつあった勘定方式を用いたストーンのマクロ会計と，レオンチェフの産業連関分析を統合したシステムとなっている。オークルストは，詳細な部門分割を行って産業連関表を組み込むためには図表方式は適切ではないと考え，当初からストーンの勘定方式を取り入れている。

表9-2の標準勘定体系は，実物循環と金融循環を峻別するフリッシュ理論を反映し，4勘定9項目から構成されており，単純な構造の中にフリッシュ，ストーンそしてレオンチェフのアイデアが取り入れられている。著者はかつて，このようなオークルストの公理系を，フリッシュ・ストーン・レオンチェフ総合と名づけた[12]。各項目は，エコサークとケインズ体系で定式化されたマクロ経済学の定義式を，複式簿記の原理に従って表現するように関連づけられている。実物勘定ではすべての実物取引が記録され，総産出と総投入およびその差額としての付加価値（純生産物Y）が算出されるとともに，それが消費

---

[12] オークルスト理論の詳細については小口（1999），および，オークルスのノルウェー語による原著（Aukrust, 1955）の翻訳である小口訳（1998）を参照されたい。

表9-2 オークルストの標準勘定体系

| | 実物勘定 Realkonto | | 所得勘定 Inntektskonto | | 資本蓄積勘定 Kapitalendringskonto | | 金融勘定 Finanskonto | |
|---|---|---|---|---|---|---|---|---|
| | 借方 | 貸方 | 借方 | 貸方 | 借方 | 貸方 | 借方 | 貸方 |
| 1 | 純正産物 | | | 純正産物 | | | | |
| 2 | | 総販売額 | | | | | 引き渡した財貨・サービスに対する受取 | |
| 3 | 総購入額 | | | | | | | 受領した財貨・サービスに対する支払 |
| 4 | | | 消費 | 消費 | | | | |
| 5 | | 純投資 | | | 純投資 | | | |
| 6 | | | 移転支払 | | | | | 移転支払 |
| 7 | | | | 移転受取 | | | 移転受取 | |
| 8 | | | | | 金融純投資 | | | 金融純投資 |
| 9 | | | 貯蓄 | | | 貯蓄 | | |

出典：Aukrust, Odd (1955), p. 56.

(C)と投資(I)に支出され，Y=C+I という定義式が示される．所得勘定には，貸方に移転の受取を含めた所得総額が記録され，借方には移転支払を含む支出額と差額としての貯蓄が計上される．資本蓄積勘定は，貯蓄と投資の均等関係を表示する．金融勘定にはすべての金融取引が記録され，貸方残高は金融資産あるいは債権の純増加を示している．これらの勘定を国民経済の全部門について統合すれば，金融勘定は海外とのすべての取引を記録する海外勘定あるいは国際収支表になる．当時，ノルウェー中央統計局が実際に作成したシステムは，実物勘定が40の産業部門に分割され，ほぼ当時の産業連関表を含んだ構造になっていた．

### 4-2 オークルストの公理系

オークルストの公理系は，この勘定で捉えた経済循環体系を，20個の公理と80に上る定理や定義式によって理論化したものである．公理系の基本的な

構造は，次のようである。先ず，最も基本的な構成要素として，特定時点に特定の部門あるいは取引主体に所有されている実物対象と金融対象という2つの経済対象の存在が仮定され，これらの集合を基礎にしてマクロ会計における重要な概念や，概念間に定義された経済学上の取引関係が導出される。次に，これらの概念や関係を測定可能にするために，すべての経済対象には評価係数の集合，すなわち価格表が与えられる。最後に，フリッシュが複式簿記の原理を一般化した重要な原則と考えていた「交換における価値保存の原則」が仮定されて経済循環関係が完結し，表9-2で示したマクロ会計の構造全体が演繹されるのである。

20個の公理は，実物循環，金融循環，実物循環と金融循の相互関連，および，経済循環関係に関する4つのグループに分けられている。本章では，公理系の概略だけを紹介しておきたい。

A. 実物循環に関する公理

実物循環を定義するために次のような9個の公理が設定され，その内ⅠからⅢの公理で，部門，経済対象そして時間という，体系全体にとって最も基本的な概念が導入される。

Ⅰ.「取引主体の集合 $S_1 \ldots S_{v+1}$ が存在する。」

Ⅱ.「順序づけられた一連の時点...$t(0)$...$t(k)$, $t(k+1)$...$t(t)$...が存在する。」この公理は，時点，時間間隔$t(k, k+1)$，期間$t(0, t)$，「以前」，「以後」という時間に関わる概念を定義している。

Ⅲ.「元$u_i$の全体集合$U$が存在する。任意の元$u_i$の存在については時間が確定できる。」この公理は，いかなる時点においても，実物対象$u_i$（たとえば建物や機械のような実物資本とサービス）の集合$U$が存在することを仮定している。

以上の3公理にさらに6つの公理が付け加えられて，実物対象の所有，生産，消費，所有の変更という一連の取引が定義される。

Ⅳ.「任意の元$u_i$は，それが存在するいかなる時点$t(k)$においても，1つそしてただ1つの取引主体$S_r$によって所有されている。所有関係を$u_{i \cdot r}$という記号で表す。」ここでiは元を，rは考察しているある一定時点にその元を所有

し，かつ，考察の対象となっている特定の取引主体の番号を表している。

Ⅴ．「時点 $t(k)$ には存在していなかった元の集合 $u_{a \cdot r} \ldots u_{f \cdot r}$ が時間間隔 $t(k, k+1)$ 内に創出され，時点 $t(k+1)$ において $S_r$ に所有されることになる活動が存在する。」ここで仮定される活動が生産活動である。生産は，時点 $t(k)$ に $S_r$ によって所有されていた元 $u_{g \cdot r} \ldots u_{k \cdot r}$ を当該時間間隔内に消滅させて，その時間間隔内に元 $u_{a \cdot r} \ldots u_{f \cdot r}$ を創出し，それが時点 $t(k+1)$ において $S_r$ に所有されている活動として定義されている。

Ⅵ．「時点 $t(k)$ に，任意の取引主体 $S_r$ に所有されている元 $u_{i \cdot r}$ が，公理Ⅴで定義された変換過程の一部となることなく，時間間隔 $t(k, k+1)$ において消滅するような活動が存在する。」この公理は，消費を定義している。消費は，他の元を新しい生産物として創出することなく，ある実物対象を消滅させる過程として定義されている。

Ⅶ．「連続する2時点 $t(k)$ と $t(k+1)$ に存在する元 $u_i$ は，時点 $t(k)$ には取引主体 $S_r$ に所有され，また，時点 $t(k+1)$ には任意の他の所有者 $S_s$ に所有されることがある。そのような元は，時間間隔 $t(k, k+1)$ において，$S_r$ から $S_s$ に所有が変更される過程を経たという。」これによって，実物対象の販売あるいは購入という取引が存在することが仮定される。

Ⅷ．「全体集合 $U$ の任意の元は，公理Ⅴで定義した活動以外の方法では創出されることがない。」この公理は，実物対象は，生産によってのみ創出されることを仮定する。

Ⅸ．「任意の元 $u_i$ は，われわれが考慮している最短の時間間隔においては，公理Ⅴ，Ⅵ，Ⅶで定義された活動のいずれか1つにのみ含まれる。」これは，いかなる実物対象も，ある特定の時間間隔内には生産，販売，消費のいずれか1つの取引にだけ含まれることを仮定している。

以上の9つの公理から，実物循環における重要なストックとフローの概念が定理として導出されるが，それらはいずれも実物対象の集合とその論理和として定義されている。たとえば，ある期間における部門 r の消費を集合 $c_r$ とすれば，その期間における国民総消費は全部門の消費の合計であり，集合 $C =$

$c_1 + \ldots + c_v$ となる。また，個別部門が所有する実物資本の集合を $k_r^{t(k)}$ とすれば，国民実物資本は集合 $K^{t(k)} = k_1^{t(k)} + \ldots + k_v^{t(k)}$ と定義できる。

### B. 金融循環に関する公理

上記の公理ⅠからⅢにさらに6個の公理が追加され，金融対象が関係する取引が定義されるとともに，必ず債権者と債務者の2者が存在するという金融対象の特質が明らかにされる。ただし，公理Ⅲは，金融対象 $u_j$ を加えて次のように拡張される。

Ⅲ.「元 $u_i$ の全体集合 $U$ と，元 $u_j$ からなる他の全体集合 $\underline{U}$ が存在する。この2つの全体集合は共通の元を含まない。」この公理は，実物対象 $u_i$ の集合 $U$ と，貨幣を含むあらゆる種類の債権・債務からなる金融対象 $u_j$ の集合 $\underline{U}$ が存在することを仮定している。これによって，いかなる時点においても，実物対象の集合と金融対象の集合とが明確に区別され，しかもそれらの合併集合として経済対象のストックが確定されることになる。

Ⅹ.「任意の元 $u_j$ は，それが存在している任意の時点において，負の所有者となるただ1つの取引主体 $S_r$ と，正の所有者となるただ1つの取引主体 $S_s$ を持っている。」この公理は，金融対象には必ず正の所有者である債権者と，負の所有者である債務者とが存在するという，実物対象にはない金融対象の特質を定義している。

Ⅺ.「時点 $t(k)$ には存在していなかった元 $u_{j \cdot rs}$ が時間間隔 $t(k, k+1)$ において創出され，時点 $t(k+1)$ において，$S_r$ が負の所有者となり $S_s$ が正の所有者となる活動が存在する。」これは，新しい金融対象の創出という取引の定義であり，ある部門における債権の発生は，同一部門もしくは他の部門における債務の発生を必ずともなうものとして定義されている。

Ⅻ.「時点 $t(k)$ に存在し，$S_r$ と $S_s$ に所有されている元 $u_{j \cdot rs}$ が，時間間隔 $t(k, k+1)$ において消滅するような活動が存在する。」これは金融対象の消滅を定義する公理である。金融対象の場合には，ある部門における債務の消滅は，必ず他部門における債権あるいは請求権の消滅と対応する[13]。

ⅩⅢ.「連続する2時点 $t(k)$ と $t(k+1)$ に存在し，その両時点において取引主

体$S_r$が負の所有者である元$u_j$は，時点t(k)には取引主体$S_s$を正の所有者とし，また，時点t(k+1)には他の任意の取引主体$S_t$を正の所有者とすることができる。」この公理によって，金融対象の所有の変更という活動が定義される。金融対象の場合，所有の変更は，債権者あるいは債務者が変わることであるが，この公理は，債務者が同一でも債権者を変更できる活動（たとえば，通貨の所有者が変わる場合）が存在することを述べている。

XIV.「連続する2時点t(k)とt(k+1)に存在し，その両時点において取引主体$S_s$が正の所有者である元$u_j$は，時点t(k)には取引主体$S_r$を負の所有者とし，また，時点t(k+1)には他の任意の所有者$S_t$を負の所有者とすることができる。」この公理では，公理XIIIとは逆に，債権者が同一のままで債務者が変わる取引が存在することを仮定している。

XV.「任意の元$u_j$は，われわれが考慮している最短の時間間隔においては，公理XI - XIVで定義された活動のいずれか1つにのみ含まれる。」この公理は，すべての金融対象について，それらが創出，消滅および所有の変更のいずれの取引に関連しているかを一意的に決定できることを要請している。

以上の公理に基づいて，金融対象のフローとストックに関連するさまざまな概念，たとえば，部門間の金融支払と受取，金融資産や金融負債，対外債権と対外債務などが，金融対象の集合として導出される。

C. 実物循環と金融循環の相互作用に関する公理

これまでは，実物循環と金融循環における各種の概念や関係がそれぞれ独立に定義されてきたが，さらに3つの公理が追加されてこれらの両循環が関連づけられる。これによって，有償取引と無償取引の区別が導入されるとともに，オークルスト体系では，バーター取引や実物移転が排除されていることが明らかになる。

XVI.「集合$a_{rs}$の各々の元あるいは一群の元は，それに対応する1つあるいは一群の元を集合$p_{sr}$の中に持っている。」この公理は，実物取引はすべて対

---

13) たとえば，わが国の「金融商品に関する会計基準」には「金融資産及び金融負債の発生及び消滅の認識」に関する規定がある。

価が支払われる有償取引であることを定義しており，実物贈与や実物移転の存在は排除されている。

　XVII.「集合 $p_{rs}$ の1つあるいは一群の元は，集合 $p_{sr}$ の1つあるいは一群の元と結びつくことができる。」この公理によって，金融循環では部門間で金融対象同士の授受が行われる場合と，無償取引である金融移転の存在があることを定義している。

　XVIII.「集合 $a_{rs}$ の元と，集合 $p_{rs}$ の元の両者に結びつくような，集合 $p_{sr}$ の元は存在しない。」この仮定は，各取引が実物取引なのか金融取引なのかに明確に分割できることを要請している。さもなければ，ある取引が有償取引なのか，あるいは移転取引なのかが識別不可能になるからである。

　以上によって，金融支払は，実物対象の購入に対する支払，金融対象同士の交換，および金融対象の移転支払の3種に分類される。この分類に基づいて，部門間に発生するさまざまな有償取引と移転取引に関連する概念が定義され，さらに，実物資本と金融資本の合計として，部門の総資本や国民総資本概念が導出される。

　　D．経済循環関係に関する公理

　これまでのところ，マクロ会計で記録されるフローとストック概念は，実物対象と金融対象の集合および集合間の関係として定義されてきた。最後に，経済対象を貨幣評価するための公理が導入される。

　XIX.「全体集合 $U$ の元 $u_i$ と，全体集合 $U$ の元 $u_j$ に対して，一連の数の中から，1つそしてただ1つの非負の有理数が割り当てられる。その数は，元の価値を表すものとする。」この公理によって，すべての実物対象と金融対象にその価値を表す価格が付与されて，経済循環関係が集合の価値を表す数の間の代数関係として定式化される。純生産，純投資，金融純投資，貯蓄および可処分所得などの基本概念も，代数的な量概念として定義される。

　最後に，フリッシュが「交換における価値保存の原則」と名づけた経済循環関係の基本原理が，公理として導入される。これは，複式簿記における取引の認識と記録の原則である貸借平均の原理を成り立たせる，実在の世界に関する

前提である。これによって，経済循環関係が価値関係として完結し，複式簿記による記録が可能になる。

XX.「すべてのrとsについて，$a_{rs} = \underline{a}_{sr}$ であり，また $\underline{z}_{rs} = \underline{z}_{sr}$ である。」ここで $a_{rs}$ は，公理Ⅶで仮定された実物対象の販売によって，$S_r$ から $S_s$ に所有が変更された元 $u_i$ の集合の価値である。また，$\underline{a}_{sr}$ は，$S_s$ が $S_r$ に対して行った金融支払 $p_{sr}$ の元のうち，集合 $a_{rs}$ と結びつく元の集合の価値であり，集合 $p_{sr}$ の部分集合となる。したがって $a_{rs} = \underline{a}_{sr}$ は，部門 $S_r$ が $S_s$ に販売した i 番目の財貨・サービスの価値と，その対価として部門 $S_s$ が $S_r$ に支払った金融対象の価値は必ず等しいということを表している。すなわち，公理XXは，公理XIXによって与えられる価格に基づいて経済対象の有償取引が行われる限り，2つの部門間を逆方向に流れる2つの有償フローは常に同一価値を有していることを一般的に表現した仮定である。

以上，概略を示したフリッシュ・オークルスト理論は，マクロ会計とミクロ会計が測定対象とすべき経済的実在すなわち経済循環関係を，公理によって厳密にモデル化したものといえる。このモデルは，測定すべき経済変数とそれら変数間の関数関係を示している。公理系でモデル化された循環関係を表現する会計モデルの最も単純な形式が，表9-2の会計システムである。オークルストは，フリッシュ同様に，この勘定体系と公理系はマクロの経済主体にもミクロの経済主体にも妥当する，一般的な理論であると考えている（Aukrust, 1949, p. 184）。

## 5. 多部門会計の公理系——井尻のマクロ会計理論

オークルストの公理系に触発されて，井尻は，Ijiri（1967）で展開した歴史的原価会計の3公理（支配，数量，交換）を，マクロ会計にも妥当するように拡張した。「多部門会計の構造と，その国民会計への適用」と題した Ijiri（1979）がそれである[14]。井尻はこの論文で，ミクロ会計とマクロ会計の交流を活発

---

14) 井尻による会計一般理論の公理化の詳細については小口（1985）を参照されたい。

にして相互に学びあうためには，両者を包摂する一般理論が必要であるとして，歴史的原価会計の3公理を，マクロ会計にも妥当するよう拡張した。拡張された井尻の公理系は，オークルスト理論を，部門という取引主体を中心とした部門中心法（sector-orientation method）であるために実物循環を軽視する体系になっていると批判し，その方法をミクロ会計の財中心法（resource-orientation method）によって補強することによって，実物循環重視型の会計一般理論へと再構成しようとした。

井尻理論の基本は，財，部門，経済活動の3つを鍵概念として，個別企業の経済活動を対象とした従来の単一部門会計の公理系を多部門会計の公理系へと拡張することにある。多部門間における財・サービスの実物循環を表現するための会計システムとして，表9-3の「活動行列（activity matrix）」を中心システムとしている。この活動行列を構成する要素は，それぞれの経済対象に固有の物量単位で測定された仕訳である。たとえば，部門1が部門2から小麦を現金で購入したとすれば，次のように仕訳を行う。

　　（借方）　部門1　　小麦　xxx ブッシェル
　　　　（貸方）　部門2　　現金　000 円

各部門内でも，同様にそれぞれの経済対象に固有の物量で仕訳を行う。

このような仕訳によって，多部門間における実物循環を表現するために，歴史的原価会計の3公理は次のように若干修正された[15]。

---

15) 井尻の歴史的原価会計に関する3公理は次のようである（井尻，1968，126ページ）。
　支配公理：ある時点における主体の支配下にある財を，現在財，未来財，積極財，消極財を問わず，その時点またはそれ以後において一意的に確定する方法が存在する。
　数量公理：すべての財をクラス別に一意的に分割し各クラスに数量測度を規定して，同じクラスに属する財の間では数量が同一の場合そしてその場合にかぎり無差別であるという性質を持つ非負で加法性ある数量で財を測定する方法が存在する。
　交換公理：主体の支配下にある財のある時点までのすべての変動をその時点またはそれ以後において識別し，それを減分および唯一の種類に属する増分との対の順序づけられた集合に一意的に分割する方法が存在する。

表9-3　井尻の活動行列

|  | 生　産 ||| 消　費 ||| 蓄　積 ||| 海　外 |||
| --- | --- | --- | --- | --- | --- | --- | --- | --- | --- | --- | --- | --- |
|  | 要素用役 | 最終生産物 | 貨幣請求権 | 要素用役 | 最終生産物 | 貨幣請求権 | 要素用役 | 最終生産物 | 貨幣請求権 | 要素用役 | 最終生産物 | 貨幣請求権 |
| 1. 要素用役の購入 | 309 |  | -309 | -236 |  | 236 | -19 |  | 19 | -54 |  | 54 |
| 2. 生　産 | -309 | 309 |  |  |  |  |  |  |  |  |  |  |
| 3. 最終生産物の販売 |  | -309 | 309 |  | 210 | -210 |  | 47 | -47 |  | 52 | -52 |
| 4. 海外からの所得 |  |  |  |  | -5 | 5 |  |  |  |  | 5 | -5 |
| 5. 海外への移転 |  |  |  |  |  | -4 |  |  |  |  |  | 4 |
| 6. 創　出 |  |  |  | 241 |  |  | 49 |  |  |  |  |  |
| 7. 消　費 |  |  |  | -210 |  |  | -52 |  |  |  |  |  |
| 8. 減価償却 |  |  |  |  |  |  | 19 | -19 |  |  |  |  |
| 9. 貯蓄—投資 | — | — | — | — | — | 27 |  | 28 | -28 | — | — | 1 |

出典：Ijiri, Y. (1979), p. 220.

　支配公理：時点 t に，ある部門の支配下にある財の集合は，その時点およびそれ以後において一意的に識別できる。また，財は同時に2つの部門に支配されることはない。

　数量公理：現在もしくは過去においてある部門の支配下にあるすべての財は，クラスの集合に一意的に分割でき，各クラスには，加法性と無差別性の条件を満たすただ1つの数量測度を割りあてることができる。

　交換公理：ある部門の支配下にある財の変動は，それが発生するつど，交換される財と関係する部門とが識別された交換の集合に一意的に分割できる。

マクロ会計では経済活動を部門間の取引として把握するために，支配公理に「財は同時に2つの部門に支配されることはない」という条件が付加されている。数量公理では主体が部門に変更され，支配公理は部門中心法と財中心法の両者を含んだ内容に変更されている。

　井尻の多部門会計は，貨幣のヴェールをはぎ取って経済循環を物量そのもので測定することが実物循環を重視することであると考えている。したがって，表9-3では行と列の値がすべてバランスしているが，個々の取引を物量で記録する活動行列では，本来いずれにおいても加算はできない。活動行列を中心

　　これら3公理は，主体の支配下にある財を識別し，それらを無差別性に基づいて数量化し，財の変動を交換によって認識できることを仮定している。

とする多部門会計は，井尻（1967/68）で展開された多次元簿記による物量会計に他ならない。

　井尻は，オークルスト理論が経済対象から直ちに価値概念に移ってしまったために物量無視という欠点を持った公理系になっていると批判し，経済循環関係に関する2つの公理は不要であると主張している。しかし，実物循環を重視することと物量表示の体系とすることとは別の次元であろう。フリッシュ・オークルストモデルは，北欧学派の伝統として実物循環を重視しており，そのために実物・金融の二分法を採用している。フリッシュのエコサークは，各結節点では物量表示であっても多次元簿記と同様に必ず投入＝産出の恒等関係が成り立っている。井尻の試みは，フリッシュ・オークルストモデルに対する批判として評価するよりも，むしろ「複式簿記の本質からいうと，財産の変動を記録するのに単一の価値測度を用うべしという要請はなにもない（井尻，1968，157 ページ）」という多次元会計あるいは物量会計の公理化というアイデアを評価すべきであろう。彼の物量会計は，とくに環境会計にとってきわめて有効なシステムとなることが期待できる。

　以上にその概要を紹介したフリッシュ・オークルスト理論や井尻理論は，FASB–CF にある「会計において表現されるべき現象は，経済的資源および債務ならびにそれを変動させる取引および事象」あるいは ASBJ–CF がいう「事実」とはどのようなものであるか，そしてそれはどのような構造を持ち，それを表現するためにどのような会計構造が必要なのかを詳細に概念化した試みである。両者の研究は，機能論だけではなく構造論を備えた財務会計や会計一般の CF を形成するために，十分に評価されてよいであろう。

　これらの研究に加えて，「本体」と「写体」および両者の「対応または一致」という概念を，オークルストや井尻のモデルよりもさらに抽象的なレベルで定式化した研究がある。マテシッチと，認識論的構造主義を推進する科学哲学者バルツアーとの共同研究である。

## 6. 本体,写体および表現——バルツアー・マテシッチ理論

### 6-1 本体としての会計データシステム

　本体を写体で「表現」するとはどのようなことか。会計学においてこの課題を写像概念によって分析した先駆的研究が,井尻 (Ijiri, 1967/68) である。井尻は,類型写像 (homomorphism) と同型写像 (isomorphism) 概念を用いて,写体による本体の完全表現と不完全表現および完全測定と不完全測定の概念を論じた。これらの会計測定に関わる概念を公理によってモデル化した研究が,表9-1の(8)にあげたバルツアーとマテシッチの共同研究 (Balzer and Mattessich, 1991：B&M) である。

　B&M 体系は,非形式的集合論的公理化 (informal set-theoretic axiomatization) あるいは集合論的述語を定義することによる非形式的公理化 (informal axiomatization by definition of a set-theoretic predicate) の方法によって概念を定義している。カルナップに代表される論理実証主義は,科学理論を定式化するにはそれにふさわしい形式言語あるいは人工言語を形成しなければならないという立場をとった。これに対して認識論的構造主義は,そのような形式言語によらずに,ブルバキが数学で展開したいわば日常言語による定義の方法を採用している。非形式的と呼ぶのはこのためである。この方法は,たとえば会計システムの定義をする場合,「会計システムである」という集合論的述語を用いる。そして,この述語の定義に必要な条件を列挙し,この条件の1つ1つを公理と位置づける。すなわち,公理は集合論的述語を定義する構成要素の1つになる。B&Mでは,9個の定義と5個の定理によって,会計一般のコア・モデルの構造を定義している。本章ではその内、図9-9に示した「本体」,「写体」そして「表現」に直接関わる定義2,6および7の3つだけを取り上げる。

　先ず,会計測定の対象となる実在の世界が定義2によって次のように概念化される。前述したように,認識論的構造主義による定義の方法では,定義を構成する(1)以下の条件が公理である。

図 9-9　B&M の会計概念フレームワーク

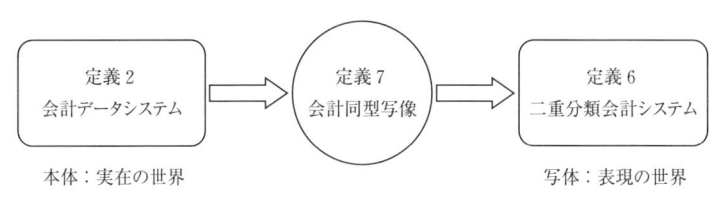

```
┌──────────┐     ┌──────────┐     ┌──────────┐
│  定義2    │ ──▶ │  定義7    │ ──▶ │  定義6    │
│会計データ │     │会計同型写像│     │二重分類会 │
│システム   │     │          │     │計システム │
└──────────┘     └──────────┘     └──────────┘
 本体：実在の世界                   写体：表現の世界
```

定義2：$\chi$ は，次の場合そしてその場合に限り<u>会計データシステム</u>（$\chi \in ADS$）である。すなわち，$T, <, S, ET$ および $H, O, K$ が存在し，$\chi = \langle T, <, S, ET \rangle$ であり，そして

(1) $\langle T, < \rangle$ は，有限線形順序である
(2) $S = H \times O \times K$ は会計の状態空間である
(3) $ET \subseteq T \times S \times S$
(4) すべての $t \in T$ に関して，$t$ に限定すれば，$ET$ は $S$ の上での1対1関係である
(5) すべての $t \in T$ とすべての $s \in S$ に関して，$\langle t, s, s' \rangle \in ET$ であるような $s' \in S$ が存在するか，あるいは，$\langle t, s', s \rangle \in ET$ である $s' \in S$ が存在する。

ここで主な記号は次のような内容を表している。
　$\langle T, < \rangle$：時点 $t$ の集合 $T$ と，時点間の順序関係<からなる順序対
　$H$：所有者 $h$ の集合
　$O$：経済対象 $o$ の集合
　$K$：経済対象の種類 $k$ の集合
　$S$：所有者 $h$ と $k$ 種類の経済対象 $o$ からなるデカルト積（Cartesian product）

　会計測定の対象として定義されている会計データシステムとは経済取引 $e$ に他ならず，その集合が $ET$ である。$ET$ は，物理的実在の取引と社会的実在の取引からなる。オークルストの体系でいえば前者が実物循環に，後者が金融

循環に相当する。定義2は，会計測定の対象を，ある時点における少なくとも2つの主体間で行われる経済対象の交換であると定義している。すなわち，ある経済取引に関して状態 $s$（$h$ が $k$ に属する $0$ を所有している）が生じたならば，それに対応する唯1つの状態 $s'$（$h'$が $k'$に属する $0'$を所有している）が存在し，$s$ とともに時点 $t$ における経済取引を構成するのである。この経済取引（$e$–取引）が会計取引（$a$–取引）として会計システムの中に写像される。

### 6–2 写体としての二重分類会計システム

マテシッチによれば，経済取引がもともと投入・産出関係や債権・債務関係のように二元性を有しているため，それを写像する測定システムとしての会計システムも二重分類システムとなるのである。定義6が，写体としての会計システム $y$ を定義している。

定義6：$y$ は次の場合，そしてその場合に限り<u>二重分類会計システム</u>（$y \in AS$ 2）である。すなわち，$A$，$E$，$T$，$<$，$b$，$d$ が存在し，$y = \langle A, E, T, <, b, d \rangle$ であり，そして

(1) $A$ は勘定の有限集合である

(2) $E$ は有限の非空集合である

(3) $\langle T, < \rangle$ は，有限線形順序である

(4) $b \subseteq A \times E$

(5) $d : C(E, A) \to C(E, A)$

(6) すべての $a \in A$ に関して，$\langle T^a, <^a \rangle = \langle T, < \rangle$

(7) すべての $e \in E$ に関して，写像 $de : C(e) \to C(e)$ は全単射である

(8) すべての $e \in E$，および，すべての $a$，$a'$，$i$，$j$，$\alpha$，$\alpha'$ に関して，もし $de(a, i, \alpha,) = \langle a', j, \alpha' \rangle$ の場合，そしてその場合に限り以下のようである

(8.1) $a \neq a'$，(8.2) $\delta^a(i) = \delta^{a'}(j)$，および

(8.3) $\alpha = -\alpha'$．

マテシッチによれば，二重分類の本質は，各 $a$-取引が，ある1つの実体に設けられた複数の勘定の内の少なくとも2つの異なる勘定に，正と負という逆の記号を持つ2つの記録によって構成されることにある。会計は複数の勘定を有機的に連結させて情報処理をするシステムであるため，条件(1)に示されているように，勘定の集合 $A(a \in A)$ が先ず $AS$ 2 の構成要素として要請される。条件(2)は，実体 $e$ の集合 $E(e \in E)$ を，条件(3)は，線形順序づけのできる時点 $t$ の集合 $T$ の存在を前提している。

条件(4)は，ある実体に属する勘定を定義する。定義2の(3)で示したように，$e$-取引は少なくとも2つの状態空間に関連するため，実体 $e$ が複数関係していることになる。しかし，会計システムは実体ごとに設けられ，それぞれの立場から $ADS$ を表現する。そのため，単に勘定の集合を前提にするだけでは不十分で，実体に設けられた勘定体系に限定する必要がある。そのために，実体に属する勘定という概念 $b(a, e)$ が導入されている。$A$ と $E$ はそれぞれ勘定の集合と実体の集合なので，$b$ は二項関係 $b \subseteq A \times E$ となる。

条件(5)の関数 $d$ は，1つの $e$-取引に関して必ず実体内および実体間で，一対の勘定間に正負の逆の記号を持つ同一の値が記録されることを意味している。すなわち，実体内における $a$-取引のみならず，実体間の $a$-取引をも含む概念である。これに対して条件(7)の関数 $de$ は，1つの $e$-取引に対し，ある1つの実体内での2つの異なる勘定間に必ず1対1の対応関係にある2つの記録が借方，貸方になされることを前提にしている。つまり，通常，複式記入という場合に意味する実体内 $a$-取引だけを記述しているのである。条件(6)は，各勘定での記入時点が実在の世界における $e$-取引の発生時点と同じ，すなわち後者によって決定されることを示している。

条件(8)は条件(7)をさらに特定して，二重分類会計システムに特有の性質を表しているとされている。すなわち，関数 $de$ は，ある実体内の2つの勘定に1対1の対応関係をつけるが，その際，関係する2つの勘定は同一であってはならないこと（8.1），2つの勘定に付される日付は同一であること（8.2），そ

して，2つの勘定に記入される値は正負の記号が異なる同一の値であること (8.3) である。

### 6-3 表現としての会計同型写像

二重分類会計システムの基本目的は，会計データシステムを適切に表現し，物理的実在と社会的実在をもれなく説明するという会計責任を履行することにあると考えられている。その目的を達成するためには，会計データシステムと会計測定システムとの間に次のような同型写像が成立しなければならない。B&M体系は，経済取引を勘定体系に同型写像することを会計同型写像（accounting morphism）と呼んで次のように定義している。

定義7：(a) $\chi = \langle T, <, H \times O \times K, ET \rangle \in ADS$, $y = \langle A, E, T', <', b, d \rangle \in AS\,2$, そして $T = T'$, $< = <'$ とする。その時 $\theta$ は，次の場合そしてその場合に限り，$\chi$ から $y$ への会計同型写像である。すなわち，$\phi$, $\psi$, および $\upsilon$ が存在し，そして

(1) $\theta : ET \rightarrow (T \times C(E, A) \times C(E, A))$

(2) $\phi : H \rightarrow E$ は全単射である

(3) $\psi : A \rightarrow K$

(4) $\upsilon : 0 \rightarrow R_0$

(5) すべての $t \in T$ について，$t$ に限定すれば，$\theta$ は1対1対応である

(6) すべての $t, t', h, h', 0, 0', e, e', a, a', i, j, \alpha, \beta$ について，もし $\theta(t, h, 0, k, h', 0', k') = \langle t', e, a, i, \alpha, e', a', j, \beta \rangle$ ならば，その時，

(6.1) $t = t'$

(6.2) $\phi(h) = e$ および $\phi(h') = e'$

(6.3) $\psi(a) = k$ および $\psi(a') = k'$

(6.4) $\upsilon(0) = \alpha$ および $\upsilon(0') = \beta$

(6.5) $b(a, e)$ および $b(a', e')$

(6.6)　$i\leq n^a$, $j\leq n^{a'}$　および　$\delta^a(i) = \delta^{a'}(j) = t$

(6.7)　$c^a(i) = \alpha$　および　$c^{a'}(j) = \beta$

(b) $\chi$ から $y$ への会計同型写像 $\theta$ が存在する場合，そしてその場合に限り，$y \in AS\ 2$ が $\chi \in ADS$ を表現している。

　(1)の公理が示すように，本体としての経済取引を写体としての $AS\ 2$ に同型写像できる関数 $\theta$ が存在するならば，定義(b)によって，会計システムが実在の世界を完全表現していると仮定されている。(2)から(5)までの条件は，$ADS$ 全体が $AS\ 2$ に写像される条件をあげている。すなわち，(2)の関数 $\phi$ は，所有者と同数の実体が存在すると仮定し，(3)の関数 $\psi$ は，取引される経済対象のそれぞれの種類に対して少なくとも1つの勘定が対応するように勘定の集合 $A$ を割り当てる。(4)は，経済対象の集合 $O$ が非負の有理数の集合 $R_0$ に写像されること，すなわち数を割り当てられることを示している。このように事実関係である $ADS$ から二重分類会計システムである $AS\ 2$ に同型写像が成立するためには，個々の $e$-取引がその発生時点において個々の $a$-取引に1対1対応していなければならない。条件 (6.1) から (6.7) が，そのための諸条件を示している。この会計同型写像は，価値の測定すなわち評価 (valuation) 概念を，写像概念によって記述したものといえる。

　以上，会計測定における「表現の忠実性」が含意する「本体」，「写体」および両者間における「表現あるいは写像」に関わる研究としてフリッシュとオークルスト，井尻そしてバルツァー・マテシッチによる研究を検討してきた。これらはいずれも会計領域を財務会計に限定しない研究であり，会計一般の概念フレームワークを形成するための重要な駒組みを提供している。

　ところで，このように拡張された本体関係を表現する方法は1つではない。B&M において，会計測定の対象となる経済的実在を概念化した $\chi \in ADS$ を，一定の構造を持った $y \in AS\ 2$ に会計同型写像する場合の難問は，$\chi$ に含まれる経済対象の価値をどのように決定するかという評価問題である。これは，定義7における公理(4)および(6.4)に挙げられている評価関数 $\upsilon : O \rightarrow R_0$ あるいは

υ(0) = α および υ(0′) = β を決定することである。関数 υ の決定次第でさまざまな評価モデルあるいは評価仮説が作り出せる。あるいは，図9-7に示したブンゲの測定構造においては，測定対象となる $R$ を把握した後の数量化と測定に関連しており，$R$, $M^*$, $M$ と3つの写像に関わる課題である。

この会計測定すなわち評価に関わる課題は，FASB-CFの概念ステートメント第5号（1984）「営利企業の財務諸表における認識と測定」で取り上げている。しかし，FASB-CFの議論は，現行実務で用いられている歴史的原価や現在割引価値などの5種類の評価方法を列挙しているにとどまっている。これはまさに，マテシッチが危惧したような「標準モデルの羅列（Mattessich, 1964, p. 10）」に陥っている。FASB-CFが掲げる概念フレームワーク形成の目的からすれば，標準モデルの列挙ではなく，さまざまな評価方法の根本原理となる評価の基礎理論あるいは一般理論を探求することが本来の課題となるべきであろう。次にこの課題を取り上げる。

## 7. 評価の基礎理論——マテシッチの評価理論を中心に

### 7-1 評価の基本モデル

会計測定あるいは評価の課題を，FASB-CFのように標準的な評価方法を列挙するのではなく，さまざまな評価方法の基礎にある価値概念にまで遡って研究した数少ない例が，マテシッチの『会計と分析的方法』（Mattessich, 1964, 以下，AAM）である。AAMは，18個の基礎的前提[16]によって，ミクロ会計とマクロ会計の基礎を構成する会計一般理論を提唱しているが，「AAMの目的は，壮大な会計理論を展開することにあったのではなく，会計学の基礎を解明し，一層の発展と解釈を促すためのフレームワークを描き出すことにあったのである。しかし，それ以上に目的としたことは，本書の表題が意味しているよう

---

16) Mattessich（1970）では，基礎的前提に「目的設定」が追加されて19個になった。さらに，彼の条件付・規範的方法（conditional-normative approach）と実在問題（reality issues）に関する研究の進展に対応して，Mattessich（1995 b, chap. 5）では，基礎的前提が21個に修正されている。

に，会計学に一層厳密な数学の基礎を与えること，ミクロ会計とマクロ会計を統合すること，そして会計をさらに目的志向にすることにあった（Mattessich, 1995 a, p. 35）。」すなわち，マテシッチの意図は，ミクロ会計とマクロ会計を含むほどに一般的であるとともに，そこから単一目的用会計システムが機能分化してゆくための基礎となる，概念フレームワークとしての会計一般理論を形成することにあった。また，マテシッチは，ASOBATに先立って会計の目的適合性を重視していた。この会計一般理論は，前述したB&M理論に示されているように，一定の構造を持つ経済取引を会計取引として表現するためのさまざまな概念の定義体系として構成されている。AAMは，会計一般を画定する公理系ばかりではなく，それに対応する評価の一般理論を提案しているのである。

　AAMにおける18個の基礎的前提の内，基礎的前提11が評価に関わっており，次のように規定されている。「11. 評価：会計取引に割り当てられる価値を決定する仮説の集合が存在する（Mattessich, 1964, p. 42）。」マテシッチの意図は，この基礎的前提11で要請されている特定目的のための個別仮説を列挙することではなく，それらの共通基盤となると同時に将来の新しい評価仮説を形成するための基礎ともなりえる，一般的で機能的な評価理論を形成することにあった。そのために，会計学，経営科学そして経済学などさまざまな分野の価値理論と評価に関する研究を渉猟し，その成果を会計の一般理論に対応する評価の一般理論として提示したのである。

　AAMで提示された評価の一般理論は，取得原価基準や現在価値基準などさまざまな評価仮説に共通する「評価の基本モデル」と，評価理論に関する14個の命題から構成されている。マテシッチによれば，すべての評価仮説は，次のような5つの要素から構成される基本モデルを，目的に応じて具体的に記述したものなのである（Mattessich, 1964, pp. 217-218）。

評価の基本モデル：
1. 比較の対象：評価対象（あるいは価値対象）と，それを評価する価値尺度

図 9-10 評価の基本モデルの適用例:割引現在価値の導出

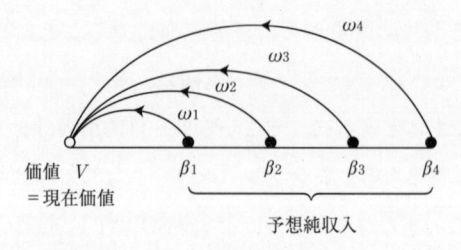

価値 $V$ = 現在価値

予想純収入

出典:Mattessich, R. (1964), p. 219.

との2つの対象が必要である。後者には通常,貨幣が用いられる。
2. 基本状態 $\beta$:外生変数としてのデータあるいは関数の集合。このデータ自体が価値である場合が多いが,マテシッチは,これを原初価値と呼び,この $\beta$ と次の $\omega$ によって導出される(機会)価値と区別している。
3. 評価演算 $\omega$:$\beta$ から $V$ を導出するための演算の集合で,微分,割引法,各種の減価償却関数などがある。
4. 時間構造 $\tau$:$\beta$ と $V$ とを関連づける時間関係で,多くの場合,演算 $\omega$ に含まれる。
5. (機会)価値 $V$:評価モデルによって導出される評価対象の価値。

前述した B&M モデルにおいて,会計測定の対象となる経済的実在を概念化した $\chi \in \text{ADS}$ を,一定の構造を持った $y \in \text{AS 2}$ に会計同型写像する場合には,$\chi$ に含まれる経済対象の価値をどのように決定するかという評価問題が難問であることを述べた。すなわち,目的に応じて評価の基本モデルをどのように記述してさまざまな評価仮説を生み出すかという問題である。この基本モデルは,B&M モデルにおける会計同型写像の定義7にあげられている $\upsilon: 0 \rightarrow R_0$ に該当する。基本モデルの記号を用いてこの式を書き直せば,$\upsilon: 0 \rightarrow \beta$ であり,$\omega(\beta) = V$ あるいは $\tau$ を $\omega$ から分離すれば $\omega(\beta, \tau) = V$ と表すことができる。これら5つの要素によって構成される評価モデルを規則や関係によって具体的に記述した仮説が評価仮説であり,それらの集合が存在することが基礎的前提

11 で要請されている。図 9-10 は，ある経済対象の割引現在価値を求める方法が，評価の基本モデルの 5 つの要素によって説明できることを示している。この評価方法は経済学では一般的な方法であるが，会計学では最近の時価会計への移行に伴って適用範囲が拡大している。

### 7-2 評価理論の主要命題

さらに AAM は，この基本モデルから評価仮説を作り出す一般的で機能的な評価理論を構成する基礎的な要素として，次のような 14 の命題を提示している（Mattessich, 1964, pp. 220-231）。マテシッチによれば，これらの命題は，彼が会計概念の画定に際して採用した 18 個の基礎的前提あるいは公理系ほど厳密な体系ではなく，評価に関する最も重要なアイデアの要約である（Mattessich, 1964, p. 220）。本章では，これら命題群に含まれる多数の定義や解説は省略し，主要命題だけを取り上げておきたい。

1. 評価とは，評価仮説を用いてあるシステムの状態あるいは対象（または事象）に選好順序を割り当てる操作である。マテシッチは，この選好順序を表す数を価値と定義している。
2. 価値システムの状態は，特定問題に関連していると考えられる一連の構成要素によって記述される。
3. システムの最終状態の価値は，心理学的・実験的方法によって与えられる，あるいは，決定されるものと仮定する。
4. 決定論的状態においては，1 つのシステムに対してただ 1 つの最終状態が存在する。確率論的状態においては，同一のシステムあるいは 1 つの先行状態に対して 2 つ以上の最終状態が存在する。
5. システムの先行状態の価値は，最終状態およびそれぞれの最終状態に到達できると期待される確率に依存する。
6. 推移確率は個人の価値判断に基づいており，ベイズの主観的事前確率である。
7. 対象の価値は，この対象と関連するシステムの状態の価値の差に依存す

る。
8. ある先行状態における対象の価値は，他の先行状態におけるこの対象の価値（すなわち他の状態における同一対象の価値）がすでに決定されているとするならば，その価値から<u>導出できる</u>。
9. ある<u>行為</u>（あるいは意思決定）は，1つまたは有限数の特定の最終状態の発生に影響を与える。
10. <u>決定基準</u>および<u>目的</u>は，意思決定者の価値判断に依存する。
11. 評価においては，2つの極端な態度が区別できる。すなわち，(i)<u>十分に定義された意思決定</u>に対して有効な"比較的"信頼できる情報を伝達するため，あるいは(ii)信頼度は低いが広範な目的に役立つ<u>一般的情報</u>を得るために，数を割り当てる。
12. 評価モデルを意思決定に用いる場合，選択される評価モデルの種類と数は，意思決定の目的によって決まる。
13. 対象（あるいは事象）を完全に評価するためには，それに単一の数ではなく<u>数のベクトル</u>を割り当てる方が望ましい。このベクトルの各要素は，異なる評価モデルによって決定された価値である。
14. 実体の価値は，時間に関して非線形関数となる。

　これらの命題は，価値と評価について会計学のみならず，経済学から経営科学に至るまで幅広い分野の成果を渉猟し，その中から基本となる命題を抽出したものであるが，決定理論（decision theory）の影響を強く反映している。この命題群によれば，評価は目的を持った行為であり意思決定者の存在が価値を決める重要な要素になる。それゆえに評価の目的と決定基準および評価仮説の選択に関して価値判断が入り込む。価値は対象それ自身に関連しているのではなく，その対象が含まれている環境あるいはシステムの状態に依存しており，このシステムの状態の構成要素はベクトルによって表現できる。さらにベイズの主観確率概念が取り入れられており，初期条件の違いが価値に違いをもたらすこと，時間が価値を決定する重要な要因であることが示されている。結局，マ

テシッチの評価理論によれば，評価には多くの変数が関連しており，しかもそれらが時間とともに時々刻々と変化するという状況において行われる行為であるために，唯一絶対の中立的な価値，測定目的や測定が行われる環境に左右されない価値というものは存在しないことになる。

マテシッチがAAMで提案した評価理論は，あたかも物理学者が顕微鏡をのぞいて物質の究極の構成要素を探求するように，経済科学の分野を渉猟して，さまざまな評価仮説が基本的に共有している要素と，一般的で機能的な評価理論を構成すると考えられる基本命題を抽出したものである。この方法は，会計一般理論の構成要素として18個の基礎的前提を抽出した方法とまったく同じである。彼の評価理論は語用論関連性を重視した理論構成になっているが，会計一般理論と一体となることにより，ブンゲが明らかにしている指示関連性，意味論関連性や構文論関連性といった各種の関連性を含み，会計測定の構造を最も厳密に定式化したといえる。

AAMの出版以来40数年が経過したが，マテシッチ理論の中でもこの評価の一般理論は，これまでほとんど研究されてこなかった。彼の理論は1960年代初頭までに展開された決定理論を中心とする経済科学の成果が基礎になっている。しかし，ゲームの理論に見られるようにこの分野におけるそれ以降の発展はめざましい。これらの新しい成果を取り入れてマテシッチの命題群をさらに改善することが，会計概念フレームワークを構成する評価の根本原理を形成する1つの有力な方法であろう。

## 8. 3つの会計概念フレームワーク

本章は，図9-1に示したような新しい会計領域の発展を踏まえて，これらを包括する会計概念フレームワークを形成することの必要性と，その基礎となりうるいくつかの先行研究を取り上げた。フレームワークの検討に当たっては，FASB-CF，IASB-CFそしてASBJ-CFのいずれにおいても重要な質的特性にあげられている「表現の忠実性」と，会計の対象をいかに測定するかという会計測定すなわち「評価」問題の2点に焦点を絞った。そして，前者の課題

についてはフリッシュ・オークルスト，井尻そしてバルツアー・マテシッチの所説を検討した。また，第2の評価問題に関してはマテシッチによる評価の一般理論形成の試みを取り上げた。これらいずれの分析においても，批判的実在論の立場をとる科学哲学者ブンゲの理論を参照した。

　財務会計の概念フレームワークをその一部として含むような，広義の会計概念フレームワークを形成することは，会計学そのものの存在に関わる課題である。本章のはじめに，会計学の将来についての井尻の危惧を取り上げたが，同じ頃，マテシッチも次のような危惧を表明している。「会計学の課題が著しく多様化し，しかも増え続けていることは，会計研究に遠心力が働いている証拠である。とりわけ，このように拡散しつつある研究分野を統合することに失敗すれば，学問としての会計学は崩壊するか，さもなければ一部が隣接分野に吸収されてしまう恐れがある (Mattessich, 1995 b, p. 80)」。広義の会計概念のフレームワークについての研究は，その性質上 FASB のような企業会計基準の設定機関に期待することはできず，個人や学界レベルでの課題であろう。

　本章でとくに強調したい点は，会計概念フレームワークには会計構造論が不可欠であり，さもなければ会計情報あるいは会計概念の画定が不可能であるという点である。会計構造論を抜きにした機能体系のみの概念フレームワークでは，会計および会計情報を他のシステムや情報から識別することができない。原田はすでに次のように指摘している。「利用者の立場からすれば，ある情報が会計情報であるか否かの区別は，さしずめ問うところではない。・・・しかし，会計学者はそうはゆかない。彼らには理論を開発し，発展させる責務が負わされている。その理論に照らして用具が改良され，あるいは新しく作り出されてゆくのであって，用具が定まらなければ現実に会計はおこなわれえない。すなわち理論の立場からする会計情報の識別に関する論争は，・・・むしろ自らの専門的知識にもとづいて可能となる情報提供機能の拡大に関して，核となり出発点となる会計概念を見極める必要から生じたものである (原田, 1978, 69ページ)。」

　会計概念のフレームワーク形成に当たって参照すべき第1の先駆的業績は，

会計表現あるいは会計測定の対象について最も包括的で詳細な分析を行ったフリッシュ・オークルストモデルであろう。次いで，マクロ会計を含むように拡張修正された井尻の公理系がある。井尻の公理系も，実在の世界の構造分析から出発したフレームワークである。しかも多次元会計あるいは物量会計の可能性を提案しており，物量による環境負荷の測定が重要視される環境会計への拡張が可能である。第3のモデルは，B&Mの研究と，それに先立つマテシッチによる会計一般理論の研究である。これらの研究は，「本体」，「写体」そして両者間における「表現」に関わる課題を高い抽象レベルで定式化した，機能論と構造論を兼ね備えた業績といえる。これら3者は，ミクロ会計とマクロ会計を対象にしていること，公理的方法を採用していること，測定対象である経済的事実について分析をしていることなど共通点が多く，会計一般の概念フレームワーク形成に当たって1つの方向に収斂させることができるように思われる。ただ，いずれの体系も，環境問題が体系に明示的に組み込まれていない。図9-1に示した広義の会計概念フレームワークを形成するためには，ミクロ会計とマクロ会計さらにはメソ会計の領域で著しい発展を遂げている自然資源会計や環境会計の成果を取り入れて，これらの先駆的業績を修正してゆく必要がある。

　さらに本章は，この広義の会計概念フレームワークに対応できる会計測定あるいは評価の理論として，マテシッチがAAMで提起した評価のメタ理論の概要を取り上げた。彼の研究は，目的適合的な個別の評価仮説の基礎をなす根本原理を探求したほとんど唯一の業績といってよいものである。この研究はこれまでのところほとんど注目されていないが，会計一般の概念フレームワークだけではなく，財務会計の概念フレームワークにおける評価理論としても逸することのできない先駆的業績である。

　最後に，IASBのジョーンズ副議長が来日した際の座談会での発言に関連して，会計および会計学の文化的意義について考えておきたい。ジョーンズは，法律は各国の国民性や特有の文化を反映しているが，会計は法律とは異なり文化とは無関係な単なる技法であるため，会計基準の世界統一は容易に達成でき

ると語っている（JICPA, 2001, 14 ページ）[17]。ジョーンズの見解を敷衍すれば，会計基準の基礎をなす会計概念フレームワークも各国の文化とは無関係であり，容易にコンバージェンスできることになる。おそらく，経済のボーダレス化が進んだ現在，会計基準も会計概念フレームワークも世界統一は可能であるし，統一すべきであるかもしれない。事実，マクロ会計システムは，すでに1950年代から，国連が勧告する「国民会計システム（A System of National Accounts）」に統一され，世界各国の経済力比較や経済分析に使われている。

しかし，それはジョーンズのいうように，会計が文明や文化と無関係な技法だからではない。それどころか，紀元前8000年から紀元前3000年の約5,000年間にわたって近東で使用されていたトークン会計が，文字と数字という文明の礎を創り出したのである[18]。会計基準と概念フレームワークが統一されたとしても，マテシッチの評価理論に明確に表れているように，測定対象に割り当てられる価値は対象それ自体に固有のものではなく，個人の価値判断や社会経済のありようなど，対象が含まれるシステムの状態に依存して決まるのである。同一対象であっても，それに対する評価は各国の文化や時代状況を反映した価値が付与される。こうして会計が生みだす数字に基づいて意思決定が行われ，さらに新しい社会状況や文化が創りだされる。それに応じて，会計基準も会計概念フレームワークも，さらに修正され改正されてゆくのである。たとえコンバージェンスがなされても，それで会計の進化が終わるわけではない。

あたかも，楽譜と音符それ自体はきわめて単純な世界共通の表現様式でありながら，五線譜上への音符の配置によって多種多様な歴史と文化を織り込んだ音楽が作曲され，それが人類の共有財産になっているのと同様に，世界共通の表現方法としての会計も，各国独自の歴史と文化の中で多彩な文化を創造する

---

17) 青柳（2008, 153-154 ページ）は，その独自の会計物語論の立場からこの見解を批判している。
18) テキサス大学美術史学科のシュマント=ベッセラ教授が提出したトークン会計の理論は，人類の「書く」行為の原点を解き明かし，文字起源説に新しい光を投げかけた斬新な仮説である。Schmandt-Besserat（1992, 1996），Mattessich（1987, 1994, 1995 b）および小口（1995 a, 1995 b）を参照。

ことに貢献している。本書で展開されている自然資源会計や環境会計は，まさに会計が新しい社会の価値観や文化の創造に貢献していることを物語っている。また，東京都をはじめ多くの自治体で進められている公会計の改革は，自治体マネジメントに新しい文化を創造する会計制度改革である。会計は文化に無関係な単なる技法であるどころか，文化的営みそのものである。とりわけ，わが国には，黒澤清が切り開き，合崎堅二，能勢信子そして原田富士雄らが継承し発展させた「ミクロ会計とマクロ会計を総合することによって動的社会秩序の一形成要因としての会計学を形成する」という，海外には見られない会計研究の伝統がある[19]。会計を文化と無縁の単なる技法と考えては，井尻やマテシッチが危惧するように，学問としての会計学は崩壊するか，さもなければ会計それ自身もその存在意義を失って他の分野に吸収されてしまうことになりかねない。

先史時代のトークン会計は，農耕中心の村落共同体や都市国家のマネジメントに貢献し，さらに文字と数字を生みだして文明の源流を創り出した。21世紀の会計は，動的社会秩序形成のためにどのような社会的・文化的貢献ができるかを考えるべきであろう。このことは，会計を文化・文明と関連づけて事大主義的にその意義を強調し，あるいは何らかの権威づけをしようとするものではない。会計が，社会で果たしている役割を正しく認識してこそ，会計基準や会計概念フレームワークが果たすべき役割と，それらのあるべき姿を創りだしてゆくことができると考えてのことである。

FASB が口火を切った財務会計の概念フレームワーク研究は，会計基礎論研究に新しい刺激を与えた歓迎すべき成果である。しかし，それは現行実務の集約という色彩が強いと思われる。広義の会計概念フレームワークを形成するために，さらにラジカルな研究を積み重ねたい。

---

19) Mattessich, R., and Koguchi, Y. (2008) は，これら4名の先達が切り開いたこのような学風を，海外に誇るべきわが国の会計研究の特色の1つとして評価している。

## 参 考 文 献

合崎堅二（1966）『社会科学としての会計学』中央大学出版部。
青柳文司（2008）『現代会計の諸相―言語・物語・演劇―』多賀出版。
井尻雄士（1968）『会計測定の基礎』東洋経済新報社。
─── （1984）「アメリカ会計の発展事情：政治の中で育つ会計の道」『三式簿記の研究』中央経済社。
伊藤邦雄（2008）『ゼミナール現代会計入門（第7版）』日本経済新聞社。
黒澤 清（1951）「企業会計と社会会計」『産業経理』第11巻12号，3–10ページ。
小口好昭（1985）「マクロ会計の公理的構造―井尻理論を中心に―」『会計』第127巻第4号，64–79ページ。
─── （1995a）「数と文字の祖形としてのトークン会計：ドウニス・シュマント－ベッセラ理論の研究」『経済学論纂』第36巻第1・2合併号，61–81ページ，中央大学。
─── （1995b）「トークン会計の現代的意義：シュマント－ベッセラ理論の波紋」『会計』第148巻第2号，98–114ページ。
─── （1997）「ラグナル・フリッシュのマクロ会計論」（『中央大学経済研究所年報』第27号），191–218ページ。
─── （1999）「マクロ会計理論の公理的展開―オークルスト理論の研究―」合崎堅二監修『黒澤会計学研究』森山書店，319–345ページ。
小口好昭編著（2002）『ミクロ環境会計とマクロ環境会計』中央大学出版部。
斉藤静樹編著（2007）『討議資料：財務会計の概念フレームワーク』（第2版），中央経済社。
日本公認会計士協会（JICPA）（2001）「最近のIASBの活動状況について／座談会」『JICPAジャーナル』，No. 555, Oct. 11–15ページ。
原田冨士雄（1978）『情報会計論』，同文舘。
平松一夫・広瀬義州訳（2002）『FASB財務会計の諸概念（増補版）』中央経済社。FASBの財務会計諸概念に関するステートメント第1号（1978），第2号（1980），第4号（1980），第5号（1984）および第6号（1985）に関する引用は，すべて本書からである。
American Institute of Certified Public Accountants (AICPA) (1953), *Accounting Terminology Bulletin No. 1.*
American Accounting Association (AAA) (1966), *A Statement of Basic Accounting Theory,* 飯野利夫訳（1969）『基礎的会計理論』国元書房。
─── (1977), *Statement on Accounting Theory and Theory Acceptance,* 染谷恭次郎訳（1980）『会計理論及び理論承認』国元書房。
Aukrust, Odd (1949), "On the Theory of Social Accounting," *The Review of Economic Studies,* Vol. 16, pp. 170–188.
─── (1955), "Forsøk på en aksiomatisk behandling av klassifikasjons– og vurderingsproblemet," Tillegg to *NASJONALREGNSKAP: Teoretiske prinsipper,* Statistisk Sentralbyrå, Oslo, pp. 77–102.（小口好昭訳，1998，「国民会計における分類および評価問題に関する公理的研究」『経済学論纂』第39巻第1・2合併号，91

-114ページ,中央大学)
Aukrust, O., P. J. Bjerve and R. Frisch (1949), *A System of Concepts describing the Economic Circulation and Production Process*, Stencil–memo, 2nd printing, 12 February 1949, University Institute of Economics, Oslo.
Balzer, Wolfgang and R. Mattessich (1991), "An Axiomatic Basis of Accounting : A Structuralist Reconstruction," *Theory and Decision*, Vol. 30, No. 3, pp. 213–243. (小口好昭訳(1994)「会計学の公理的基礎:構造主義的再構成」『経済学論纂』第35巻第3号, 209–232 ページ, 中央大学)
Bunge, Mario (1974), *Treatise on Basic Philosophy, Vol. 1, Semantics 1 : Sense and Reference*, D. Reidel.
────── (1998 a), *Philosophy of Science, Vol. 1 : From Problem to Theory*, Transaction Pub., NJ, USA.
────── (1998 b), *Philosophy of Science, Vol. 2 : From Explanation to Justification*, Transaction Pub., NJ, USA.
Financial Accounting Standards Board : FASB (2006), *PRELIMINARY VIEWS, Conceptual Framework for Financial Reporting : Objective of Financial Reporting and Qualitative Characteristics of Decision–Useful Financial Reporting Information*.
Frisch, Ragnar (1943), Ökosirk–systemet (Det ökonomiske sirkulasjonssystem), *Ekonomisk Tidskrift*, Uppsala, pp. 106–121.
Hendriksen, Eldon (1970), *Accounting Theory*, Richard D. Irwin.
Ijiri, Yuji (1967), *The Foundations of Accounting Measurement*, Prentice–Hall.
────── (1979), "A Structure of Multisector Accounting and Its Applications to National Accounting," Cooper, W., and Iiri, Y., (eds.), *Erich Louis Kohler : Accounting's Man of Principles*, Prentice–Hall, pp. 208–224.
────── (1981), *Historical Cost Accounting and Its Rationality*, The Canadian Certified General Accountants' Research Foundation, Research Monograph No. 1, Vancouver, Canada.
────── (1983), "On the Accountability–Based Conceptual Framework of Accounting," *Journal of Accounting and Public Policy*, Vol. 2, No. 2, pp. 75–81.
────── (1996). "Academic Research in Accounting : The Last 50 years–Commentary," *Asia–Pacific Journal of Accounting*, City University of Hong Kong, Vol. 3, No. 1, pp. 83–86.
International Accounting Standards Board : IASB (2006), Discussion Paper, *Preliminary Views on an improved Conceptual Framework for Financial Reporting − The Objective of Financial Reporting and Qualitative Characteristics of Decision–useful Financial Reporting Information*.
Mattessich, Richard (1957), "Towards a General and Axiomatic Foundation of Accountancy − With an Introduction to the Matrix Formulation of Accounting Systems," *Accounting Research*, Vol. 8, No. 4, pp. 328–355.
────── (1964), *Accounting and Analytical Methods–Measurement and Projection of Income and Wealth in the Micro– and Macro–Economy*, Homewood, Ill.: R.D.Irwin.

―――― (1970), Die *Wissenschaftlichen Grunglagen des Rechnungswesens*, Bertelsmann Universitätverlag.

―――― (1987), "Prehistoric Accounting and the Problem of Representation : On Recent Archaeological Evidence of the Middle-East from 8000BC to 3000BC," *The Accounting Historians Journal*, Vol. 21, No. 2, pp. 72-92.

―――― (1994), "Archaeology of Accounting and Schmandt-Besserat's Contribution," *Accounting, Business and Financial History*, Vol. 4, No. 1, pp. 5-28.

―――― (1995 a), *Foundational Research in Accounting : Professional Memoirs and Beyond*, Chuo University Press.

―――― (1995 b), *Critique of Accounting : Examination of the Foundations and Normative Structure of an Applied Discipline*, Quorum Books.

Mattessich, Richard and Koguchi, Yoshiaki (2008), "Accounting publications and research in twentieth-century Japan," Richard Mattessich (ed.), *Two Hundred Years of Accounting Research*, Routledge, NY, pp. 230-245 and pp. 518-528.

Moonitz, Maurice (1961), *The Basic Postulates of Accounting*, American Institute of Certified Public Accountants.

Nelson, Carl, L. (1973), "A Priori Research in Accounting," *Accounting Research 1960-1970 : A Critical Evaluation*, Dopuch, N., and L. Revsine (eds.) Center for International Education and Research in Accounting, University of Illinois, pp. 3-19.

Schmandt-Besserat, Denise (1992), *Before Writing*, Two volumes, University of Texas Press.

―――― (1996), *How Writing Came About*, University of Texas Press. (小口好昭・中田一郎訳『文字はこうして生まれた』岩波書店, 2008)

Wolk, H., J. Dodd and J. Rozyxki (2008), *Accounting Theory-Conceptual Issues in a Political and Economic Environment*, SAGE Publications.

Zeff, Stephen, A., (1999), "The Evolution of the Conceptual Framework for Business Enterprises in the United States," *Accounting Historians Journal*, Vol. 26, No. 2, pp. 90-131.

**執筆者紹介**（執筆順）

河野　正男　研究員（中央大学経済学部教授）
古井戸　宏通　客員研究員（東京大学大学院農学生命科学研究科准教授）
丸山　佳久　客員研究員（広島修道大学人間環境学部准教授）
八木　裕之　客員研究員（横浜国立大学経営学部教授）
小川　哲彦　客員研究員（佐賀大学経済学部准教授）
大森　明　客員研究員（横浜国立大学経営学部准教授）
上田　俊昭　客員研究員（明星大学経済学部教授）
田村　威文　研究員（中央大学経済学部教授）
小口　好昭　研究員（中央大学経済学部教授）

---

会計領域の拡大と会計概念フレームワーク
　　　　　　　　　　　　　　　　中央大学経済研究所研究叢書　47

2010 年 3 月 17 日　発行

　　　　　　　編著者　　河野　正男
　　　　　　　　　　　　小口　好昭
　　　　　　　発行者　　中央大学出版部
　　　　　　　　　代表者　玉造　竹彦

---

　　　　　　　　東京都八王子市東中野 742-1
　　　　　　発行所　中央大学出版部
　　　　　　　電話 042(674)2351　FAX 042(674)2354

---

Ⓒ 2010　　　　　　　　　　　　　　　　　　電算印刷
　　　　　ISBN 978-4-8057-2241-1

## 中央大学経済研究所研究叢書

6. 歴史研究と国際的契機  中央大学経済研究所編 A5判 定価1470円
7. 戦後の日本経済——高度成長とその評価——  中央大学経済研究所編 A5判 定価3150円
8. 中小企業の階層構造  中央大学経済研究所編 A5判 定価3360円
   ——日立製作所下請企業構造の実態分析——
9. 農業の構造変化と労働市場  中央大学経済研究所編 A5判 定価3360円
10. 歴史研究と階級的契機  中央大学経済研究所編 A5判 定価2100円
11. 構造変動下の日本経済  中央大学経済研究所編 A5判 定価2520円
    ——産業構造の実態と政策——
12. 兼業農家の労働と生活・社会保障  中央大学経済研究所編 A5判 定価4725円〈品切〉
    ——伊那地域の農業と電子機器工業実態分析——
13. アジアの経済成長と構造変動  中央大学経済研究所編 A5判 定価3150円
14. 日本経済と福祉の計量的分析  中央大学経済研究所編 A5判 定価2730円
15. 社会主義経済の現状分析  中央大学経済研究所編 A5判 定価3150円
16. 低成長・構造変動下の日本経済  中央大学経済研究所編 A5判 定価3150円
17. ME技術革新下の下請工業と農村変貌  中央大学経済研究所編 A5判 定価3675円
18. 日本資本主義の歴史と現状  中央大学経済研究所編 A5判 定価2940円
19. 歴史における文化と社会  中央大学経済研究所編 A5判 定価2100円
20. 地方中核都市の産業活性化——八戸  中央大学経済研究所編 A5判 定価3150円

中央大学経済研究所研究叢書

21. 自動車産業の国際化と生産システム　中央大学経済研究所編　A5判　定価2625円
22. ケインズ経済学の再検討　中央大学経済研究所編　A5判　定価2730円
23. AGING of THE JAPANESE ECONOMY　中央大学経済研究所編　菊判　定価2940円
24. 日本の国際経済政策　中央大学経済研究所編　A5判　定価2625円
25. 体制転換──市場経済への道──　中央大学経済研究所編　A5判　定価2625円
26. 「地域労働市場」の変容と農家生活保障　中央大学経済研究所編　A5判　定価3780円
　　──伊那農家10年の軌跡から──
27. 構造転換下のフランス自動車産業　中央大学経済研究所編　A5判　定価3045円
　　──管理方式の「ジャパナイゼーション」──
28. 環境の変化と会計情報　中央大学経済研究所編　A5判　定価2940円
　　──ミクロ会計とマクロ会計の連環──
29. アジアの台頭と日本の役割　中央大学経済研究所編　A5判　定価2835円
30. 社会保障と生活最低限　中央大学経済研究所編　A5判　定価3045円　〈品切〉
　　──国際動向を踏まえて──
31. 市場経済移行政策と経済発展　中央大学経済研究所編　A5判　定価2940円
　　──現状と課題──
32. 戦後日本資本主義　中央大学経済研究所編　A5判　定価4725円
　　──展開過程と現況──
33. 現代財政危機と公信用　中央大学経済研究所編　A5判　定価3675円
34. 現代資本主義と労働価値論　中央大学経済研究所編　A5判　定価2730円
35. APEC地域主義と世界経済　今川・坂本・長谷川編著　A5判　定価3255円

## 中央大学経済研究所研究叢書

36. ミクロ環境会計とマクロ環境会計　A5判　小口好昭編著　定価3360円
37. 現代経営戦略の潮流と課題　A5判　林昇一・高橋宏幸編著　定価3675円
38. 環境激変に立ち向かう日本自動車産業　A5判　池田正孝・中川洋一郎編著　定価3360円
　　——グローバリゼーションさなかのカスタマー・サプライヤー関係——
39. フランス——経済・社会・文化の位相　A5判　佐藤清編著　定価3675円
40. アジア経済のゆくえ　A5判　井村・深町・田村編　定価3570円
41. 現代経済システムと公共政策　A5判　中野守編　定価4725円
42. 現代日本資本主義　A5判　一井・鳥居編著　定価4200円
43. 功利主義と社会改革の諸思想　A5判　音無通宏編著　定価6825円
44. 分権化財政の新展開　A5判　片桐・御船・横山編著　定価4095円
45. 非典型型労働と社会保障　A5判　古郡鞆子編著　定価2730円
46. 制度改革と経済政策　A5判　飯島・谷口・中野編著　定価4725円

＊定価は消費税5％を含みます．